Philip Kotler

Hermawan

필립 코틀러
마켓 5.0

필립 코틀러

마켓 5.0

필립 코틀러, 허마원 카타자야,
이완 세티아완 지음

이진원 옮김

MARKETING 5.0
: TECHNOLOGY
FOR HUMANITY

'휴머니티'를 향한
기업의 도전과
변화가 시작된다!

더퀘스트

옮긴이 **이진원**

홍익대학교 영어영문학과를 졸업하고, 서울대학교 대학원에서 영어영문학 석사 학위를 취득했다. 〈코리아 헤럴드〉 기자로 언론계에 첫발을 내딛은 후 IMF시절 재정경제부(현 기획재정부)에서 일하면서 한국경제 대외 신인도 제고에 기여한 점을 인정받아 장관상을 수상했다. 이후 로이터통신으로 자리를 옮겨 거시경제와 채권 분야를 취재했고, 10여 년간 국제경제금융뉴스번역팀을 이끌었다. 경제경영 분야 전문번역가로도 활동하면서 《필립 코틀러의 마켓 4.0》, 《머니》, 《결단》, 《구글노믹스》, 《혁신 기업의 딜레마》 등 100권 가까운 책을 번역했다. **이메일** jinwonlee88@naver.com

필립 코틀러

마켓 5.0

초판 1쇄 발행 · 2021년 5월 3일
초판 6쇄 발행 · 2022년 5월 16일

지은이 · 필립 코틀러 · 허마원 카타자야 · 이완 세티아완
옮긴이 · 이진원
발행인 · 이종원
발행처 · (주)도서출판 길벗
브랜드 · 더퀘스트
주소 · 서울시 마포구 월드컵로 10길 56(서교동)
대표전화 · 02)332-0931 | **팩스** · 02)322-0586
출판사 등록일 · 1990년 12월 24일
홈페이지 · www.gilbut.co.kr | **이메일** · gilbut@gilbut.co.kr

편집 · 유예진 (jasmine@gilbut.co.kr), 김세원, 송은경, 오수영 | **제작** · 이준호, 손일순, 이진혁
마케팅 · 정경원, 최명주, 김진영, 장세진 | **영업관리** · 김명자 | **독자지원** · 윤정아

디자인 · aleph design | **교정교열** · 공순례 | **CTP 출력 및 인쇄** · 예림인쇄 | **제본** · 예림바인딩

• 더퀘스트는 ㈜도서출판 길벗의 인문교양 · 비즈니스 단행본 브랜드입니다.
• 이 책은 저작권법에 따라 보호받는 저작물이므로 무단전재와 무단복제를 금합니다. 이 책의 전부 또는 일부를 이용하려면
  반드시 사전에 저작권자와 (주)도서출판 길벗(더퀘스트)의 서면 동의를 받아야 합니다.
• 잘못 만든 책은 구입한 서점에서 바꿔 드립니다.

ISBN 979-11-6521-534-7 03320
(길벗 도서번호 090181)

정가 18,500원

이 도서의 국립중앙도서관 출판예정도서목록(CIP)은 서지정보유통지원시스템 홈페이지(http://seoji.nl.go.kr)와 국가자료공동목록 시스템(http://www.nl.go.kr/kolisnet)에서 이용하실 수 있습니다.

"마케팅의 목적은 사람들의 삶을 더 낫게 만들고,
공익을 위해 헌신하는 것이다."

| 필립 코틀러 |

코로나 시대 이후, 미래의 비즈니스를 준비하기 위한 최고의 책이다. 점점 더 그 중요성이 커지는 휴머니티와 첨단기술을 통합하는 것을 보고 진심으로 감명받았다. 이 책은 미래의 마케터들이 이런 통합을 이해하고, 효과적이면서도 지속가능한 행동으로 옮길 수 있게 도와준다.

헤르만 지몬, 지몬-쿠허 앤드 파트너스 창립자 겸 명예회장, 《히든 챔피언》 저자

비즈니스 관행을 혁신할 수 있는 디지털 기술의 잠재력에 대해 놀라울 정도로 시의적절하게 해석해놓았다. 경쟁자들보나 이런 가능성을 더 신속히 파악해 대처하는 마케터는 회사의 경쟁우위를 높여줄 것이다.

조지 S. 데이, 펜실베이니아대학교 와튼스쿨 교수

마케팅의 과거, 현재, 미래를 명확히 보여주는 데 놀라운 능력을 지닌 필립 코틀러는 무엇을 유지하고 무엇을 바꿔야 하는지 제대로 알려준다. 저자들은 마케팅 사고와 계획, 그리고 구현에 디지털 기술을 과감히 통합했다. 세월이 흘러도 가치가 변하지 않을 성공적인 마케팅을 위해 반드시 필요한 안내서다.

케빈 레인 켈러, 다트머스대학교 터크경영대학원 교수

팬데믹으로 인해 많은 국가들이 반강제적으로 디지털 마케팅에 눈을 돌릴 수밖에 없게 되었다. 이러한 시기에 기업이 나아가야 할 방향을 제시하는 매우 탁월한 책이다.

월터 비에라, 국제경영컨설팅협회협의회 전 회장

포노 사피엔스 시대는 '휴머니티-인간다움'과 '팬덤'이 최고의 자산이라고 목이 터져라 강의한 오후, 이 책의 추천사 의뢰 메일을 받고 온몸에 소름이 돋았다. 책의 부제가 '휴머니티'였으니까. 한시도 눈을 뗄 틈 없이 읽어내려갔다. 필립 코틀러는 천재다. 사회 변화와 소비자 변화, 그리고 기술의 변화를 씨줄과 날줄로 엮어 디지털 문명시대 마케팅의 본질을 꿰뚫는다. 사회 변화의 원인부터 디테일한 기술적 대응책까지 하나도 버릴 것이 없다. 당신이 디지털 전환을 준비하고 있다면 지금 당장 마켓 5.0에 탑승하시길.

최재붕, 성균관대학교 교수, 《포노사피엔스》, 《CHANGE 9》 저자

AI, 로봇, 센서 등의 첨단기술은 혁신을 거듭하고 있고 사회 속 세대 차이, 부의 양극화, 디지털 격차는 더 커졌다. 게다가 코로나19로 디지털화가 가속화되면서 소비자들이 원하는 소비 경험도, 기업을 바라보는 관점도 변하고 있다. 기업들은 빠르게 변화하는 비즈니스 환경 속에서 디지털 전환의 길을 모색하는 한편 고객 여정과 고객 경험에 대한 근본적인 고민도 해야 한다. 이 책은 5A 고객 경로를 제안하고 각각의 단계마다 적절한 가치를 창출하고 강화하기 위해 차세대 기술을 효율적으로 적용하고, 궁극적으로 인간의 삶의 질을 개선하는 방향을 강조한다. '휴머니티'를 접목한 기술을 통해 소비자들을 더 가까이 이해하고, 그들이 원하는 소비 경험을 만들어 가

치를 제공하고 싶다면 이 책을 꼭 읽어보기를 권한다.

황지영, 미국 노스캐롤라이나대학교UNCG 교수, 《리테일의 미래》《리:스토어》 저자

2021년 미국의 바이든 정부가 시작되면서 외친 슬로건은 'BBB Build Back Better'이다. 현재 미국은 트럼프 정부 시절 추구했던 정책의 후유증을 치료하고 ESG(환경·사회·지배구조)를 통해 글로벌 리더십을 회복하려고 노력 중이다. 팬데믹으로 세대 격차, 소득 격차, 디지털 활용 격차 등 소위 빅 3 격차가 더욱 커지고 있다. 마켓 5.0 시대의 휴머니즘을 추구하는 마케팅은 이 세 가지 격차를 다시 줄이면서 새로운 균형점을 찾는 마케팅이다. 데이터 중심의 정교한 맞춤식 마케팅으로 우리는 포스트 코로나 시대의 새로운 표준을 만들어 나가야 한다. 개인과 기업은 물론 지자체와 정부에서 일하는 공무원들과 정치인들에게도 필히 일독을 권한다.

서용구, 숙명여자대학교 교수(경영전문대학원장)

필립 코틀러는 마케팅을 통해 따뜻한 자본주의를 지향한다. 그의 철학이 담긴 이 책은 제품 중심(1.0), 소비자 중심(2.0), 인간 중심(3.0), 하이테크 중심(4.0)을 넘어 사람 중심 자본주의를 열어가는 길을 제시한다. 하이테크는 하이터치를 만들어가는 도구여야 한다는 것, 마케팅은 이제 휴머니티를 실현하는 안내자가 되어야 함을 잘 알려준다.

김기찬, 가톨릭대학교 교수, UN 사람중심기업가정신 선언 제안자

마켓 4.0은 마케터가 디지털 시대를 어떻게 대비할 것인가에 대한 해답을 던져주었다. 마켓 5.0은 AI와 빅데이터로 대변되는 최첨단

기술도 결국 인간만이 할 수 있는 역할과 조화롭게 쓰일 때만이 의미가 있다는 사실을 탁월한 혜안으로 풀어낸다. 마켓 5.0 시대에 인간과 기계는 대체재가 아니라 부족한 부분을 서로 채워주는 보완재로 바라봐야 한다.

IT컨설팅 업무를 수행하면서 디지털 기술의 활용 측면에 중점을 두었다. 그러나 항상 기술뿐 아니라 고객 자체를 이해하려는 노력을 함께 기울일 때 성공적으로 마케팅을 할 수 있었다. 이 책은 인간 중심과 기술 중심 요소를 모두 포함하는 것의 중요성을 강조하면서, 이를 위한 수행 전략들을 기술하고 있다. 기업이 마케팅 전략을 수립하는 데 큰 도움이 될 책이다.

한국의 독자 여러분, 안녕하세요.

《마켓 5.0》이 한국어로 출간되는 것을 진심으로 기쁘게 생각합니다. 한국이 2020년 10월 블룸버그NEF가 발표한 '국가 산업 디지털화 순위'에서 1위를 차지했다는 사실을 알고 있습니다. 정부가 범국가적 차원에서 인공지능AI 개발전략을 추진하고, 디지털화를 국가 발전전략의 우선순위로 삼은 결실이라고 할 수 있겠죠. 코로나19의 전 세계적 확산으로 우리 모두가 갈수록 디지털에 의존하여 살아가게 된 상황에서 뜻깊은 성과라고 생각합니다. 그리고《마켓 5.0》은 이 시점에 꼭 필요한, 마케터의 필독서라고 확신합니다.

우리는 마케터와 마케팅의 진화를 설명하기 위해 '마켓' 시리즈를 출간해왔습니다. 이전에는 각각 인간과 기술 중심의 마케팅에 대해 논했다면, 이번 《마켓 5.0》에서는 AI와 로봇공학 등의 첨단기술이 마케터의 역할을 어떻게 바꿔놓고 있는지를 짚어보았습니다. 예를 들어, 이제 기업은 AI의 힘을 빌려 신제품 디자인의 성공 여부를 예측할 수 있게 됐습니다. 그 덕에 마케터는 신제품 개발 과정에서 거쳐야 할 불필요한 많은 단계를 피할 수 있게 됐습니다. 부가가치가 낮고 시간을 많이 잡아먹는 반복적인 작업은 자동화해서 쉽게 처리하면 되니까요.

그런 한편으로, 인간의 공감 능력과 창의성이 어느 때보다 중요해지고 있습니다. 세계가 디지털화에 박차를 가한다고 해도 종국적으로 기술은 인간의 본질적인 특성을 모방하도록 설계되어 있을 뿐입니다. 인간은 어떤 기술도 따라잡지 못할 인지 능력을 비롯하여 여러 가지 특별한 능력을 선사받은 존귀한 존재입니다. 과학자와 기술자들은 오랜 시간 동안 기계로 인간의 능력을 복제하는 작업에 몰두해왔습니다. 인간은 난해한 결정을 내리고 복잡한 문제를 해결할 수 있죠. 하지만 무엇보다 중요한 사실은, 경험으로부터 배울 수 있는 존재라는 것입니다. 우리 뇌는 맥락을 학습함으로써 인지 기술을 개발합니다. 그래서 지식을 습득하고, 살아오면서 겪은 경험에 기초해 관련성을 찾고, 총체적인 관점을 발전시킵니다.

AI 기계학습은 인간의 이런 맥락적 학습방식을 모방하려고 합니다. 각종 센서는 인간의 감각을 모방하고 알고리즘으로 학습 대상에 대해 훈련합니다. 안면인식과 이미지인식 기술은 기계가 물체를 구분하도록 도와주고 컴퓨터의 인지 능력은 자연어 처리NLP를 통해 사회적 의사소통을 모방하며 로봇공학은 물리적인 움직임을 구현할 수 있게 해줍니다. 기계는 아직 인간 수준의 의식과 기교를 갖추지 못했지만, 지구력과 신뢰성이 더 좋기 때문에 짧은 시간 안에 방대한 양의 지식을 학습할 수 있습니다.

인간은 물리적 형태가 없는 윤리, 문화, 사랑과 같은 추상적인 개념을 이해할 수 있고 상상할 수도 있습니다. 그리고 매우 사교적이어서 집단으로 모여 다른 사람들과 관계 맺기를 좋아합니다. 기계도 인간이 가진 이런 다양한 측면의 능력을 훈련받고 있습니다. 예를 들어, 증강현실과 가상현실은 온라인과 오프라인이라는 서로 다른 두 가지 현실을 겹쳐서 인간의 상상력을 흉내 내려고 합니다. 또한 사물인터넷IoT과 블록체인을 개발해서 기계가 어떻게 '사회화'해야 하는지를 개념화해보려고 노력하고 있기도 하죠.

이처럼 디지털 기술의 급속한 발전에도 불구하고 마케터가 기술적 측면에 과도하게 집착하는 건 금물입니다. 기업은 종종 AI를 이용하는 마케팅을 기술 프로젝트처럼 취급하곤 합니다.

그러다 보니 소프트웨어 툴의 선택, 인프라 투자, 데이터 사이언티스트 채용에 지나치게 매몰되는 경향이 있습니다.

우리는 이 책을 통해 마케터가 '기술을 통제하는 두뇌'가 되어야 한다는 점을 상기시키는 한편, AI가 마케터에게 가장 큰 도움을 줄 수 있는 곳이 어디인지를 규정해보고자 합니다. 우리는 AI로 구동되는 세계에서 마케터가 해야 하는 중요한 역할을 깨우쳐주기 위해 이 책을 기획했습니다. 당신이 마케터라면, 이 책을 읽고 기술이 인류를 위해 쓰일 수 있게 하는 여정에 나서주기를 바랍니다.

필립 코틀러
허마원 카타자야
이완 세티아완

차례

Part 1.
우리가 처음 마주한 세계

Chapter 1. 마켓 5.0 시대의 시작   — 021
: 휴머니티를 향한 기술

Part 2.
디지털 세상에서 마케터가 직면한 도전들

Part 3.
미래의 마케팅을 위한 새로운 전략

Chapter 5. 디지털 전환 준비가 된 조직 — 139
: 모든 상황에 맞는 만능 전략은 없다

Chapter 6. 차세대 기술 — 169
: 인간을 닮은 기술의 도래

Chapter 7. 새로운 고객 경험 — 199
: 기계는 차갑지만 인간은 따뜻하다

Part 4.
기술 중심 마케팅의 새로운 전술

MARKETING 5.0

: TECHNOLOGY
FOR HUMANITY

Part 1.
우리가 처음 마주한 세계

Chapter 1.

마켓 5.0 시대의 시작

: 휴머니티를 향한 기술

"우리는 우리도 어떻게 배우는지 모르는 것들을 컴퓨터에게 가르칠 수는 없기에, 마켓 5.0에서 인간 마케터의 역할은 여전히 중요하다. 따라서 마켓 5.0의 핵심 논의는 기계와 인간이 고객 여정 내내 최고의 가치를 선사할 수 있는 지점이 어디인지를 선택하는 문제로 모인다."

우리는 2009년에 마케팅 연재작 중 첫 번째인 《마켓 3.0》을 집필했다. 이 책은 전 세계 27개 언어로 번역·출간됐다. '모든 것을 바꿔놓을 새로운 시장의 도래'란 부제가 시사하듯이, 이 책에서는 제품 중심 마케팅(마켓 1.0)에서 소비자 중심 마케팅(마켓 2.0)을 거쳐 인간 중심 마케팅(마켓 3.0)으로 나아가는 중대한 변화를 다뤘다.

마켓 3.0 시대에 고객은 기능적이고 감성적인 만족뿐만 아니라 선택한 브랜드로부터 정신적인 만족을 추구한다. 이에 기업은 자신만의 가치를 내세우며 차별화를 이뤄낸다. 기업의 제품과 경영방식은 이윤 창출뿐만 아니라 세계에서 가장 까다로운 사회와 환경 문제에 대한 해결책을 제시하는 것을 목표로 한다.

마케팅이 제품 중심에서 벗어나 인간 중심적 개념으로 진화하는 데 70년 가까운 시간이 걸렸다. 수십 년의 진화 과정을 겪는 동안 몇 가지 마케팅 개념이 시간의 시련을 견뎌냈다. 전통적인 마케팅 기법이었으나 '세분화-타기팅-포지셔닝' 개념과 '제품-가격-유통-판촉'으로 정의되는 4P 모델은 전 세계적으로 현대 마케터가 보편적으로 중시하는 주제가 됐다.

우리는 마켓 3.0을 전통적인 마케팅의 최종적 단계로 간주해 왔다. 고객을 지적으로(마켓 1.0), 정서적으로(마켓 2.0), 정신적으로(마켓 3.0) 만족시키는 데 필요한 모든 구성 요건을 갖추고 있기 때문이다. 10년 전에 나온 책이지만 《마켓 3.0》은 Y세대와 Z세대가 지배하는 지금 시대에도 매우 잘 들어맞는다. 이들 젊은 세대는 진정으로 사회를 아끼면서, 본질적으로 사회적 영향을 고려하여 비즈니스 모델을 만들도록 기업을 압박한다.

마켓 4.0, 디지털로의 전환

2016년에 《마켓 4.0》을 썼을 때, '전통적 마케팅에서 디지털 마케팅으로(한국어판 부제는 '4차 산업혁명이 뒤바꾼 시장을 선점하라'다 - 옮긴이)'라는 부제가 암시하듯 우리는 '디지털 마케팅'으로 관심을 전환했다. 책에서 우리는 '디지털 세계에서의 마케팅'과 '디지털 마케팅'을 구분해놓았다. 디지털 세계에서의 마케팅은 전적으로 디지털 미디어와 채널에만 의존하지 않는다. 정보 격차가 여전히 존재하기 때문에 온라인과 오프라인을 모두 활용하는 옴니채널omnichannel 식 접근이 필요하다. 이 개념은 제조업 분야에서 온라인과 오프라인 시스템이 동원되는 독일 정부의 고차원적 전략인 인더스트리 4.0Industry 4.0에서 일부 영감을 받았다.

마켓 4.0 시대에 기술 사용은 매우 기본적이지만, 책에서는 고객이 어떤 제품이나 서비스를 이용하는 동안 경험하는 모든 과정인 '고객 여정customer journey' 전반에 걸쳐 온라인과 오프라인을 망라한 다양한 접점에서 고객을 상대하는 데 필요한 새로운 마케팅 틀을 소개했다. 《마켓 4.0》은 전 세계 24개 언어로 번역·출간됐으며, 기업이 마케팅 활동을 할 때 기본적인 형태의 디지털화를 수용하도록 권장했다.

그러나 마테크MarTech, 즉 마케팅과 기술을 적용한다는 건 단순히 소셜 미디어에서 콘텐츠를 배포하거나 옴니채널의 존재감을 구축하는 것 이상의 문제다. 인공지능AI, Artificial Intelligence, 자연어 처리NLP, Natural Language Processing, 센서 기술, 사물인터넷IoT, Internet of Things은 마케팅 관행의 판도를 바꿔놓을 엄청난 잠재력을 가지고 있다.

《마켓 4.0》을 집필할 당시에는 이런 기술들이 아직 주류가 아니었기 때문에 자세히 다루지 않았고, 우리는 마케터가 여전히 디지털 세계로의 과도기에 적응하고 있다고 믿었다. 그렇지만 2020년부터 시작된 코로나19 팬데믹은 실제로 기업이 디지털화에 더 속도를 내게 했다. 이동이 제한되고 일상에서 거리두기 정책이 시행되면서 시장과 마케터는 새로운 비대면 디지털 현실에 어떻게든 적응해야 하는 과제에 직면했다.

Part 1 우리가 처음 마주한 세계

이에 우리는 지금이 《마켓 5.0》을 쓰기에 적기라고 판단했다. 이제 기업은 마케팅 전략, 전술, 운영에서 첨단기술이 가진 힘을 최대한도로 발휘해야 한다. 이 책은 또한 스마트 기술을 통해 지속가능한 사회를 창조하자는 소사이어티 5.0 Society 5.0 으로부터 일부 영감을 받았다. 소사이어티 5.0은 수렵 사회, 농경 사회, 공업 사회, 정보 사회를 지나 우리가 맞게 될 새로운 사회적 단계를 가리킨다. 2017년 일본 정부가 4차 산업혁명 기술을 사회 전반에 활용하여 새로운 사회를 구현함으로써 고령화, 구인난, 자연재해, 공해 등의 사회적 문제를 해결해나가고자 처음으로 제시한 범국가적 차원의 성장 로드맵이다. 우리는 기술이 인류의 이익을 위해 이용되어야 한다는 데 동의한다. 따라서 마켓 5.0은 마켓 3.0의 인간 중심성과 마켓 4.0의 기술 중심 요소를 모두 포함한다.

마켓 5.0 시대가 열렸다

마켓 5.0 시대는 세대 차이, 부의 양극화, 디지털 격차라는 세 가지 주요 해결과제를 배경으로 한다. 서로 다른 태도, 기호, 행동을 보여주는 다섯 세대가 지구상에서 함께 살아가는 건 역사상 처음 있는 일이다. 제2차 세계대전이 끝난 직후인 1946년부터 1965년 사이에 출생한 베이비부머Baby Boomer와 이후 태어난 X세대는 현재 기업 내 대부분의 경영진 자리를 꿰차고 있으며, 다른 세대와 비교할 때 구매력 역시 가장 크다.

그러나 소비자 시장뿐만 아니라 노동 시장의 주류를 이루는 것은 1980~1994년 출생자로 디지털에 정통한 Y세대와 1995년부터 2000년 중후반 출생자로 이뤄진 Z세대다. 그러다 보니 대부분의 결정을 내리는 중장년의 기업 임원들과 그들보다 젊은 관리자, 그리고 고객 사이의 단절이 상당한 걸림돌로 작용한다.

마케터는 또한 시장의 양극화를 초래하는 만성적인 불평등과 불균형한 부의 분배 문제에 직면하게 될 것이다. 고임금 일자리를 가진 상류층이 늘어나면서 명품 시장이 활기를 띠는 한편, 사회계층 피라미드의 밑바닥에 있는 하류층의 비중도 커지면서 값싸고 품질 좋은 대규모 대중 시장도 형성되고 있다. 그 결과 중간 시장은 위축되고 심지어 소멸하는 분야도 생겨나 업계에서는 생존을 위해 위나 아래 시장으로 이동할 수밖에 없다.

게다가 마케터는 디지털화가 가져올 잠재력을 믿는 사람들과 믿지 못하는 사람들 사이의 디지털 격차digital divide도 해소해야 한다. 디지털화는 실직 위협과 사생활 침해 우려로 미지의 공포를 초래하는 한편 인류에게 급속한 성장과 더 나은 삶을 약속해준다. 기업은 기술 발전이 이뤄지되 그로 인한 반감이 생기지 않도록 디지털 격차를 해소해야 한다. 디지털 세계에서 마켓 5.0 전략을 구현하고자 할 때 마케터가 직면하는 이런 과제가 이 책의 2부인 2~4장의 주제가 될 것이다.

마켓 5.0은 무엇인가?

마켓 5.0은 '고객 여정 내내 가치를 창출, 전달, 제공, 강화하기 위해 인간을 모방한 기술을 적용하는 것'이라고 정의할 수 있다. 마켓 5.0의 중요한 주제 중 하나는 인간 마케터의 능력을 모방하는 것을 목표로 하는 차세대 기술next tech이다. AI, NLP, 센서, 로봇공학, 증강현실AR, Augmented Reality, 가상현실VR, Virtual Reality, IoT, 블록체인 등이 모두 차세대 기술에 해당한다. 이런 기술의 조합이 마켓 5.0을 가능하게 해준다.

AI는 지난 수년간 인간의 인지 능력을 본떠 특히 비정형unstructured 고객 데이터를 갖고 학습하면서 마케터에게 유익한 통찰력을 제공하도록 발전해왔다. AI는 다른 가용 기술과 합쳐

저서 적절한 고객에게 적절한 제안을 하는 데에도 이용할 수 있다. 마케터는 빅데이터 분석을 통해 '세그먼츠 오브 원segments of one' 마케팅이라고도 하는 1:1 고객 맞춤형 마케팅 전략을 구사할 수 있다. 오늘날 그런 전략은 어느 때보다 더 주류로 부상했다.

다음과 같은 마켓 5.0의 사례를 생각해보자. 기업은 AI 기계학습을 통해 예측 알고리즘의 도움을 받아 특정 기능을 갖춘 신제품의 성공 여부를 예측해볼 수 있다. 그러면 마케터는 신제품 개발 과정에서 많은 단계를 건너뛸 수 있다. 이런 예측은 대부분 신제품 출시 후 실시하는 시장조사보다 정확도가 높으며, 많은 시간이 소요되는 콘셉트 테스트concept test(신제품에 대한 소비자 반응을 조사하는 것)보다 더 빠르게 통찰력을 얻게 해준다. 예를 들어 펩시는 소셜 미디어상에서 나눈 고객과의 대화를 심층 분석하여 정기적으로 신제품 음료를 출시한다.

AI는 또 고객 프로필을 토대로 쇼핑패턴을 파악하여 온라인 소매 업체들이 적절한 제품이나 콘텐츠를 추천하게 해준다. 추천엔진은 아마존, 넷플릭스, 유튜브 같은 전자상거래 업체들이 다른 디지털 기업들과 차별화를 이뤄낼 수 있는 결정적 수단이다. 고객에 대한 역동적 세분화와 자료 수집을 가능하게 해주며, 과거의 구매이력을 끊임없이 분석해서 고객에게 같은 카테고리 내 고가 제품을 사도록 유도하는 상향 판매upsell와 다른 카테고리 내 다른 상품군도 사도록 유도하는 교차 판매cross-sell를 할 수 있도록 서로 무관해 보이는 제품들 사이의 숨겨진 관계를 찾아준다.

맥주 회사인 AB인베브AB InBev, 종합금융투자 회사인 JP모건체이스JP Morgan Chase, 자동차 회사인 토요타의 브랜드 렉서스 등 다양한 기업과 브랜드는 AI를 활용해 최소한의 인력을 투입해서 광고를 개발하기도 한다. 버드와이저와 코로나 맥주를 만드는 AB인베브는 다양한 방식의 광고 효과를 모니터링한 결과를 제작팀에 전달해 보다 효과적인 광고를 만들 수 있게 한다. JP모건체이스는 인간 카피라이터 대신 AI 엔진을 활용해서 디지털 배너 광고 문구를 작성했다. 렉서스는 신형 ES 세단에 맞는 텔레비전 광고를 만들기 위해 지난 15년 동안 고급차 시장을 중심으로 수상 전력이 있는 광고 캠페인을 분석했다. 그리고 AI에게 광고 대본을 100퍼센트 쓰게 한 뒤, 오스카상을 받은 감독을 고용해서 광고를 찍었다.

후방에서 업무를 도와주는 백오피스back office에서만 마켓 5.0 전략을 구사할 수 있는 건 아니다. AI는 NLP, 센서, 로봇공학과 결합해서 마케터가 고객 대면 활동을 수행하는 데 도움을 줄 수 있다. 가장 인기 있는 적용 사례 중 하나가 고객서비스용 챗봇chatbot이다. 고령화와 인건비 상승으로 인력 수급 문제에 직면한 몇몇 기업은 로봇 같은 자동화된 수단을 동원해 일선 직원들을 대체하기도 한다. 예를 들어 스위스 식품 회사인 네슬레는 일본 매장에서 커피 서빙을 AI 로봇에게 맡겼다. 미국의 접객 업체인 힐튼호텔은 로봇 안내원을 실험하고 있고, 영국의 슈퍼마켓 체인인 테스코는 계산원을 안면인식 카메라로 대체하려고 하고 있다.

소매 업체는 센서와 IoT를 이용해서 오프라인 공간에서 디지털 경험을 재현할 수도 있다. 예를 들어 소매점에 설치된 안면인식 스크린은 쇼핑객의 인구통계학적 특성을 추정하여 적절한 판촉활동을 벌이도록 돕는다. 미국의 식품·잡화 판매 회사인 월그린Walgreen이 매장 내에 설치한 냉장고가 그런 사례에 해당하는데, 이 냉장고는 디지털 디스플레이를 탑재하고 있다. 기존의 투명한 냉장고 문이 IoT 화면으로 바뀌었고, 여기에 소비자들이 개인정보를 입력하면 알맞은 상품을 추천해준다. 화장품 편집숍인 세포라Sephora와 가구 기업인 이케아가 사용하는 증강현실 앱은 쇼핑객이 구매 전에 제품을 미리 써볼 수 있게 해준다. 메이시Macy's백화점과 소매체인인 타깃Target은 매장 내 길 안내와 특정 고객을 겨냥한 판촉활동을 위해 센서 기술을 적용했다.

이런 응용기술 중 몇몇은 마케터들에게 터무니없고, 심지어 위협적으로 느껴질 수도 있다. 하지만 우리는 최근 몇 년 동안 이런 기술이 얼마나 저렴하면서도 쉽게 접근할 수 있을 만큼 발전했는지 알게 됐다. 이미 기업들은 구글과 마이크로소프트의 오픈소스 AI 플랫폼을 간편하게 이용할 수 있다. 월간 구독을 통해 마음대로 골라 이용할 수 있는 클라우드 기반의 데이터 분석 방법들도 다수다. 마케터는 이른바 기술맹조차 사용할 수 있는 다양한 사용자 친화적인 챗봇 구축 플랫폼 중에서 선택할 수 있다.

우리는 고차원의 전략적 관점에서 마켓 5.0을 탐구한다. 첨단 마테크 활용 노하우도 어느 정도 다루겠지만, 이 책이 기술서는 아니므로 깊게 파고들진 않을 것이다. 다만 우리는 기술을 전략적으로 활용해야 한다는 원칙을 고수한다. 즉 마켓 5.0의 개념에서는 다양한 문제를 해결하기 위해 다양한 기술적 수단을 사용하는 데 편견이 담겨 있지 않다. 기업은 시장에서 구할 수 있는 모든 지원 하드웨어와 소프트웨어를 사용하여 마케팅할 수 있다. 이때 핵심은 다양한 마케팅 사례에 적합한 기술을 적용하기 위해 그 전략을 설계할 수 있는 마케터를 확보해야 한다는 점이다.

기술에 대해 심층적으로 논의했음에도, 휴머니티가 마켓 5.0

의 중심축으로 남아야 한다는 점에 유의해야 한다. 차세대 기술은 마케터가 고객 여정 내내 가치를 창출, 전달, 제공, 강화해줄 수 있게 돕는다. 목표는 원활하고 매력적인 새로운 고객 경험을 창조하는 것이다(그림 1.1). 이를 달성하기 위해 기업은 인간과 컴퓨터 지능 간의 균형 잡힌 공생 관계를 최대한도로 활용해야 한다.

AI는 데이터 더미 속에서 이전에 알려지지 않았던 고객의

그림 1.1 | 새로운 고객 경험 전반에 적용되는 차세대 기술

행동패턴을 발견하는 능력을 갖추고 있다. 그러나 AI가 뛰어난 컴퓨팅 능력을 갖추고 있긴 하지만, 오직 인간만이 다른 인간을 이해할 수 있다. 인간 마케터가 고객 행동의 기본 동기를 거르고 해석해야 한다(그림 1.2). 그래야만 하는 이유는 인간으로부터 얻는 정보가 맥락적인 한편 모호하기도 하기 때문이다. 노련한 마케터가 어떻게 통찰력을 얻고 지혜를 가다듬는지는 아무도 모른다. 그리고 기술자는 아직 인간, 즉 휴머니티 차원에서

그림 1.2 | 인간이 기술 중심 마케팅에서 부가가치를 창출하는 방법

고객과 연결될 수 있는 기계를 만드는 데 성공하지 못했다.

우리는 우리도 어떻게 배우는지 모르는 것들을 컴퓨터에게 가르칠 수는 없기에, 마켓 5.0에서 인간 마케터의 역할은 여전히 중요하다. 따라서 마켓 5.0의 핵심 논의는 기계와 인간이 고객 여정 내내 최고의 가치를 선사할 수 있는 지점이 어디인지를 선택하는 문제로 모인다.

이 책의 3부에서 이 문제를 자세히 다룰 것이다. 3부(5~7장)는 마케터가 마켓 5.0의 전술적 응용 방법을 구체적으로 알아보기 전에 그에 필요한 적절한 전략을 알아볼 것이다. 5장은 기업이 첨단 디지털 도구를 활용할 준비가 얼마나 되어 있는지 평가하는 데 도움이 된다. 그리고 차세대 기술에 대한 기본 설명이 담긴 6장은 마케터가 첨단 디지털 도구에 익숙해지도록 도와줄 것이다. 끝으로 7장에서는 새로운 고객 경험 전반에 관한 활용 사례들을 총체적으로 논의한다.

기술이 어떻게 마케팅 효과를 높일 수 있을까?

소셜 미디어 마케팅과 검색엔진 마케팅의 부상, 전자상거래의 폭발적 성장 덕에 마케터는 디지털화의 혜택을 누리게 됐다. 그러나 디지털 환경에서 마케팅하려면 고객을 디지털 채널로 이전시키거나 디지털 미디어에 추가로 투자해야 한다. 디지털 기술은 마케팅 실무에 일대 혁명을 일으킬 수 있다. 그 대표적인 방법이 다음의 다섯 가지다.

1. 더 많은 정보를 가지고 의사결정을 하게 해준다

디지털화의 가장 위대한 부산물은 빅데이터다. 디지털 환경에서는 거래, 콜센터 문의 및 이메일 교환 등 고객과의 모든 접점이 기록된다. 더불어 고객은 인터넷을 검색하거나 소셜 미디어에 무언가를 게시할 때마다 흔적을 남긴다. 사생활 침해에 대한 우려만 없다면 빅데이터에서 빼낼 수 있는 정보의 양은 엄청나다. 그렇게 풍부한 정보 소스를 통해 마케터는 이제 고객 개개인의 행동패턴을 세밀하게 분석해 대규모 1:1 마케팅을 펼칠 수 있다.

2. 마케팅 전략과 전술의 결과를 예측한다

어떤 마케팅 투자도 확실한 결과를 보장할 순 없다. 그러나 모든 마케팅 활동에 대한 수익을 계산해야 한다면, 마케팅을 더욱 책임감 있게 펼칠 수밖에 없게 된다. 이제 마케터는 AI 기반 분석을 통해 새로운 제품을 출시하거나 캠페인을 하기 전에 결과를 예측할 수 있다. 예측 모델은 이전 마케팅 활동의 패턴을 찾아내서 어떤 활동이 효과가 있는지 파악하고, 그에 따른 학습에 기초하여 앞으로의 활동에 최적화된 디자인을 추천하는 것을 목표로 한다. 이를 통해 마케터는 향후 겪을 수 있는 실패로 브랜드를 위험에 빠뜨리지 않고 계속해서 앞서나갈 수 있다.

3. 맥락적 디지털 경험을 실제 세계에 접목한다

디지털 마케터는 인터넷 사용자를 추적함으로써 개인화된 랜딩 페이지landing page(인터넷의 링크 버튼을 눌렀을 때 연결되는 페이지 - 옮긴이), 적절한 광고와 맞춤형 콘텐츠처럼 맥락에 따라 매우 적절한 경험을 하게 해줄 수 있다. 이런 능력은 전통적인 오프라인 기업보다 디지털 환경에서 성장한 기업에 상당히 큰 이점을 선사한다. 오늘날 IoT는 기업이 오프라인 공간에 맥락적 접점을 도입하여 매끄러운seamless 옴니채널 경험을 촉진하는 동시에 경쟁의 장을 평탄하게 만들 수 있게 해준다. 마케터는

센서를 통해 매장을 찾는 손님을 확인해 맞춤형 대우를 해줄
수 있다.

4. 일선 마케터의 역량을 강화하여 가치를 제공한다

마케터는 기계냐 인간이냐 하는 식의 이분법적 논쟁에 말려
들지 않고 인간과 디지털 기술 간의 최적화된 공생 관계를 구
축하는 데 집중할 수 있다. AI는 NLP와 함께 가치가 낮은 작업
을 함으로써 일선 직원이 본연의 업무인 고객 대면 업무에 집
중해 업무 생산성을 높이게 해줄 수 있다. 챗봇은 즉각적으로
응답하면서 많은 양의 간단한 대화를 처리할 수 있다. AR과 VR
은 기업이 인간의 개입을 최소화한 채 매력적인 제품을 소개할
수 있게 도와준다. 따라서 일선 마케터는 필요할 때만, 정말로
하고 싶은데도 하지 못했던 소비자와의 상호작용에 집중할 수
있다.

5. 마케팅 실행 속도를 올려준다

'항상 접속 중인always-on'고객의 기호는 끊임없이 변화하기
때문에 기업은 짧은 시간 동안 기회가 주어졌을 때 수익을 내
야 한다는 부담을 느낀다. 이런 문제를 해결하고 싶은 기업은
린lean 스타트업이 보여주는 민첩한 관행으로부터 영감을 얻을

수 있다. 린 스타트업은 신속한 시장 실험과 실시간 검증을 수행하기 위해 기술에 무척 많이 의존한다. 기업은 처음부터 완제품을 만들어 마케팅 캠페인을 하기보다는 오픈소스 플랫폼을 기반으로 공동 창조co-creation 방식으로 제품의 출시 시간을 단축할 수 있다. 그러나 그렇게 하려면 기술의 지원뿐 아니라 올바르고 민첩한 자세와 사고방식이 필요하다.

마켓 5.0의 5대 요소

본질적으로 기술은 데이터 중심 마케팅, 예측 마케팅, 맥락 마케팅contextual marketing(고객의 행동 자료에 기반하여 관심사에 부합하는 광고를 노출하는 온라인·모바일 마케팅 기법 – 옮긴이), 증강augmented 마케팅, 애자일agile 마케팅을 가능하게 해준다. 우리는 첨단기술이 마케팅에 부가가치를 선사하는 방법을 토대로 마켓 5.0의 다섯 가지 기본 요소를 정의해봤다. 마켓 5.0은 예측 마케팅, 맥락 마케팅, 그리고 증강 마케팅이라는 세 가지 기법의 '적용'을 중심으로 한다. 그리고 이런 적용은 데이터 중심 마케팅과 애자일 마케팅이라는 두 가지 조직적 '원칙'을 기반으로 이루어진다(그림 1.3). 4부에서는 마켓 5.0의 이런 5대 분야를 집중적으로 다룰 예정이다.

제1 원칙: 데이터 중심 마케팅

데이터 중심 마케팅은 안팎의 다양한 출처에서 빅데이터를 수집·분석하고, 마케팅 의사결정을 주도하고 최적화하기 위해 데이터 생태계를 구축하는 활동이다. 어떤 결정이든 충분한 데이터를 가지고 해야 한다는 게 마켓 5.0의 첫 번째 원칙이다.

제2 원칙: 애자일 마케팅

애자일 마케팅은 분산된 다양한 분야의 팀들을 활용하여 제품과 마케팅 캠페인을 신속하게 개념화, 설계, 개발, 검증하는 것이다. 끊임없이 변화하는 시장에 대저할 수 있는 조직적 민첩성은 기업이 마켓 5.0의 성공적인 구현을 위해 숙지해야 하는 두 번째 원칙이다.

이상의 두 원칙은 4부(8~12장)에서 다룬다. 데이터 중심 마케팅은 8장에서, 애자일 마케팅은 12장에서 구체적으로 다루겠다. 우리는 기업이 마켓 5.0의 다음 세 가지 적용 방법을 활용하려면 데이터 중심 기능을 구축하는 일에서부터 시작해야 한다고 생각한다. 결국 활용의 진정한 성패를 결정하는 건 조직의

그림 1.3 | 마켓 5.0의 5대 원칙

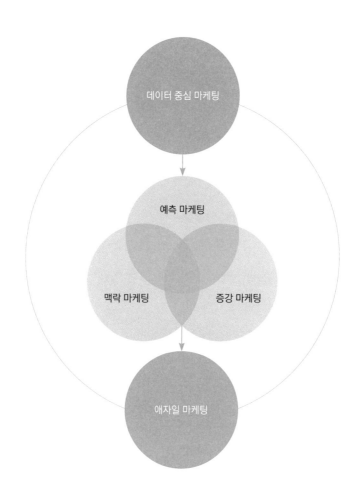

민첩한 실행 여부다.

첫 번째 적용 방법: 예측 마케팅

예측 마케팅은 제품 출시 전에 마케팅 활동의 결과를 예측하기 위해, 예컨대 기계학습을 통해 예측 분석 방법을 구축하고 활용하는 것을 말한다. 기업은 이 첫 번째 적용 방법을 통해 시장이 어떻게 반응할지 예측해서 시장에 능동적으로 대응할 수 있다(9장 참조).

두 번째 적용 방법: 맥락 마케팅

맥락 마케팅은 실제 공간에서 센서와 디지털 인터페이스를 활용하여 고객과 맞춤형 상호작용을 하는 활동이다. 이것은 마케터가 고객이 처한 상황에 따라 실시간으로 1:1 마케팅을 수행할 수 있게 해주는 근간이다(10장 참조).

세 번째 적용 방법: 증강 마케팅

증강 마케팅은 챗봇이나 가상 비서처럼 인간을 모방한 디지털 기술을 활용해 고객과 대면하는 마케터의 생산성을 높이는 활동이다. 이 세 번째 적용 방법은 마케터가 디지털 인터페이스의 속도와 편리성을 휴머니티적 접점의 따뜻함 및 공감과 결합하게 해준다(11장 참조).

이 세 가지 적용 방법은 서로 연결되어 있다. 다음 예를 생각해보자. X사는 특정 인구통계학적 특성을 가진 고객이 어떤 제품을 살 것인지를 예측하는 예측 마케팅 모델을 구축한다. 이 모델을 작동하려면 기업은 판매 시점에 디지털 셀프서비스 키오스크에 부착할 안면인식 카메라를 포함해서 다양한 센서를 설치해야 한다. 적절한 인구통계학적 특성을 가진 고객이 키오스크에 접근하면 카메라가 작동하면서 화면에 신호를 보내 예측 모델이 추천하는 제품을 보여주는 이른바 '맥락 광고contextual ad'를 내보낸다.

고객도 디지털 인터페이스를 자신에게 맞는 방식으로 사용할 수 있다. 이때 X사의 일선 직원은 예측 모델이 포함된 디지털 도구로 무장하고 자신이 직접 고른 옵션에 만족하지 못하는 고객을 돕는다.

SUMMARY

휴머니티를 위한 기술

마켓 5.0은 마켓 3.0의 인간 중심성과 마켓 4.0의 기술력을 기반으로 하며, 고객 경험 전반에 걸쳐 가치를 창출·전달·제공·강화하기 위해 인간을 모방한 기술을 이용하는 것으로 정의된다. 먼저 고객 여정을 매핑하고, 마케팅 기술(마테크)이 부가가치를 창조하며 인간 마케터의 성과를 개선해줄 수 있는 위치를 파악하는 작업부터 시작한다.

마켓 5.0을 적용하는 기업은 처음부터 데이터 중심적이어야 한다. 마켓 5.0의 활용 사례를 구현하기 위한 전제 조건은 데이터 생태계 구축이다. 이 생태계는 마케터가 예측 마케팅을 통해 마케팅 투자의 잠재 수익을 추정할 수 있게 해준다. 또한 마케터가 판매 시점에 모든 개별 고객에게 맞춤화된 맥락 마케팅을 제공할 수 있게 지원해준다. 마지막으로, 일선 마케터는 증강 마케팅을 통해 고객과의 매끄러운 인터페이스를 설계할 수 있다. 이 모든 마케팅의 실행을 위해서는 시장 변화에 실시간으로 대응하는 기업의 민첩성이 요구된다.

✓ 당신의 조직은 소셜 미디어 마케팅과 전자상거래를 뛰어넘는 수준으로 디지털 기술을 구현했는가?

✓ 당신의 조직에 가치를 선사할 것으로 예상하는 첨단기술은 무엇이 있는가?

MARKETING 5.0

: TECHNOLOGY
FOR HUMANITY

Part 2.
디지털 세상에서 마케터가
직면한 도전들

Chapter 2.

세대 차이

: 베이비붐, X, Y, Z, 알파 세대를
겨냥한 마케팅

"우리는 궁극적으로 기술적 지원에 힘
입어 개별적 차원에서 맞춤화되고 개
인화된 1:1 마케팅 시대가 도래할 것
으로 믿는다. 미래의 마케터는 각각 특
별한 기호와 행동에 따라 세분화된 시
장을 상대할 것이다."

마케팅 업무를 맡은 25세의 대리가 1980년대 초반부터 2000년대 초반에 출생한 밀레니얼 세대를 겨냥한 신제품 인쇄광고를 디자인하는 업무를 맡았다. 그는 잠재 고객 몇 명을 만나서 인터뷰한 뒤, 인상적인 그래픽과 한 줄짜리 문구로 아름다운 광고를 제작했다. 누르면 웹사이트로 연결되게 광고에 하이퍼링크도 걸어뒀다. 하지만 예상과 달리, 그의 상사인 50세의 마케팅 매니저는 인쇄물에 제품의 특징, 장점, 혜택에 대한 세부정보가 부족하다고 투덜댔다. 그는 상사가 밀레니얼 세대에겐 단순화한 마케팅 방식이 적합하다는 걸 이해하지 못한다고 생각하고 회사를 그만뒀다. 아이러니하게도, 그의 이런 행동은 젊은 직원들은 비판을 받아들이지 못한다는 매니저의 믿음을 확인시켜줬을 뿐이다.

오늘날 많은 조직에서 이런 세대 갈등이 일어나고 있다. 전 세계 마케터들은 베이비붐, X, Y, Z, 알파에 이르기까지 저마다 다른 다섯 세대를 상대해야 하는 어려움에 직면해 있다. 이 다섯 세대 중 처음 네 세대는 경제활동을 하고 있다. 베이비부머 대다수는 여전히 일하고 있다. 그러나 X세대가 전 세계적으로 대부분의 리더 역할을 맡고 있다. Y세대는 현재 경제활동 인구 중에서 차지하는 비중이 가장 크며, Z세대는 최근에서야 경제활동에 뛰어들었다. 각 세대의 기술 수준은 저마다 다르다. 따

라서 세대 렌즈를 통해 시장을 살펴보면 기술 중심의 마켓 5.0
을 구현하는 최선의 방법을 이해하는 데 도움이 될 것이다.

다양한 세대의 공존

세대마다 겪는 사회·문화적 환경과 생활 경험은 서로 다르다.
X세대를 예로 들어보겠다. 이혼한 부모 또는 맞벌이 부모를 둔
그들은 최소한의 보살핌만을 받으며 성장했다. 청소년기를 지
나면서는 MTV 뮤직비디오 문화에 영향을 받았다. 결과적으로
그들은 다른 세대보다 일과 삶의 균형을 더 중요시하며, 더 독
립적이고 창조적인 세대로 여겨진다. 성인이 돼서는 인터넷이
없던 세상과 있는 세상을 모두 경험함으로써 전통적인 일터와
디지털 일터에 모두 잘 적응할 수 있었다.

세대마다 제품과 서비스에 대한 기호와 태도도 다르므로 마
케터는 각기 다른 제품과 서비스, 고객 경험, 그리고 심지어 서
로 다른 비즈니스 모델을 갖고 대응해야 한다. 예를 들어 Y세대
는 소유보다 경험을 더 중시한다. 그들은 차를 소유하기보다 차
량공유 업체인 우버를 이용하길 더 좋아한다. 이런 기호는 주문

형on-demand 서비스의 확대와 다양화로 이어졌다. 비즈니스 모델들도 제품 판매에서 구독 판매로 전환됐다. Y세대는 음악 앨범을 사기보다 세계 최대 음악 스트리밍 업체인 스포티파이Spotify에서 스트리밍해서 듣는 걸 더 좋아한다.

세대별 니즈를 잘 이해하고 있더라도 기업들 대부분에 그런 모든 니즈를 충족시킬 준비는 제대로 되어 있지 않다. 대개는 모든 세대에 맞는 제품과 서비스를 제공할 수 없는 경직된 포트폴리오에 갇혀 있으며, 따라서 동시에 두세 세대 정도만을 상대할 수밖에 없다. 기업은 또한 끊임없이 변화하는 젊은 세대의 요구와 욕구로 인해 제품수명주기가 단축되는 문제에 적응하기 위해서도 고군분투하고 있다. 자동차, 전자제품, 첨단기술, 포장 소비재, 패션 등 여러 업종에 종사하는 많은 기업이 신속하게 신제품을 개발하여 치열한 경쟁을 뚫고 수익을 창출해야한다는 압박감을 느낀다.

또 강력한 재원과 구매력을 가진 베이비부머와 X세대를 상대할 때 여전히 가장 큰 가치가 창출되기 때문에 기업들은 타기팅에서 딜레마를 겪는다. 그러나 대부분의 브랜드 가치는 Y와 Z세대의 인정을 받을 때 생긴다. 여기서 중요한 점은 Y와 Z세대가 이제 베이비부머와 X세대 부모들의 구매 결정에 상당한 영향을 미치기 시작했다는 것이다. 기업은 현재를 위한 가치 창출 극대화와 미래를 위한 브랜드 포지셔닝 착수라는 두 가지 목표 사이에서 균형을 맞춰야 한다.

다섯 세대의 특징

우리는 모든 고객은 특별하다는 것, 그리고 궁극적으로 기술적 지원에 힘입어 개별적 차원에서 맞춤화되고 개인화된 1:1 마케팅 시대가 도래할 것을 믿는다. 미래의 마케터는 각각 특별한 기호와 행동에 따라 세분화된 시장을 상대할 것이다. 따라서 기업이 앞으로 상대할 주류 시장을 살펴보면서 마케닝 진화의 전반적인 방향을 예측해볼 필요가 있다. 시장의 집단적인 인구통계학적 변화를 이해하는 것은 마케팅이 나아갈 곳을 예측하는 가장 기본적인 방법이기 때문이다.

세대별 분류는 가장 인기 있는 대중시장의 세분화 방법에 해당한다. 여기에는 같은 시기에 태어나고 자란 사람들은 중요한 여러 사건을 함께 경험했다는 전제가 깔려 있다. 따라서 그들은 같은 사회·문화적 경험을 공유하고, 가치관과 태도와 행동이 비슷할 가능성이 더 크다고 본다. 오늘날에는 베이비부머, X, Y,

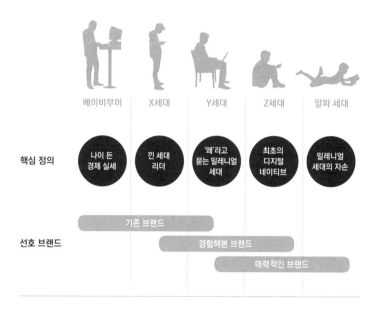

그림 2.1 | 다섯 세대와 그들이 선호하는 브랜드

	베이비부머	X세대	Y세대	Z세대	알파 세대
핵심 정의	나이 든 경제 실세	낀 세대 리더	'왜'라고 묻는 밀레니얼 세대	최초의 디지털 네이티브	밀레니얼 세대의 자손

선호 브랜드

기존 브랜드

경험해본 브랜드

매력적인 브랜드

Z, 알파 세대 등 다섯 세대의 인구가 함께 살고 있다(그림 2.1).

베이비부머: 나이 든 경제 실세

베이비부머는 1946년부터 1964년 사이에 태어났다. '베이비 붐baby boom'이란 용어는 제2차 세계대전이 끝난 후 미국을 비롯해 세계 많은 지역에서 나타난 높은 출산율을 가리킨다. 전후 경제 부흥 덕에 많은 부부가 아이를 갖기로 하면서, 이들은 당시 마케터의 주요 타깃이 됐다. 번창하던 1960년대에 10대였던 초기 베이비부머는 비교적 부유한 가정에서 자랐다. 하지만 청소년기는 10년 동안 이어진 사회·정치적 긴장 속에서 보냈으며, 결과적으로 서구 국가들의 반문화운동에 관심을 갖게 됐다. 사회행동주의, 환경보호주의, 히피 라이프스타일 같은 많은 비주류 개념이 이 시대에 등장했다. 뉴 할리우드New Holliwood(1960년대 후반부터 1970년대에 걸쳐 미국에서 제작된 사회의식을 담은 영화 작품의 총칭 - 옮긴이) 물결이 일었고, 텔레비전과 광고가 등장하자 반문화운동이 더욱 거세게 펼쳐졌다.

초기 베이비부머와 달리 '존스 세대Jones Generation(사회적 혼란이 극심했던 1970년대에 청소년기를 보낸 1954~1965년 출생자들을 말하며, 존스는 '갈망' 또는 '마약 중독'을 뜻한다 - 옮긴이)'로도 알려진 이후 세대는 격동의 1970년대에 10대가 됐고, 경제적 곤경에 처해 있었다. 맞벌이 부모를 둔 그들은 독립적으로 살았고, 사회생활 초기에 더 열심히 일했다. 베이비붐 세대 내의 이 하위 그룹은 X세대의 이전 세대로, 이들과 X세대는 많은 공통점을 가지고 있다.

베이비부머는 규모도 엄청났지만, 전후 미국의 경제가 누린 호황 덕분에 경제 실세로 부상했다. 그들은 이후 수십 년 동안

Y세대에 수적으로 밀리기 전까지 마케터들의 집중적인 공략 대상이었다. 오늘날에는 더 건강하고 더 오래 살게 되면서 은퇴를 미루고 65세 넘어서까지 일을 계속하는 베이비부머도 많다. 그렇지만 기업에서 임원직을 맡고 있는 이들은 젊은 세대들로부터 신기술을 받아들이고 기존의 사업방식을 허물기 꺼린다는 비판을 받곤 한다.

X세대: 낀 세대 리더

X세대는 1965년부터 1980년 사이에 태어난 사람들이다. 베이비부머와 Y세대의 인기에 밀리고, 그들 사이에서 샌드위치 신세가 된 X세대는 마케터들의 관심에서 벗어나 있어 '잊힌 낀 세대forgotten middle child'라고 불린다.

X세대는 유년기와 청소년기에 격동의 1970년대와 불확실한 1980년대를 보냈지만, 더 나은 경제 상황에서 사회에 진출했다. 이들은 맞벌이 가정이나 이혼 가정에서 성장해 가족과 보내는 시간이 적었고, 친구들과 더 많이 교류했다. 그래서 '친구와 가족'에 대한 개념을 자주 연상시킨다. X세대의 또래관계는 친구들 사이의 끈끈한 우정을 다룬 1990년대 미국의 인기 TV 드라마인 〈비버리 힐즈 아이들〉과 〈프렌즈〉의 제작으로 이어졌다.

긴 세대인 X세대는 주요 소비자 기술의 변화를 겪으면서 뛰어난 적응력을 갖게 됐다. X세대는 젊었을 때 MTV에서 뮤직비디오를 보고, 소니 워크맨으로 여러 노래를 모아 녹음해놓은 테이프를 들으며 성장했다. 성인이 되자 이들은 오디오 스트리밍을 통해서뿐만 아니라 CD와 MP3를 이용해서 음악을 들었다. 그리고 DVD 대여 사업의 흥망성쇠와 비디오 스트리밍으로의 전환을 목격했다. 무엇보다 중요한 사실은, X세대가 경제활동을 하게 될 무렵에 인터넷이 발전하면서 이들이 연결의 얼리어답터가 됐다는 점이다.

대부분의 마케터에게 주목받지는 못했어도 X세대는 오늘날 경제활동 인구 중에서 가장 영향력 있는 세대이다. X세대는 평균 20년의 근무경력과 확고한 직업윤리를 바탕으로 기업에서 대부분 리더 역할을 수행해왔다. 베이비붐 세대가 은퇴를 미루면서 더는 승진이 어려워진 X세대의 상당수는 40대에 다니던 회사를 그만두고 창업해서 성공한 기업가가 됐다.

Y세대: '왜'라고 묻는 밀레니얼 세대

1981년부터 1996년 사이에 태어난 Y세대는 지난 수십 년 동안 가장 많이 회자된 세대다. 뉴 밀레니엄the new millennium, 즉 새천년에 성인이 되자 이들은 밀레니얼 세대로 널리 알려지게 됐다. 또 다른 베이비붐 시대에 태어난 Y세대 대부분은 베이비부머의 자녀 세대다. 이들은 부모로부터 지대한 영향을 받은 세대라는 의미에서 에코부머echo boomer 세대로도 알려져 있다. 이들은 대체로 이전 세대들보다 교육을 더 잘 받았고, 문화적 다양성도 뛰어나다.

이들은 또한 소셜 미디어 사용에 정통한 1세대다. 업무상 이유로 직장에서 인터넷을 처음 사용했던 X세대와 달리, Y세대는 훨씬 더 어린 나이 때부터 인터넷에 익숙했다. 따라서 Y세대는 개인적인 목표를 달성하기 위해 처음부터 소셜 미디어와 그밖의 인터넷 관련 기술을 받아들였다.

이들은 소셜 미디어에 자신을 표현하는 데 매우 개방적이고, 종종 동료들과 자신을 비교한다. 또한 동료들로부터 인정과 승인을 받고 싶어 하며, 결과적으로 동료들이 하는 말과 사는 물건에 큰 영향을 받는다. 이들은 기성 브랜드보다 동료를 더 신뢰한다. 주로 휴대전화로 온라인 조사와 구매를 하는데, 소유보다 경험을 더 선호하기 때문에 기성세대만큼 제품을 다량 구매하지는 않는다. 또한 부와 자산 축적보다는 사는 이야기를 모으는 데 더 몰두한다.

Y세대는 높은 교육수준, 다양성, 무제한적인 콘텐츠 노출로 좀더 개방적이고 이상적이다. 이들은 모든 것에 의문을 제기하

는데, 그러다 보니 직장에서 규범을 따르기를 기대하는 기성세대와 쉽게 갈등을 빚는다.

베이비붐 세대 부모들처럼 밀레니얼 세대도 종종 두 개의 하위 그룹으로 분류된다. 하나는 1980년대에 태어난 더 나이 든 밀레니얼 세대다. 이들은 2008년 글로벌 금융위기 때와 그 여파가 이어졌을 때 입사했기 때문에 힘든 고용시장에서 살아남아야 했다. 이들 중 일부는 결국 창업에 뛰어들었다. 경쟁이 심한 곳에서 일한 경험이 있어서인지 개인적인 삶과 직업적인 삶 사이를 분명히 가르는 경향이 있다. 반면 1990년대에 태어난 더 어린 밀레니얼 세대는 상대적으로 더 나은 고용시장을 경험했다. 이들은 개인적인 삶과 직업적인 삶을 뒤섞는 경향이 있다. 다시 말해, 단지 자신들이 즐기는 일만을 하길 원하며 일에서 성취감을 느끼길 바란다.

나이 든 하위 그룹은 앞선 X세대처럼 온라인과 오프라인 환경 모두에 적응하는 법을 배웠기 때문에 세대를 서로 연결해주는 '다리 세대bridge generation'라고 할 수 있다. 그러나 젊은 하위 그룹은 Z세대에 더 가깝다. 이들은 아주 어린 나이에 인터넷을 받아들였기 때문에 자연스럽게 온라인 세계를 오프라인 세계의 매끄러운 확장으로 간주한다.

Z세대: 최초의 디지털 네이티브

이제 마케터들은 Z세대로 관심을 전환하고 있다. X세대의 자손인 Z세대는 1997년부터 2009년 사이에 태어났는데, 새로운 세기에 태어났다고 해서 '센테니얼Centennial'이라고도 불린다. Z세대 상당수는 부모와 형제가 겪은 경제적인 어려움을 목격해서 그런지 Y세대보다 경제의식 수준이 더 높다. 돈을 절약하고, 경제적 안정을 직업 선택의 필수 요소로 보는 경향이 있다.

인터넷이 이미 주류가 됐을 때 태어난 이들은 어린 시절부터 디지털 환경에서 성장해 디지털 기기를 '원어민native speaker'처럼 자유자재로 활용하며, 그런 의미에서 최초의 '디지털 네이티브digital native'로 여겨진다. 인터넷 없이 산 적이 없는 이들은 디지털 기술을 일상생활에 없어서는 안 될 일부로 간주한다. 학습, 뉴스 업데이트, 쇼핑, 소셜 네트워킹을 즐기기 위해 항상 디지털 기기를 통해 인터넷에 연결돼 있으며 사회생활을 할 때조차 여러 화면을 통해 부단히 콘텐츠를 소비한다. 결과적으로 이들은 사실상 온라인과 오프라인 세계를 구분하지 않는다.

Z세대는 자신의 일상을 사진과 동영상 형식으로 소셜 미디어에 기록하지만, 이상주의자인 Y세대와 달리 실용주의자다. 개인 브랜딩을 위해 더 세련되게 여과한 자기 이미지를 게시하길 좋아하는 Y세대와 달리, Z세대는 진실하고 솔직하게 자기

모습을 드러내는 걸 선호한다. 그래서 억지로 꾸미고, 사실이라고 믿기에 너무 괜찮은 이미지를 방송하는 브랜드를 싫어한다.

Z세대는 기성세대보다 개인정보를 공유하려는 의지가 상대적으로 강하기 때문에 기업이 개인화된 콘텐츠, 제품과 서비스, 고객 경험을 제공해주길 바란다. 또한 자신들에게 제품 또는 서비스를 소비하는 방법을 통제할 능력을 주길 기대한다. 이들을 겨냥한 콘텐츠의 양이 워낙 많다 보니 Z세대는 개인화와 맞춤화의 편리성을 진정으로 중시한다.

Y세대와 마찬가지로 Z세대는 사회 변화와 지속가능한 환경에 많은 관심을 가진다. 실용주의 경향이 강해서 일상적인 결정을 통해 변화를 주도할 수 있는 역할에 더 자신감을 보인다. 사회적·환경적 문제 해결을 강소하는 브랜드를 선호하며, 자신들의 브랜드 선택으로 기업의 지속가능성을 개선할 수 있으리라 믿는다. Z세대는 또한 열정적이고도 자발적으로 변화를 주도하며, 고용주가 그런 변화를 가능하게 하는 플랫폼을 제공해줄 것으로 기대한다.

Z세대는 또한 브랜드와의 관계 전반에 걸쳐 지속적인 참여engagement를 추구한다. 브랜드가 모바일 기기나 게임기들과 똑같이 자극적이기를 기대하고, 따라서 기업이 항상 제품과 서비스를 갱신해주길 바란다. Z세대를 공략 목표로 삼은 기업은 이

처럼 짧아진 제품수명 문제를 극복해야 한다. 이들은 또한 기업이 모든 접점에서 새로운 대화형 고객 경험을 누릴 수 있게 해주기를 원하며, 이런 기대치를 충족해주지 못하는 브랜드에는 낮은 충성도를 보인다.

오늘날에는 Z세대의 수가 Y세대의 수를 넘어 이미 전 세계적으로 가장 규모가 큰 세대가 됐다. 2025년이면 이들이 경제 활동 인구의 대부분을 차지할 것이므로, 이들을 겨냥한 제품과 서비스 시장이 가장 중요해질 것이다.

알파 세대: 밀레니얼 세대의 자손

알파 세대는 2010년부터 2025년 사이의 출생(예정)자로 21세기 첫 번째 아이들에 해당하는 세대다. 인구통계학자인 마크 매크린들Mark McCrindle이 그리스 알파벳의 첫 글자인 '알파'에서 따와 이 용어를 만들었는데, 알파 세대는 기술적 융합에 의해 형성될 완전히 새로운 세대를 의미한다. 이들은 디지털 네이티브이면서 Y세대 부모와 Z세대 형제의 디지털 행동으로부터 많은 영향을 받는다. 적절하게도, 대부분의 아이가 흠뻑 빠져 있는 아이패드가 처음 출시됐던 2010년을 이 세대가 출현한 연도로 간주한다.

알파 세대가 가진 특성들은 Y세대 부모의 양육 방식에 많은 영향을 받으며 형성된다. 만혼자가 많은 Y세대는 육아와 자녀 교육에 더 중점을 두고, 돈과 경제에 대해 자녀가 어릴 때부터 교육한다. 게다가 매우 다양하고 급속도로 변화하는 도시 환경에서 아이들을 키운다. 따라서 알파 세대는 교육을 잘 받았고, 기술에 정통할 뿐만 아니라 포용적이면서 사교적이다.

Y세대가 키우고 Z세대가 영향을 준 알파 세대는 어린 시절부터 모바일 기기를 가지고 콘텐츠를 활발하게 소비해왔다. 이전 세대들보다 스크린을 보는 시간이 상대적으로 긴 이들은 매일 온라인 동영상을 시청하고, 모바일 게임을 즐긴다. 부모가 만들어 관리하긴 하지만, 일부는 개인 유튜브 채널과 인스타그램 계정을 가지고 있다.

알파 세대는 유튜브의 장난감 리뷰 채널 같은 브랜드 콘텐츠에 더 개방적이다. 이들의 학습 스타일은 실천적이고 실험적이며 매우 자연스럽게 기술 장난감, 스마트 기기, 웨어러블 기기를 가지고 논다. 기술을 자기 삶에 꼭 필요한 일부이자 자신의 확장으로 본다. 알파 세대는 계속해서 AI, 음성 명령, 로봇 등 인간을 모방하는 기술을 채택하고 사용하며 성장할 것이다.

알파 세대가 아직은 엄청난 소비력을 가지고 있진 않지만 이미 다른 사람들의 씀씀이에 강력한 영향을 주고 있다. 구글과 시장조사기관인 입소스Ipsos가 실시한 조사에 따르면, 밀레니얼 세대 부모의 74퍼센트가 알파 세대 자녀를 집안 결정에 참여시킨다. 더불어 어떤 어린이들은 또래의 롤모델인 소셜 미디어 인플루언서가 됐다. 세계적인 전자상거래 컨설팅회사인 원더맨톰슨커머스Wunderman Thompson Commerce가 발표한 보고서에 따르면 미국과 영국 아동 중 55퍼센트는 소셜 인플루언서가 사용하는 물건을 사고 싶어 한다. 따라서 이들이 전 세계 마케터의 집중적 주목을 받는 건 단지 시간문제일 뿐이다.

다섯 세대의 인생 단계

다섯 세대에게 꼭 필요한 게 뭔지를 이해하려면 이들의 '인생 단계life stages'를 분석해야 한다. 일반적으로 인간은 기본Fundamental, 중심Forefront, 양육Fostering, 최종Final이라는 네 가지 인생 단계를 밟으며 성장한다(그림 2.2). 각각의 인생 단계는 통상 20년 정도 지속되며, 다음 단계로 성장해나가면서 인생의 목표와 우선순위도 크게 바뀐다.

첫 번째 인생 단계는 학습에 초점을 맞추는 '기본 단계'다. 태어나서 처음 20년 동안 인간은 계속해서 환경을 탐색하고 환

그림 2.2 | 인간의 인생 단계와 최고 우선순위

기본   중심   양육   최종

인생 단계

· 환경 탐색과 적응
· 기술 학습과 개발
· 정체성 발견

· 위험 감수와 꿈 추구
· 생계를 꾸리고
  경력 쌓기
· 로맨틱한 관계 수립

· 부모의 역할과
  가정생활 수용
· 직장 내 멘토링과
  리더십 발휘
· 사회에 다시 기여

· 건강과 사회관계 유지
· 젊은 세대에 지혜 전달
· 즐겁고 행복한 삶 만끽

경에 적응한다. 정규 교육뿐만 아니라 우정과 사회적 관계를 통해서도 지식과 기술을 배운다. 이 단계에서는 자신의 정체성과 존재 이유를 새롭게 찾는다.

두 번째 단계는 '중심 단계'라고 불린다. 두 번째 20년 동안 인간은 학습에서 일로 관심을 전환한다. 생계를 꾸리고 경력을 쌓아가면서 더 독립적으로 변한다. 이 단계에서는 건강 상태가 최고조에 달하기 때문에 위험을 감수하고 삶을 최대한 탐구해 보려는 의지가 더 강해진다. 또 이 단계에서 로맨틱한 관계를

맺기 시작한다.

인생의 세 번째 단계인 '양육 단계'에 들어서면 가정을 꾸리고 정착한다. 두 번째 단계에서 커졌던 스트레스에서 벗어나 건강한 생활로 돌아가는 경향을 보인다. 이 단계에서는 다른 사람들을 양육하는 데 더 많은 시간을 소비한다. 가정에서는 부모의 역할과 가정생활에, 직장에서는 젊은 세대를 상대로 한 멘토링과 지도에 집중한다. 이 단계에서는 그동안 사회로부터 받았던 걸 되돌려주는 것이 중요한 인생 목표가 된다.

'최종 단계'에서는 노후 생활에 적응하고 행복하게 지내려고 노력한다. 이 시기에는 주로 나빠진 건강과 사회적 관계를 관리하며 보내며, 의미 있고 성취감을 주는 활동에 매진함으로써 인생을 즐기려고 애쓴다. 인생의 교훈에 대한 성찰로 가득 차 지혜를 기르기 시작하고, 배운 것을 젊은 세대에게 전달하는 것을 목표로 한다.

베이비붐 세대의 경우, 한 단계에서 다음 단계로 이동하는 데 보통 20년이 걸렸다. 오늘날 베이비부머 대부분이 인생의 최종 단계에 있으며, 활동적인 상태를 유지하고 만족스러운 삶을 살기 위해 은퇴를 미루고 있다.

X세대도 베이비부머와 상당히 유사한 인생 단계의 경로를 따른다. 이들 중 대부분은 현재 '양육 단계'에 있다. 다수가 성

공적인 스타트업 창업자가 되어 40대 초반부터 신사업을 이끈다. 이들은 자신이 받았던 걸 사회에 되돌려주면서 일과 삶의 균형에 집중한다.

Y세대는 약간 다른 경로를 밟는다. 이들은 훨씬 더 늦은 나이에 결혼과 출산 같은 전통적인 삶의 이정표에 도달한다. 이는 이들이 더 어린 나이에 특히 직업과 사회 기여 면에서 중요한 인생의 이정표에 도달하느라 감수해야 하는 대가다. Y세대는 회사 내에서 베이비부머나 X세대와 같은 속도로 전통적인 승진의 사다리를 오르려고 하지 않는다. 자주 직장을 바꾸거나 젊은 나이에 창업에 도전함으로써 정상을 향해 도약하길 원한다. 결과적으로 이들은 베이비붐 세대보다 빠른 속도로 인생의 다음 단계로 이동한다. 오늘날 이들은 여전히 '중심 단계'에 있다고 추정되지만, 일부는 이미 '양육 단계'의 사고방식을 가지고 있다. 이들은 훨씬 더 어린 나이부터 일과 삶의 균형을 이루고 싶어 한다. Y세대의 리더십 스타일은 코칭을 통해 다른 이들에게 힘을 실어주는 걸 기본으로 하며, 사회적 목적으로부터 영향을 받는다. 기술에 둘러싸인 삶을 살더라도 이들은 양육 단계의 초석인 인간 대 인간의 상호작용을 더욱 중시할 것이다.

Z세대와 알파 세대의 인생 단계는 더 짧아져 더 어린 나이에 더 성숙한 사고방식을 받아들인다. 이들은 더욱 적극적으로

위험을 감수하고 행동을 통해 학습하려고 함으로써 본질적으로 기본과 중심 단계를 통합한다. 아직 20세가 안 됐는데도 사회에 기여하고 싶다는 욕구는 다른 세대보다 더 크다. 기술에 대해 얄팍한 시각을 갖고 있지도 않다. 즉, 기술을 단순한 속임수로 보지 않고 필수적인 요소로 간주한다. 자신들이 진정으로 중요한 것에 집중하여 신속하고 정확하게 일할 수 있게 해주는 수단으로 보는 것이다.

이처럼 더 짧아진 인생 단계는 마케팅 전략에 커다란 영향을 미친다. 앞으로 10년간 가장 중요한 두 세대인 Z세대와 알파 세대를 상대하려면 단순히 기술만 적용해서는 부족하다. 그보다는 기술을 어떻게 사용하여 인간 중심적인 해결책을 제공해 줄 수 있는가가 중요하다.

세대 간 격차와 마케팅의 진화

우리는 마케팅을 마케-팅market-ing으로 다시 써야 한다고 생각한다. 끊임없이 변화하는 시장에 적응하기 위해서 부단히 진화하기 때문이다(그림 2.3).

그림 2.3 | 다섯 세대와 마케팅 방식의 진화

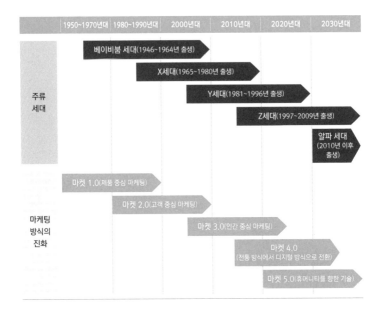

마켓 1.0: 제품 중심

1950년대에 미국에서 시작된 제품 중심 마케팅인 마켓 1.0 은 주로 부유한 베이비부머와 이들의 부모들을 위해 개발됐다. 고객의 마음속에 가장 큰 가치를 창출하는 완벽한 제품과 서비스를 만드는 것이 주요 목표였다. 당시에는 온갖 특성을 갖추고 경쟁사보다 더 많은 장점을 가진 제품과 서비스가 가장 사랑받았다. 무릇 고객에게 최고의 혜택을 제공하는 기업은 장기간에 걸쳐 이런 제품과 서비스에 대해 더 높은 가격을 요구하는 법이다. 따라서 이 시대에 생긴 마케팅 개념은 본질적으로 제품개발 및 라이프사이클 관리뿐만 아니라 최고의 4P, 즉 제품product, 가격price, 유통place, 판촉promotion을 창조하는 데 초점을 맞췄다. 한마디로, 제품과 서비스를 통한 고객 만족이 주된 목표였다.

그러나 마켓 1.0 시대의 가장 큰 단점은 기업이 소비자에게 필요 없는 것까지 소비하게 만드는 경우가 많아 결국 소비지상주의consumerism 문화를 만들어냈다는 점이다.

마켓 2.0: 고객 중심

1960년대 중반과 1970년대 중반 기존의 주류 문화에 저항하는 대항문화와 반소비지상주의 운동이 일어난 이후 마케팅은 한층 고객 중심적인 방식으로 진화했다. 소비자의 구매력을 크게 떨어뜨린 1980년대 초 경기침체 이후 이런 경향은 더욱 강해졌다. 후기 베이비부머와 X세대의 검소함이 마케터들에겐 극복해야 할 주요 과제가 됐다.

따라서 마켓 2.0 시대에는 세분화, 타기팅, 포지셔닝의 이해가 중요해졌다. 기업은 더는 모든 사람을 위한 완벽한 제품과 서비스를 만들지 않았다. 그 대신 목표시장target market에 대해 더 많은 걸 배우면서 시장 포지셔닝을 날카롭게 정의했다. 기업은 꼭 필요하지 않은 부가기능을 없애고, 소비자의 욕구와 요구에 따라 선별한 기능을 개발하는 데 역량을 집중했다. 그런 노력은 공략하려는 목표시장에 맞춰 가격 수준을 적절히 책정하는 데 반영됐다.

기업은 또한 시간이 지날수록 고객과 돈독한 관계를 구축하기 위해 더 많은 노력을 기울였다. 마케터는 고객을 유지하고 고객이 경쟁업체로 돌아서는 것을 방지하기 위해 고객관계관리CRM, Customer Relationship Management 방식을 적용했다. 즉, 고객 만족에서 고객 유지로 목표가 전환됐다.

마켓 3.0: 인간 중심

2000년대 후반 Y세대의 부상과 글로벌 금융위기는 마케팅의 또 다른 중대한 발전으로 이어졌다. 자유롭게 정보에 접근할 수 있게 됐지만, 금융 산업 분야에서 터진 스캔들에 불안해진 Y세대는 이익 추구에만 몰두하는 기업을 신뢰하지 않았다. Y세대는 긍정적으로 사회적·환경적 영향을 주는 제품, 서비스, 문화를 창조해줄 것을 기업에 주문했다. 이에 따라 인간 중심 마케팅을 중시하는 마켓 3.0 시대가 도래했다. 기업은 윤리적·사회적으로 책임 있는 마케팅 관행을 비즈니스 모델에 접목하기 시작했다.

마켓 4.0: 전통적 방식에서 디지털 방식으로 전환

디지털화는 인간 중심주의를 강조하는 추세를 더욱 보완해준다. Y세대뿐 아니라 Z세대도 어느 정도 디지털 경제에 마음이 끌린다. 모바일 인터넷, 소셜 미디어, 전자상거래의 등장은 고객의 구매경로를 변화시켰다. 마케터는 옴니채널을 통해 제품과 서비스를 알리고 전달함으로써 이런 변화에 적응했다. 이들은 전통적인 방식에서 벗어나 디지털 방식으로 전환하면서 마켓 4.0을 구현하기 시작했다.

마켓 5.0: 휴머니티를 향한 기술

Z세대와 알파 세대가 부상하면서 마케팅도 다시 한번 진화해야 할 때가 됐다. 이 두 젊은 세대의 주된 관심과 걱정은 다음 두 가지 방향으로 향한다. 첫 번째는 인류에게 긍정적인 변화를 가져오고 삶의 질을 향상시키는 방향이다. 두 번째는 인류의 모든 면에서 기술 발전을 더욱 진전시키는 방향이다.

Z세대와 알파 세대를 상대하려는 마케터는 계속해서 삶의 질을 개선할 수 있는 더 발전된 기술을 채택해야 한다. 즉, 마켓 5.0은 인간 중심의 마켓 3.0과 기술 중심의 마켓 4.0의 통합일

것이다.

SUMMARY

베이비붐, X, Y, Z, 알파 세대를 겨냥한 마케팅

앞으로 10년 동안 X세대는 마케팅 세계에서 거의 모든 리더의 자리를 차지할 것이다. 마케터로서 이들은 여러 인생 단계를 거치며 마켓 1.0, 마켓 2.0, 마켓 3.0, 마켓 4.0을 수용한 유일한 세대다. Y세대 중간관리자들의 지원을 받는 X세대가 Z세대와 알파 세대를 상대하기 위한 회사 마케팅 전략을 주도할 것이다.

이 두 젊은 세대는 마켓 3.0과 마켓 4.0을 통합한 마켓 5.0의 촉매제 역할을 할 것이다. 이들은 기술이 어떻게 인간에게 힘을 주고 인간의 삶을 '강화enhancement'할지, 다시 말해 어떻게 인간의 삶의 질을 향상시키고 행복하게 해줄 수 있을지에 큰 관심을 가지고 있다. 마켓 5.0 시대에는 Z세대와 알파 세대의 신뢰를 얻는 기업이 경쟁에서 승리할 것이다.

✓ 현재 당신 회사는 어떤 세대의 고객을 상대하는가? 그들의 기호와 행동을 완전히 이해하고 있는가?

✓ 당신 회사는 미래에 대한 대비가 되어 있는가? 다시 말해, Z세대와 알파 세대라는 디지털 네이티브를 상대할 준비가 되어 있는가?

Chapter 3.

부의 양극화

: 포용적이고 지속가능한 사회를 만드는 노력

"오늘날 휴머니티를 위한 기술은 여전히 최상위 계층에 지나치게 집중되어 있다. 기업은 당연히 돈을 좇아 사업성이 높은 부문에 기술을 도입할 것이다. 따라서 AI 알고리즘은 선택된 소수의 행동을 매핑하는 데 집중적으로 사용되며, 그들이 다수를 대변해준다고 가정한다. 그러나 마켓 5.0이 제대로 작동하려면 기술의 접근성과 적절성이 반드시 개선돼야 한다."

〈더 플랫폼〉은 수백 층짜리 감옥 탑을 배경으로 한 디스토피아 스릴러 영화다. 층마다 수감자가 2명씩 무작위로 짝지어져 머물고 있다. 그들은 매일 이동식 플랫폼을 통해 다양한 음식을 공급받는데, 이 음식들은 위층부터 시작해 아래층으로 차례차례 내려온다. 위층 수감자들이 원하는 만큼 먹고 남은 음식을 아래층 수감자가 먹게 된다. 그런데 최상층 수감자들의 탐욕과 이기심 탓에 나머지 수감자 대부분은 찌꺼기를 겨우 긁어 먹어야 하는 처지다. 몇 층만 지나가도 남은 음식이 없어서 아래층으로 갈수록 수감자들은 굶을 수밖에 없다.

그런데 이 문제를 해결할 기회는 존재한다. 매달 돌아가면서 층을 바꾸기 때문에 죄수들은 포만감과 굶주림의 순간을 모두 경험한다. 이들은 식사가 배급제로 바뀌면 모든 수감자가 충분한 음식을 먹을 수 있다는 사실을 안다. 하지만 모두가 생존을 위해 노력하는 마당에 남들 걱정까지 해주려는 사람은 없다. 이 이야기는 자신만의 이익을 고려한 선택이 결국에는 자신뿐만 아니라 상대에게도 불리한 결과를 가져온다는 죄수의 딜레마Prisoner's Dilemma를 상기시킨다.

반향을 불러일으키는 메시지를 담고 있어 비평가들로부터 호평을 받은 이 영화는 사회의 불균형과 그런 불균형을 초래하는 사회적 무지를 드러낸다. 최상층 죄수들은 번영하는 반면 아래층 죄수들은 고통을 받는다. 그런데도 대부분이 그런 격차를 줄이는 데 관심이 없다. 이 영화는 또한 미래 세대를 위해 무엇을 남겨둘지 고민하지 않고 환경을 착취하는, 현재 세대가 직면한 지속가능성과 관련된 과제를 보여준다.

실제로 인류가 해결해야 할 가장 어려운 과제 중 하나는 삶의 모든 면에서 사회를 극도로 양극화시키는 빈부 격차의 심화다. 양성 평등, 청정에너지, 스마트시티 같은 논의는 엘리트들 사이에서만 활발하게 펼쳐지고 있다. 반면 다른 한쪽 끝에 있는 사람들은 빈곤한 처지에서 벗어나지 못한 채 끼니를 잇고 기본적인 건강 관리 서비스와 의료시설을 이용하기 위해 안간힘을 쓰고 있다. 이렇듯이 사회 변화는 부유한 얼리어답터들과 가난한 대중 사이의 틈을 더 벌리는 경우가 많다.

혹자는 기술이 경쟁의 장을 평평하게 해주고, 모든 사람이 더 나은 삶을 누릴 수 있게 해주리라고 주장한다. 그러나 수년간 진행된 연구 결과를 볼 때 대부분의 기술적 해결책에는 여전히 많은 돈이 든다. 적절한 개입이 없다면, 기술 혁신은 더 접근하기 쉬운 부자들 위주로 추진될 것이다. 예를 들어 고등교육을 받고 고부가가치 일자리를 가진 사람들은 자동화 덕에 번창할 수 있는 반면, 이들과 상반된 처지에 있는 사람들은 직장을 잃을 것이다.

오늘날 휴머니티를 위한 기술은 여전히 최상위 계층에 지나치게 집중되어 있다. 기업은 당연히 돈을 좇아 사업성이 높은 부문에 기술을 도입할 것이다. 따라서 AI 알고리즘은 선택된 소수의 행동을 매핑하는 데 집중적으로 사용되며, 그들이 다수를 대변해준다고 가정한다. 그러다 보니 첨단기술은 대다수 사람의 삶과는 무관한 경향을 보인다. 이런 경향은 바뀌어야 한다. 마켓 5.0이 작동하려면 기술의 접근성과 적절성이 반드시 개선돼야 한다.

양극화된 사회

지난 수십 년간 기업은 엄청난 부를 창출해왔다. 그러나 그런 부를 평등하게 분배하지 못했기에 양극화가 초래됐다. 중산층은 천천히 상류층으로 올라가거나, 아니면 부의 피라미드 아래쪽으로 떨어진다. 이렇게 되면 사회의 모양은 일반적인 분포에서 윌리엄 오우치William Ouchi와 오마에 겐이치大前硏一가 관찰한 대로 상류층과 하류층 인구가 대다수인 M자 형태로 바뀐다. 상류층과 하류층 사람들의 삶의 우선순위와 이데올로기는 상충

그림 3.1 ┃ 양극화된 사회

직업의 양극화	이데올로기의 양극화	라이프스타일의 양극화	시장의 양극화
고부가가치의 고 임금 일자리와 저 부가가치의 저임 금 일자리가 늘어 나면서 중간에 있 던 모든 일자리가 줄어든다.	보호무역주의 대 자유무역주의같은 양극화된 세계관과 이데올로기가 사람 들 사이의 대립을 격화시킨다.	미니멀리스트와 소비지상주의자 의 라이프스타일 이 모두 유행하면 서 사람들의 제품 과 서비스 구매방 식에 영향을 준다.	프리미엄 명품 시 장과 가성비가 좋 은 제품 시장은 성 장하나 중간 시장 은 축소된다.

되기 때문에 이들은 서로 반목하게 된다(그림 3.1).

직업의 양극화

부의 불균형을 초래하는 주요 요인 중 하나는 돈을 벌 기회의 차이다. 본래 기업 구조상 고위직 인사들은 자신이 받아 갈 높은 임금 수준을 직접 결정하거나 협상을 통해 받아낼 수 있는 힘을 더 많이 갖고 있다. 미국 경제정책연구소에 따르면 지난 40년간 기업 최고위 임원들의 보수는 10배 이상 상승했다.

일각에서는 대부분의 보상이 주주 가치의 제고 여부와 연결되어 결정되기 때문에 이들이 높은 수준의 보수를 받을 자격이 충분하다는 주장도 있다. 그러나 반대로, 과도한 보상이 이들의 실질적인 기여와 역량을 제대로 반영한 결과라기보다는 실행력과 요구의 결과라는 주장도 있다. 어쨌든 임원 임금은 평사원 임금보다 100배 가까이 오르면서 양측 간 부의 격차를 더 벌려 놓았다.

부의 불균형을 초래하는 또 다른 요인은 돈을 벌 수 있는 능력과 기술의 차이다. 경제협력개발기구OECD가 밝힌 대로, 고부가가치의 고임금 일자리와 저부가가치의 저임금 일자리는 모두 늘어나고 있는 반면 중간에 있는 모든 일자리는 줄어들고 있다. 화이트칼라와 블루칼라 직종 모두에서 '수요가 있는in-demand' 기술을 가진 인재는 반드시 고임금을 받지는 못하더라도 취업할 수 있는 확률이 더 높다. 미국 노동통계국은 대체에너지, 정보기술, 의료, 데이터 분석과 관련된 기술직 일자리가 앞으로 10년 동안 가장 빠르게 성장할 것으로 전망했다. 이 일자리 중 일부는 보수가 높지만, 나머지는 보수가 낮다. 이런 임금 격차는 고용 구조의 양극화를 더욱 심화시킨다.

세계화와 디지털화 모두가 미국과 같은 선진국 일자리의 양극화를 더욱 부채질한다. 세계화를 통해 기업은 저기술 low-skill

일자리를 해외로 이전하면서 신흥국으로 수출하기 위한 고기술high-skill 전문지식에 집중할 수 있다. 마찬가지로 특히 제조업 자동화 분야에서의 디지털화는 반복적 작업이 사라지게 하는 동시에 첨단기술 일자리에 대한 수요를 더욱 증가시킨다.

이데올로기의 양극화

역설적으로 보이지만, 세계화는 경제적 포용성을 요구하면서도 평등한 경제를 만들지 못한다. 세계화는 많은 국가에 도움을 주는 것만큼이나 피해 또한 주는 것으로 보인다. 세계화가 불평등을 유발했다고 비난하는 사람들이 많다. 사람들은 긴장에 대처하면서 편을 가르고, 양극화된 믿음과 세계관에 끌리기 시작한다.

국경 없는 세계로의 개방이 더 많은 가치를 가져다줄 거라고 믿는 사람이 있는 반면, 더 많은 장벽을 세워 보호무역주의를 강화해야 한다고 요구하는 사람들도 있다. 영국이 유럽연합EU에서 탈퇴하는 브렉시트Brexit 과정과 도널드 트럼프 대통령의 정권 시기에 목격했듯이 정치인들은 선거에서 더 높은 관심을 받기 위해 더욱 폐쇄적인 모델을 대변하고 분열을 조장하려고 애쓴다.

전 세계적으로 인종·성별·종교·계급 등 여러 가지 기준으로 분화된 집단이 저마다의 권리를 주장하는 데 주력하는, 이른 바 '정체성 정치identity politics'가 유행하면서 이런 분열에 직접적인 영향을 주고 있다. 관점과 결정이 정치적 정체성 렌즈를 통해 형성되자, 반드시 공익을 목적으로 결정되지 않는 부작용이 나타났다. 그리고 사실보다는 감정에 의해 대화의 분열이 일어나는 경우도 종종 있다. 거짓hoax이 확산되는 가운데 소셜 미디어의 필터 버블filter bubble(이용자의 관심사에 맞춰 필터링된 인터넷 정보 탓에 편향된 정보에 갇히는 현상 - 옮긴이)이 상황을 더욱 악화시키고 있다.

결과적으로 몇 가지 주요 이슈가 어느 때보다도 심하게 양극화되고 있다. 이와 관련된 1차적 우려를 조장하는 건 정당들이다. 예를 들어 미국에서 기후변화에 맞서고 의료 비용을 규제하려는 전략은 공화당보다 민주당에 더 시급한 문제로 여겨진다. 반대로 경제와 대테러 정책은 공화당의 최우선 과제다. '완벽한 집'에 대한 정의조차 당마다 다르다. 시장조사기관인 퓨리서치 센터Pew Research Center에 따르면 민주당 의원들은 대부분 도보 거리 내에 공공시설이 있는 밀집된 지역을 거주지로 선호하는 반면, 공화당 의원들은 대부분 그와 반대되는 경향을 보인다. 인종적으로 더 다양한 공동체에서 사는 것을 선호하는 의원은 공화당보다 민주당에 더 많다.

라이프스타일의 양극화

양극화는 이념적이고 공동체적인 선택뿐만 아니라 선호하는 라이프스타일에서도 생긴다. 한편에서는 최소한의 단순한 요소로 최대의 효과를 이루려는 미니멀리즘 운동이 인기를 더해가고 있다. 일본의 정리 컨설턴트인 곤도 마리에는 미니멀리즘 집 정리법을 알려주면서 세계적인 명성을 얻었다. 미니멀리즘의 이면에는 물건을 줄여서 살면 스트레스가 줄고 부담에서 벗어나며 더 많은 자유를 얻어 진정으로 중요한 것에 집중할 수 있다는 생각이 깔려 있다.

실제로 어떤 사람들은 코로나19 팬데믹과 실업으로 인한 경제적 어려움 때문에 검소한 생활을 할 수밖에 없게 됐다. 그들은 꼭 필요한 지출에 더 집중하고, 기초생활비 외의 지출인 재량 지출을 줄인다. 그런데 구매력이 더 좋은 일부 사람들도 좀 더 소박한 라이프스타일을 선택하고 과도한 쇼핑을 피한다. 또 탄소발자국을 의식하고 전 세계 빈곤 문제에 공감하며 물질적 소유를 포기하기도 한다. 이들은 의식적인 소비, 지속가능한 의류, 책임감 있는 여행을 중시하는 생활을 한다.

이와는 대조적으로 소비지상주의적인 라이프스타일 또한 유행하고 있다. 어떤 사람들은 구애받지 않는 씀씀이를 보임으로써 사치스러운 라이프스타일을 과시하고 싶어 한다. 이런 사람들은 모든 사회·경제적 계층에 걸쳐 존재하지만, 대부분이 중산층과 신흥 부유층이다.

소비지상주의자는 소셜 미디어를 벤치마크 도구로 활용하여 상류층 사람들을 모방하고 부의 사다리에 오르기를 열망한다. 얼리어답터들은 종종 새로 출시된 제품을 서둘러 구입하며 이들의 소셜 미디어 피드feeds는 브랜드 경험을 기록한 저널로 변한다. 이들은 '포모FOMO 증후군', 즉 '좋은 기회를 놓칠까 봐 느끼는 두려움Fear of Missing Out'에 종종 사로잡히고, 이것이 구매 결정과 삶의 우선순위에 영향을 미친다. 그래서 '욜로YOLO', 즉 '인생은 한 번뿐이다You Only Live Once'라는 주문을 외면서 지출에 전력한다.

이처럼 서로 대조되는 삶을 사는 사람들은 자신들의 라이프스타일이 행복을 가져다준다고 믿는다. 미니멀리스트와 소비지상주의자 모두 마케터의 관심을 받고 있는데, 사실 둘 사이에 있던 모든 게 사라지면서 이들은 이제 공략할 가치가 있는 양대 시장이 됐다.

시장의 양극화

시장은 이제 더는 가장 저렴한 제품부터 가장 고급스러운 제품에 이르기까지 광범위한 범주로 이루어지지 않으며, 고가와 저가 시장으로 양극화되기 시작했다. 사람들이 가성비가 좋은 제품이나 고가의 명품 중 하나로 몰리면서 중간 시장이 사라지고 있는 것이다. 살아남기 위해 고군분투하는 중간 시장 참가자들은 밀려나고, 고가와 저가 시장 참가자들만 성장하고 있다. 이런 현상은 식품 및 패션 소매, 식품 서비스, 항공사 및 자동차 등 제품 범주 전반에 걸쳐 일어나고 있다(그림 3.2).

경제위기, 특히 최근의 코로나19 팬데믹을 동반한 경제위기는 저소득 고객의 씀씀이에 지속적인 영향을 주는 것으로 보인다. 과거에는 어려운 시기가 닥치면 할인 제품을 사는 사람이 급증하곤 했다. 돈을 아끼려고 저렴한 제품만을 사서 썼으며, 품질이 제법 괜찮다는 걸 발견하고 그 제품들을 쓰는 데 익숙해졌다. 어떤 이들은 자신이 이전에 과소비를 해왔다는 걸 깨닫고 다시는 고가 브랜드를 사지 않겠다고 마음먹기도 했다. 이런 경향이 나타나면서 최근에는 저가 제품들도 품질이 많이 좋아졌다. 저렴하면서도 효율적인 제조 기술 덕분에 가능해진 이례적인 현상이다.

반면 고소득 고객은 경제적 위기에 빠질 확률이 낮다. 오히려 위기와 팬데믹을 통해 건강의 중요성을 깨달으면서 건강에 확실히 도움이 되는 프리미엄 제품과 서비스로 이동했다. 특히 신생 부자들은 더 많이 벌면 더 많이 쓸 수 있다는 사실을 알게

그림 3.2 | 제품 범주 전반에서 일어나고 있는 시장의 양극화

됐다. 이들은 배타적인 공동체에 가입해 동료들과 비슷한 라이프스타일을 추구하면서 자신의 성공을 과시하고 싶다는 생각을 하게 된다. 따라서 이들은 항상 고가의 고급 제품 구매를 목표로 할 것이다.

업계에서는 이런 추세에 적응하기 위해 원가 우위cost leadership

또는 고객 경험customer experience 전략을 추구한다. 전자의 전략을 추구하는 기업은 제품과 서비스의 본질적 가치에 초점을 맞춘다. 그러려면 사람들에게 품질을 타협하지 않았음을 확신시키면서 불필요한 기능을 없애고 핵심 이익을 늘리는 데 집중해야 한다. 이에 '묶음형bundled' 가치 제안에서 '낱개형unbundled' 가치 제안으로 전략을 전환하고, 고객이 자신들에게 적합한 제품과 서비스 구성을 고르고 선택할 수 있게 한다.

한편 고가 브랜드는 제품의 외적인 가치 확대를 강조한다. 고객에게 최고 품질의 재료와 독점 판매 및 서비스 채널, 명품 브랜드 이미지를 모두 하나로 묶어서 패키지로 제공하며, 총체적인 고객 경험을 혁신하는 걸 가장 중요하게 생각한다. 또한 중산층도 감당할 수 있는 가격대의 명품을 판매함으로써 더 많은 중산층 고객이 명품을 구매하도록 이끌어 시장점유율을 높이려고 한다.

포용성과 지속가능성이 중요한 이유

부의 격차에서 비롯된 사회의 양극화는 우리 생활의 많은 면에 지대한 영향을 미칠 수 있다. 세계화와 디지털화 속에서 간신히 생계를 유지하는 사람들과 부유한 사람들 사이의 격차를 간과해서는 안 된다. 정치적 불확실성, 사회적 불안정성, 경제적 붕괴는 해결하지 않은 채 남아 있을 경우 심각한 위험으로 확대된다. 기업은 불평등한 부의 분배에 일부 책임을 져야 한다(그림 3.3). 시장에서는 기업이 더욱 포용적이고 지속가능한 성장 전

그림 3.3 ┃ 기업 행동주의가 일어나는 이유

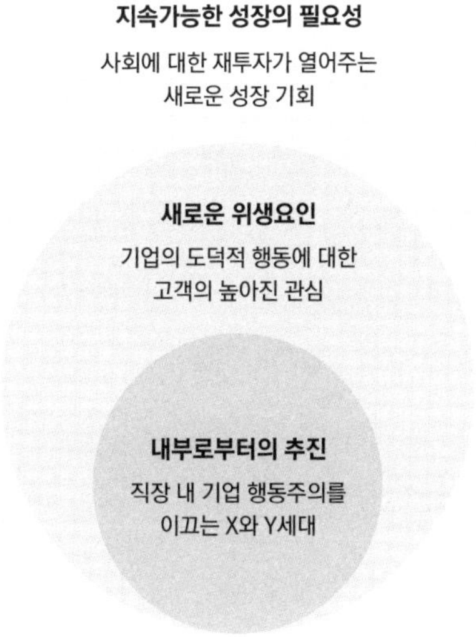

지속가능한 성장의 필요성
사회에 대한 재투자가 열어주는
새로운 성장 기회

새로운 위생요인
기업의 도덕적 행동에 대한
고객의 높아진 관심

내부로부터의 추진
직장 내 기업 행동주의를
이끄는 X와 Y세대

략을 추구함으로써 이 문제를 해결하는 데 주도적으로 움직일 거라고 예상한다.

지속가능한 성장의 필요성

최근 몇 년 동안 기업들은 새로운 성장 시장을 찾기가 더 힘들어졌다. 구매력이 있지만 소외된 시장은 보기 어려울 뿐 아니라, 가장 잘 운영되는 기업조차 시장 확대와 신제품 출시를 통해 유기적인 성장을 지속하기 위해 고군분투해야 했다. 어쩌면 이 일은 앞으로도 계속해서 만만치 않은 도전으로 남을 것이다. 경제학자들은 앞으로 10년 동안 세계 경제의 성장 속도가 계속 둔화될 것으로 예측하고 있다.

성장을 사실상 멈춰 서게 하는 데 영향을 미친 요소로는 시장 포화, 신규 진입자 증가, 구매력 약화, 지나치게 복잡한 경영 방식 등이 있다. 이런 요소들은 생태학적뿐만 아니라 사회적 관점에서도 곧 성장의 한계에 도달할 것임을 기업에 상기시켜줬다. 자연환경이 안정적으로 부양할 수 있는 특정 종의 최대 개체 수가 제한적이듯이, 시장 역시 마찬가지다.

기업은 사회 발전을 위해 수익의 일부를 내놓을 경우 고속 성장 목표는 희생할 수밖에 없다고 생각해왔다. 하지만 사실은 그와 정반대라는 점을 깨달아야 한다. 사업을 할 때는 부정적인 외부 효과negative externalities를 고려해야 한다. 수십 년 동안 이어진 공격적인 성장 전략으로 환경은 퇴보하고 사회는 불평등해졌다. 쇠퇴하고 쇠락하는 사회에서는 기업 역시 번창할 수 없다.

개발이 아닌 성장만을 중시하는 기업은 빠르게 한계에 부딪힐 것이다. 부의 양극화가 심화되면 시장, 특히 중저가 시장은 더 야심 찬 성장 전략을 추구하는 데 실패할 수밖에 없다. 성공한 기업들은 힘을 가지고 있는 만큼 사회 발전의 핵심 요소를 성장 계획에 포함해야 한다.

미래의 성장 관점에서 보면 기업의 사회 환원은 좋은 투자로 입증될 것이다. 소외된 수십억 명의 인구가 가난에서 벗어나고, 더 나은 교육을 받고, 더 많은 소득을 올릴 때 전 세계의 시장은 대폭 성장한다. 이전에 개발되지 않았던 부문이 새로운 성장원이 될 뿐 아니라 보다 안정적인 사회와 지속가능한 환경에서는 사업을 하는 데 드는 비용과 위험이 훨씬 더 낮다.

새로운 위생요인

10년 전 마켓 3.0 시대가 열렸을 때, 목표 지향적인 비즈니스 모델은 얼리어답터들에게 새로운 차별화의 원천이었고 경쟁우위를 누리게 해줬다. 시간이 지나 고객 집단이 사회에 긍정적 영향을 미치는 브랜드를 선호한다는 사실이 드러나자, 몇몇 기업은 인간 중심적인 접근 방식을 수용하여 핵심 사업 전략으로 삼기 시작했다. 이런 활동을 선도한 영국의 자연주의 화장품 회사 더바디샵The Body Shop과 미국의 프리미엄 아이스크림 브랜드 벤앤제리스Ben & Jerry's 등은 소비자들에게 '멋지다Cool'는 평가를 받았다. 그들의 사업에는 사회적 문제에 대한 몇 가지 해결책이 담겨 있었고, 고객도 문제 해결에 참여할 수 있었다. 인류에게 가장 까다로운 과제가 이런 기업들에는 가장 큰 사업 기회이기도 했다.

오늘날 이런 인간 중심주의 경향은 주류가 됐다. 수천 개 기업이 자신들이 미치는 사회적·환경적 영향에 특별한 관심을 쏟는 건 물론이고, 심지어 그런 영향을 주요한 혁신의 원천으로 삼아 적극적으로 활용하고 있다. 많은 브랜드가 건강을 중시하는 라이프스타일을 옹호하고, 탄소배출량을 최소화하며, 신흥 시장 공급 업체와 공정 거래를 수행하고, 우수한 노동 관행을 보장하며 부의 피라미드 맨 아래에서 기업가정신을 구현하는 활동을 함으로써 충실한 추종 세력을 확보했다.

이제는 더 넓은 시야, 임무, 가치가 없는 브랜드는 경쟁 자격이 없어진다는 게 위생요인hygiene factor(여기서 위생은 삶의 질을 떨어뜨리거나 해를 끼치는 것을 제거하여 삶을 지키는 것을 말한다 - 옮긴이)

이 됐다. 책임 있는 행동을 하지 못하는 기업은 잠재 고객의 주목을 받지 못할 위험이 크다. 기업의 윤리적 행동에 대한 인식을 바탕으로 구매 결정을 내리는 고객이 점점 더 늘어나고 있기 때문이다. 이제 고객은 브랜드가 실제로 전체 사회의 이익을 위해 일해주기를 기대하며, 기업 역시 그 사실을 알고 있다.

최근 벌어진 '이익을 좇는 증오 중단 촉구Stop Hate for Profit' 운동은 기업 행동주의의 중요성을 입증해준다. 이는 마이크로소프트, 스타벅스, 화이자, 유니레버 등 수백 개 기업이 혐오 발언과 잘못된 정보 처리를 개선해달라고 요구하면서 페이스북 광고를 중단한 운동이다.

브랜드는 자신들이 경쟁하고 있는 시장을 이용하는 한편, 그 시장을 발전시키고 육성해야 한다. 즉, 기업은 단기적인 주주 가치뿐만 아니라 장기적인 사회적 가치를 성장시키는 데 대한 책임이 있다고 간주된다. 오늘날에는 인터넷 덕분에 고객이 기업의 윤리적 측면을 더 쉽게 조사하고 감시할 수 있다. 이에 기업이 경영에 따른 경제적·환경적·사회적 영향을 정기적으로 공개하는 지속가능성 보고를 통해 성과를 감시하고 공표하는 것이 표준 관행이 됐다.

내부로부터의 추진

외부 동향은 내부 역학을 반영하며, 사회적 영향은 젊은 인재풀 사이에서 큰 반향을 일으킨다. 기업은 이제 지원들의 요구에 부응하여 사회적 사명을 기업 가치에 포함하기 시작했다. 경제활동 인구 중 가장 다수에 해당하는 Y세대는 오랫동안 사회 변화를 촉진해왔다. 이들은 고객으로서 구매력을 활용하는 한편, 내부로부터의 사회 변화를 옹호함으로써 영향력을 행사한다. 그리고 이제 Z세대가 경제활동에 뛰어들기 시작했으며(이들의 숫자는 조만간 Y세대를 넘어설 것이다), 사회적·환경적으로 책임 있는 관행에 대한 내부 압력이 높아지고 있다(다양한 세대에 대한 정보는 2장 참조).

다양성, 포용, 그리고 직장 내 기회균등은 인재 확보 전쟁에서 필요불가결한 요소가 되어 채용, 보수, 인재 육성 등에 지대한 영향을 미치고 있다. 보스턴컨설팅그룹BCG, 맥킨지McKinsey, 헤이즈Hays 등 다수의 컨설팅 업체들이 내놓은 연구 결과는 이런 관행이 더 건강한 문화, 더 나은 창의성, 더 폭넓은 관점을 키워줌으로써 기업의 생산성 및 재무 성과 향상에 실제로 이바지한다는 사실을 확인시켜줬다.

더구나 젊은 세대 직원들을 끌어들이고 유지하기 위해서는 기업 가치가 그 어느 때보다 중요해졌다. 선택받은 고용주가 되려면 기업은 직원에게도 고객을 대할 때와 같은 진정성을 보여줘야 한다. 그 진정성은 기업의 실제 사업과 연계될 때 가장 선명하게 전달된다. 예를 들어 석유나 가스 회사라면 재생에너지와 전기 자동차로의 전환에 주의를 기울여야 한다. 개인관리 브랜드라면 자신들이 상대하는 공동체의 위생과 위생시설에 기여하고, 식음료 회사라면 비만 근절에 집중해야 한다.

말로만 믿어달라고 해봤자 더는 소용이 없다. 직원이 불손한 약속과 기회주의적 행동의 냄새를 쉽게 맡을 수 있는 이상, 기업은 진정성과 함께 언행이 일치함을 보여줘야 한다. 기부나 자선활동 수준에서 멈춰서는 안 된다. 그보다는 공급망부터 제품 개발, 유통, 인사HR에 이르기까지 전체 사업 전략에서 진정성이 드러나야 한다.

지속가능한 발전 목표를 위한 전략 조정

사회를 개선하는 데 기업의 역할은 매우 중요하다. 그러나 대부분 기업이 보유 자원을 투자하고 기업 행동주의를 전략의 핵심으로 삼는다고 하더라도 그 영향력이 세상을 바꿀 만큼 충분하지 않을 수도 있다. 확실한 시너지 효과를 내기 위해서는 '일치된 행동concerted actions'이 필요하다. 식견 있는 기업들이 전 세계적으로 협력할 수 있는 기업을 찾을 수 있도록 정부, 시민사회, 기업이 참여하는 글로벌 파트너십 플랫폼이 그래서 중요하다.

이때 '지속가능한 발전 목표SDG, Sustainable Development Goals'가 중요한 역할을 한다. 2015년 유엔 회원국들은 '2030 의제'를 선보이며, 17개 SDG를 달성하기로 약속했다(그림 3.4).

SDG는 '밀레니엄 발전 목표MDG, Millennium Development Goals'를 대체하는 것으로, 가장 시급한 사회·환경 과제를 해결하는 데 핵심 이해당사자를 안내하는 표준 청사진이자 비전이다. SDG를 실행할 때는 사람들이 아직까지 자신과의 관련성을 깊이 인식하지 못하고 있다는 과제를 우선 해결해야 한다. 세계경제포럼의 의뢰로 실시한 연구에 따르면 세계 시민의 74퍼센트 정도가 SDG에 대해 알고 있는 것으로 나타났다. 그러나 그들 대부분은 음식, 물, 건강, 에너지와 관련된 목표처럼 자신들에게 긴급한 목표만을 지지하는 경향을 보였다. 성 불평등이나 소득 불평등 같은 보다 고차원적인 목표에 대해서는 그다지 관심을 보이지 않았다.

기업은 이런 관심 부족 문제를 개선하는 데 명확한 역할을 할 수 있다. 예를 들어 마케팅 등의 사업 활동에 SDG를 포함함

그림 3.4 | 17개 SDG에 포함된 포용적이고 지속가능한 발전

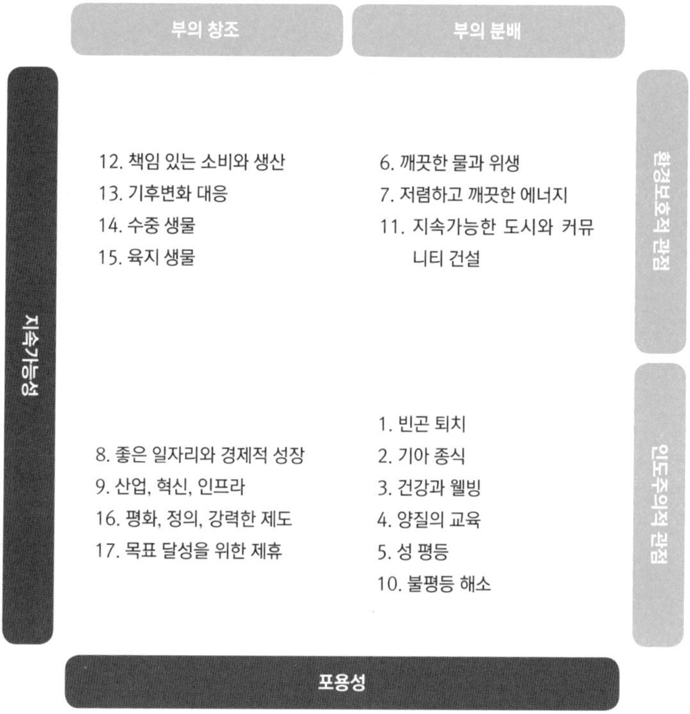

부의 창조	부의 분배	
12. 책임 있는 소비와 생산 13. 기후변화 대응 14. 수중 생물 15. 육지 생물	6. 깨끗한 물과 위생 7. 저렴하고 깨끗한 에너지 11. 지속가능한 도시와 커뮤니티 건설	환경보호적 관점
8. 좋은 일자리와 경제적 성장 9. 산업, 혁신, 인프라 16. 평화, 정의, 강력한 제도 17. 목표 달성을 위한 제휴	1. 빈곤 퇴치 2. 기아 종식 3. 건강과 웰빙 4. 양질의 교육 5. 성 평등 10. 불평등 해소	인도주의적 관점

지속가능성

포용성

으로써 SDG가 고객의 생활 속으로 매끄럽게 녹아 들어가도록 지원할 수 있다. 그렇게 한다면 SDG는 정부가 추진하는 프로젝트라기보다는 누구나 아는 목표에 가까워질 것이다.

기업은 단순하게 SDG를 인도주의와 환경이라는 두 가지 광범위한 관점에서 살펴볼 수 있다. 더 나은 세상을 만들기 위해서는 지구에 거주하는 사람들에게 주요 필수품과 기본적 생활기술, 동등한 기회를 제공해야 한다. 또한 환경을 보존하고 보호하는 작업도 병행함으로써 미래 세대의 지속가능한 보금자리가 되게 만들어줘야 한다.

SDG는 또한 부의 창출과 부의 공정한 분배를 촉진한다. 좀더 구체적인 목표는 모두가 번영할 수 있는 완벽한 생태계와 여건을 조성하는 것이다. 범죄와 부패율을 낮추고, 양질의 인프라와 안전한 주택을 개발하는 것이 SDG의 구체적인 목표에 속하는 몇 가지 사례. 특히 소외된 집단을 위해 번창할 기회를 균일하게 확산시키는 데 초점을 맞춘 목표들도 있다. 여성 차별 철폐와 평등한 교육 보장 등이 그 예다.

기업은 SDG의 범주화를 통해 목표를 단순화하고, 가장 기여도가 높은 것들 위주로 추진 순위를 조정할 수 있다. 17개 목표를 전부 살펴보기가 부담스러워서 사람들이 관심을 두지 않을 수도 있기 때문이다. 본래 이 목표들은 포용적이고 지속가능한 발전을 촉진하기 위해 정해놓은 것이기에, 기업으로서도 자신들의 가치사슬상에서 실질적인 영향을 미칠 수 있는 자리를 신속하게 파악할 수 있다.

예를 들어 의료 회사를 보자면, 포용성 측면에서는 건강한 라이프스타일을 촉진하고 농촌 빈곤층에 저렴한 가격의 진단 도구와 약품을 제공하는 데 집중할 수 있다. 지속가능성 측면에서는 기술을 활용하여 이동을 줄이고, 에너지를 절약하며, 탄소배출량을 줄이는 원격 진료 서비스를 제공할 수 있다. 금융 서비스 회사는 금융기술(핀테크) 모델을 활용하여 소외된 시장을 대상으로 '금융적 수용성(개인과 기업의 필요에 부합하는 금융 상품과 서비스에 접근하고 이용할 기회 - 옮긴이)'을 추진할 수 있다. 이와 동시에 환경을 파괴하는 프로젝트에는 투자하지 않고 재생에너지를 개발하는 데 자금을 지원하는 등의 방식으로 지속가능한 투자를 수용하고 촉진할 수 있다. 제조 회사는 생산 자재를 절감하고 재사용·재활용하는 순환경제circular economy 모델을 채택함으로써 지속가능성에 이바지할 수 있다. 아울러 소수자minorities를 고용하고, 공급망에 중소기업을 참여시킴으로써 포용적 경제에 기여할 수 있다.

기업은 이런 포용적이고 지속가능한 관행을 수용함으로써 얻을 수 있는 직간접적인 이점을 즉시 알게 될 것이다. 사무실과 제조시설을 에너지 효율적으로 운영하면 비용이 절감되며, 원격 근무나 차량공유로 이동이 줄어도 역시 비용을 아낄 수 있다. 더욱이 소외계층에 제공하는 서비스가 기업에 새로운 시장 기회를 열어줄 뿐 아니라, 무엇보다 역혁신reverse-innovate을 할 수 있게 해준다. 과거에는 보통 선진국의 혁신이 개발도상국으로 흘러 들어갔지만, 오늘날에는 신흥개발국의 혁신이 선진국 시장으로 역류하고 있다. 예를 들어 제너럴일렉트릭GE 같은 회사는 개발도상국을 위해 저렴한 의료장비를 만든 다음, 이를 '휴대용' 기기로 다시 포지셔닝해서 선진국에 마케팅하고 있다.

명확한 달성 목표를 설정하는 일은 기업이 자신들의 행동주의 규모와 범위를 이해하는 데 유용하다. 뿐만 아니라 기업은 조직 내에서도 목표 달성에 적극적으로 나설 수 있다. 이로 인해 얻는 혜택을 평가하고 주시하면서 이러한 관행을 유지하고자 하는 동기를 얻게 될 것이다. 결과적으로, 기업의 행동주의는 기업의 책임이자 건전한 투자라는 점이 더욱 명백해진다. 더불어 투명한 결과 보고는 유사 기업들이 따라 하고 싶게 만들어주고 잠재적 파트너에게는 협업 기회를 찾을 수 있게 해줄 것이다.

포용적이고 지속가능한 사회 만들기

오늘날 마케터가 직면한 주요 과제 중 하나는 일자리부터 이데올로기, 라이프스타일, 시장에 이르기까지 인간 생활의 모든 면에서 일어나고 있는 극단적인 양극화다. 이런 양극화가 생긴 근본 원인은 사회·경제적 상류층과 하류층 간에 벌어진 차이 때문이다. 중산층은 상류층으로 올라가거나 하류층으로 몰락하는 식으로 점차 사라지고 있다.

양극화는 기업이 활동할 수 있는 시장의 범위를 제한한다. 특히 중요한 사실은, 경기둔화와 시장 참가자들의 난립 속에서 성장 기회가 줄어든다는 점이다.

SDG와 연계된 포용적이고 지속가능한 마케팅은 더 나은 부의 재분배를 통해 이 문제를 해결함으로써 결과적으로 사회를 원래 모습으로 되돌려줄 것이다. 기업은 이런 개념을 비즈니스 모델에 반영하고, 목적을 가지고 사회에 재투자해야 한다. 기업은 기술도 활용해야 한다. 기술이 발전을 가속화하고 모두에게 기회를 열어주는 중대한 역할을 할 것이기 때문이다.

✔ 당신의 조직은 인간 중심 개념을 수용하고, 사회적 영향을 고려해서 비전과 임무와 가치를 정했는가?

✔ SDG에 맞춰 전략을 짜서 더 큰 영향을 미칠 방법을 생각해보라. 17개 목표 중 어떤 목표가 당신 사업과 관련이 있는가?

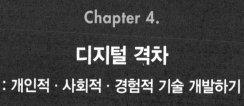

Chapter 4.

디지털 격차

: 개인적 · 사회적 · 경험적 기술 개발하기

"마켓 5.0 시대에 고객은 기업이 자신
들을 이해하고 개인화된 경험을 제공
해주기를 기대한다. 기업이 소수의 고
객만 상대한다면 별문제 아니겠지만,
대규모로 일관성을 유지하면서 그렇
게 하기란 어려울 수밖에 없다. 특정
고객 프로필을 모델링하여 그에 꼭 맞
게 제품과 서비스를 만들고, 콘텐츠를
제공하고, 경험을 전달하기 위해서는
반드시 기술에 의존해야 한다."

세계적인 IT 잡지인 〈와이어드〉 2000년 4월호에 선마이크로시스템즈Sun Microsystems의 공동 설립자인 빌 조이Bill Joy의 기사가 실렸다. '미래가 우리를 필요로 하지 않는 이유'라는 제목의 이 기사는 뛰어난 지능을 가진 기계가 인간을 대신하는, 이른바 '특이점의 시대Singularity Era'로 알려진 디스토피아적 시나리오를 상정했다. 20세기 마지막 해에 〈와이어드〉는 또 로봇공학과 AI의 조합을 탐구한 여러 기사를 실으면서 이런 첨단기술이 인류의 미래에 어떤 영향을 미칠지를 예측했다.

20년이 지난 지금까지도 당시 예측했던 시나리오는 실현되지 않고 있다. 특이점은 여전히 논쟁거리다. 미국의 전기차 업체 테슬라Tesla의 CEO 일론 머스크Elon Musk와 중국 최대 전자상거래 업체 알리바바Alibaba의 창업자 마윈Jack Ma은 2019년에 열린 세계 AI 콘퍼런스World AI Conference 무대에서 '인간 대 기계'를 주제로 논쟁을 벌인 것으로 유명하다. 머스크는 AI가 인류 문명을 종식시킬 수 있다는 빌 조이의 우려를 되풀이해 강조한 반면, 마윈은 인간은 감정 조절 능력이 있기 때문에 항상 기계보다 훨씬 더 우월할 것이라고 주장했다.

기업인들은 일자리 상실에서부터 인류 멸망에 이르기까지 AI가 가하는 위협을 경계해왔다. 그러나 다수는 이런 위험이 과대평가된 건 아닌지 궁금해한다. 우리는 오래전부터 완전자동화된 스마트홈, 자율주행차, 자체 제작이 가능한 3D 프린터 등 미래의 AI 기반 자동화를 상상해왔다. 그러나 자동화는 제한된 프로토타입 형태로만 그런 것들을 가능하게 하는 데 그치면서 주류로 편입되지 못했다.

앞으로 자동화는 사실상 계속해서 몇 가지 일을 맡게 될 것이다. 브루킹스연구소Brookings Institution는 자동화가 미국 내 일자리, 특히 반복 작업의 25퍼센트를 대체할 위험이 있다고 전망했다. 하지만 AI가 인간의 지능을 따라잡고 완전히 대체하기까지는 아직 갈 길이 멀다. 특이점의 시대를 지지하는 사람들조차 그런 일이 일어나기까지 족히 몇십 년은 더 걸릴 것으로 믿는다. 구글의 엔지니어링 책임자인 레이 커즈와일Ray Kurzweil과 소프트뱅크Softbank의 손정의 회장은 2045~2050년은 돼야 특이성의 시대가 도래할 것으로 예상했다.

디지털 격차는 여전히 존재한다

2020년 기준으로 전 세계 인터넷 사용자 수는 50억 명에 달한다. 미디어 분석 전문 업체인 위아소셜We Are Social이 추정한 바에 따르면, 신규 사용자 수는 매일 100만 명씩 늘어나고 있다. 따라서 인터넷 보급률 90퍼센트를 달성하려면 앞으로 10년 정도가 걸릴 것이고, 2030년까지 전 세계 인구의 90퍼센트가 넘는 80억 명 이상이 인터넷을 사용하게 될 것이다.

이제 더는 연결을 가로막는 근본적인 장벽이 인터넷의 접근성과 가용성은 아니다. 전 세계 인구 대부분이 이미 이동통신망의 범위 안에서 살고 있다. 인도네시아를 예로 들어보겠다. 조니 플레이트 Johnny Plate 정보통신부 장관에 따르면 전 세계에서 네 번째로 인구가 많은 인도네시아는 1만 7,000개가 넘는 섬에 거주하는 사람들에게 초고속 인터넷 서비스를 제공하기 위해 약 35만 킬로미터에 달하는 육지와 해저 광통신망을 구축했다.

이제 접근성과 가용성보다는 비용의 적절성과 사용의 편의성 여부가 연결을 가로막는 중요한 장애물로 작용한다. 그리고 인터넷이 아직 고르게 보급되지 않았기 때문에 새로운 사용자들 대부분은 신흥 시장에서 등장할 것이다. 이런 신흥 시장에서는 모바일 기기를 우선으로 또는 모바일 기기만을 가지고 인터넷을 사용하는 일이 빈번하다. 적절한 가격의 모바일 기기, 경량 운영체제, 저렴한 데이터 요금제, 무료 와이파이 기지국은 '앞으로 등장할 10억 명의 (인터넷) 사용자 Next Billion User' 시장을 확보하는 데 필수적인 요소다.

인터넷은 인간과 인간만이 아니라 기기와 컴퓨터도 연결해 주는데, 이렇게 사물에 센서를 부착해서 인터넷을 통해 실시간으로 데이터를 주고받는 기술이나 환경을 사물인터넷IoT이라고 한다. 이것은 스마트 계측이나 자산 추적과 같은 모니터링 목적으로 가정과 산업 환경 모두에서 활용할 수 있다. 기기와 기계가 서로 통신할 수 있는 IoT 덕분에 인간 운영자 없이도 모든 것을 원격으로 관리할 수 있게 됐다. 궁극적으로 IoT는 AI가 기기와 기계를 제어하는 두뇌가 되는 자동화에서 중추적인 역할을 할 것이다.

기술 기업들은 2030년까지 수천억 대의 IoT 기기가 연결될 것으로 전망했지만 실현 속도는 상당히 더디다. 미국의 시장 조사 및 컨설팅 회사인 가트너Gartner는 주로 스마트 전기 계량기와 빌딩 보안 감시 형태로 설치된 IoT 기기가 2020년 기준 60억 개 정도에 불과한 것으로 추산했다. 이 수치를 늘릴 수 있는 핵심 동인은 5세대 모바일 기술, 즉 5G다. 5G는 기존 4G망보다 속도가 최대 100배 빠르고, 10배 더 많은 기기를 지원하기 때문에 IoT의 효율성을 훨씬 더 높일 수 있다.

사실상 어디서나 가능해진 인간과 인간, 기계와 기계 간의 연결은 완전한 디지털 경제를 구축하는 데 기본이 되는 인프라다. 이것은 자동화와 원격 제조를 지원함으로써 기존의 공급망을 쓸모없게 만들어버린다. 이를 통해 구매자와 판매자 간의 원활한 상호작용, 거래, 주문 처리가 가능해진다. 일터에서는 직원들 간 업무 조율 효과가 개선되고, 업무 과정의 효율성이 향상되어 궁극적으로 직원의 생산성도 올라간다.

그러나 디지털 인프라가 완전히 구축됐다고 해서 반드시 완전한 디지털 사회가 되는 건 아니다. 디지털 기술은 여전히 기본적인 통신과 콘텐츠 소비 목적으로 주로 사용되고 있다. 민간 부문에서조차 첨단 적용 방식이 여전히 부족하다. 디지털 격차를 해소하려면 기업과 고객 모두가 더 많은 기술을 채택해야한다.

누구나 똑같이 디지털 인프라를 이용할 수 있다고 하더라도 산업별로 채택률adoption rates은 서로 다르다. 첨단기술, 미디어, 엔터테인먼트, 통신과 금융 서비스 산업은 일찍부터 디지털화에 나섰다. 반면 건설, 광산, 의료, 정부 등의 분야는 뒤처져 있다.

많은 요인이 디지털화를 구현하고자 하는 의지에 영향을 미친다. 기존의 시장 선도 기업은 축적해놓은 오프라인 자산을 온라인 자산으로 대체하기를 주저하는 경우가 많다. 그러나 대개 자본집약적인 경영방식과 거리가 먼 디지털 혁신 기업인 신흥 경쟁업체 때문에 어쩔 수 없이 그렇게 대체해야 한다. 선도기업의 변화를 이끄는 또 다른 원동력은 수익성 저하로 인건비 등 비용을 삭감해야 하는 문제다. 수익 창출원이 줄어드는 업종에서는 디지털화에 대한 압박이 더욱 심해진다.

그러나 디지털화를 이끄는 결정적인 동력은 고객의 요구다. 고객이 소통과 거래를 할 수 있는 디지털 채널을 요구한다면 기업은 이에 응해야 할 것이다. 고객이 디지털 고객 경험을 높게 평가할 때 기업의 투자 명분은 정당화될 것이고, 그래야 비로소 디지털 격차가 사라질 수 있다. 디지털 시장이 확대되면 마케팅 관행이 개선돼 기업이 마켓 5.0을 포용하게 될 것이다.

디지털화의 위협과 약속

전통적으로 디지털 격차는 기술에 접근할 수 있는 세그먼트와 접근할 수 없는 세그먼트 사이의 격차를 말한다. 그러나 진정한 디지털 격차는 디지털화의 지지자와 비판자들 사이에 존재한다. 완전한 디지털 세상이 더 많은 기회와 위협 중 무엇을 가져올지에 대한 시각이 극단적으로 엇갈리고 있다(그림 4.1). 우리가 디지털화의 위협을 통제하고, 그 가능성을 탐구하지 않는 한 디지털 격차는 계속해서 존재할 것이다.

그림 4.1 | 디지털화의 위협과 약속

위협	약속
자동화로 인한 일자리 감소	디지털 경제와 부의 창출
미지의 것에 대한 신뢰와 두려움	빅데이터와 평생 학습
사생활 침해와 보안 우려	스마트 리빙과 증강 존재
필터 버블과 탈진실 시대	웰니스와 수명 연장
디지털 라이프스타일과 행동의 부작용	지속가능성과 사회적 포용성

디지털화의 위협

많은 사람에게 공포감을 안겨주는 디지털화의 대표적인 위협은 다음 다섯 가지다.

• 첫째, 자동화로 인한 일자리 감소

기업이 작업공정에 로봇공학, AI 같은 자동화 기술을 도입함에 따라 일자리가 줄어든다는 것이다. 자동화가 자원 사용을 줄이고 공정의 신뢰성을 향상시켜서 생산성을 최적화하는 것을 목표로 하기 때문이다. 그러나 모든 일자리가 위험에 빠지지는 않을 것이다. 가치가 낮고, 사람이 실수하기 쉬운 반복적인 작업은 로봇 프로세스 자동화RPA, Robotic Process Automation를 통해 손쉽게 처리할 수 있다. 그러나 인간의 공감 능력과 창의력이 필요한 직업은 대체하기가 어렵다.

위협 수준이 세계적으로 모두 똑같은 것도 아니다. 인건비가 상대적으로 높은 선진국에서는 자동화가 효율성에 미치는 영향이 더 클 것이다. 반면 신흥국에서는 인간의 노동을 대체하기 위한 자동화에 드는 비용이 여전히 정당화되기 어렵다. 이런 차이는 디지털 격차 좁히기를 더 어렵게 한다.

• 둘째, 미지의 것에 대한 신뢰와 두려움

디지털화는 단순히 모바일 기기와 소셜 미디어를 통해 사람들을 연결하는 것 이상으로 훨씬 더 복잡해지고 있다. 디지털은 이미 상거래에서부터 이동성과 교육, 의료에 이르기까지 인간 삶의 모든 부분에 스며들었다. 이런 복잡한 디지털화의 기본은 인간 지능을 모방하고 뛰어넘는 것을 목표로 하는 AI 기술이다.

첨단 AI 알고리즘과 모델은 종종 인간의 이해 범위를 벗어난다. 그런데 인간은 통제할 수 없다고 느낄 때 불안해져서 방어적으로 반응하게 된다. 재무관리, 자율주행차, 진료 등 높은 신뢰도가 요구되는 적용 사례에서는 특히 더 그렇다. 신뢰 문제는 디지털 기술의 채택을 가로막는 중요한 요소가 될 것이다.

• 셋째, 사생활 침해와 보안 우려

AI는 데이터를 기반으로 한다. 그리고 기업은 고객 데이터베이스, 과거 거래 이력, 소셜 미디어 등을 통해 데이터를 수집한다. 이렇게 수집한 데이터를 가지고 AI 엔진은 프로파일링 profiling(분석 자료 수집 – 옮긴이) 모델과 예측 알고리즘을 만들어서 기업이 고객의 과거와 미래 행동을 심층적으로 파악할 수 있게 해준다. 일부 고객은 이런 기능을 맞춤화와 개인화에 필요한 도구로 간주하지만, 또 다른 일부 고객은 상업적 이익을 위해 사생활을 침해하는 것으로 본다.

디지털 기술은 국가 안보에도 위협을 가한다. 전투용 드론과 같은 자율무기 체계는 방어하기가 어렵다. 인간 생활의 모든 측면이 디지털화된다면 국가는 사이버 공격에 더 취약해진다. IoT 네트워크를 겨냥한 공격이 국가 전체 디지털 인프라를 마비시킬 수 있기 때문이다. 기업과 국가는 기술 채택을 가로막는 중요한 장애물인 사생활 침해와 보안 문제를 해결해야 한다.

• 넷째, 필터 버블과 탈진실 시대

검색엔진과 소셜 미디어가 전통적인 미디어를 누르고 디지털 시대의 주요 정보원으로 등극했다. 이 도구들은 인식에 영향을 미치고 여론을 형성할 수 있는 권력을 얻었다. 하지만 '사용자 프로필에 맞는 정보 제공 알고리즘'을 사용하는 데에는 한 가지 본질적인 문제가 존재한다. 개인화된 검색 결과와 소셜 미디어 피드는 기존에 갖고 있던 믿음을 더 강화하여 결국 양극화되고 극단적인 의견을 낳는다.

더욱 우려되는 것은 사실과 거짓을 구별하기 어려운 '탈진실post-truth' 세계의 출현이다. 거짓에서부터 '딥페이크deep fake'로 불리는 AI 영상 합성에 이르기까지 고의로 유포한 허위 정보가 만연해 있다. AI 덕에 현실감 있게 보이는 가짜 오디오와 비디오를 만들기가 더 쉬워졌다. 디지털 격차를 해소하기 위해서는 이처럼 의도하지 않게 초래된 결과를 통제해야 한다.

• 다섯째, 디지털 라이프스타일과 행동의 부작용

모바일 앱, 소셜 미디어, 게임은 자극과 관심을 지속적으로 유발해 사람들을 몇 시간씩 스크린에 붙어 있게 한다. 이런 중독은 사람들이 직접적인 상호작용을 하고 신체 활동을 하며 적절한 수면 습관을 갖는 등 건강한 생활을 하는 데 필요한 행동을 하지 못하게 할 수 있다. 화면 앞에서 보내는 시간이 지나치게 길어질수록 주의를 집중하는 시간이 짧아지고 생산적인 작업에 몰두하기 어려워진다.

디지털 기술은 또한 식료품을 문 앞까지 배달시키는 것부터 구글 맵을 이용한 길 찾기에 이르기까지 일상생활을 더 편리하게 해준다. 하지만 이는 한편으로, 사람들을 의존적이고 현실에 안주하게도 만들어버린다. 결정을 내릴 때 자신의 판단을 무시하고 AI 알고리즘이 제안하는 것에 의존하게 되며, 직접 하던 일을 기계에 맡기고 자신은 개입을 줄이는 '자동화 편향automation bias'에 빠진다. 이런 행동의 부작용 역시 보편적 디지털화를 위해 극복해야 하는 중요한 과제다.

디지털화의 약속

관련된 여러 위험이 있긴 하지만, 디지털화는 사회에 엄청난 가능성의 문을 열어준다. 디지털화가 가치를 가져오는 다섯 가지 시나리오를 정리해보면 다음과 같다.

• 첫째, 디지털 경제와 부의 창출

뭐니 뭐니 해도 디지털화는 막대한 부의 창출로 이어지는 디지털 경제를 가능하게 해준다. 기업은 디지털화를 통해서 지리적·산업적인 경계 없이 대규모 거래를 처리해주는 플랫폼과 생태계를 구축할 수 있다. 디지털 기술은 기업이 고객 경험뿐만 아니라 비즈니스 모델도 혁신할 수 있게 지원해준다. 이를 통해 기업은 고객의 높아지는 기대치를 충족시키고 투자 의지를 높이며, 궁극적으로는 더 나은 가치를 창출할 수 있다.

디지털 비즈니스 모델은 전통적인 모델과 달리 더 적은 자산을 필요로 하고 제품의 출시 시간은 더 빠르며 확장성은 매우 뛰어나다. 따라서 기업은 단기간에 급격히 성장할 수 있다. 또 디지털화는 고객 경험 전반에 걸쳐 오류를 줄이고 비용을 낮춰줌으로써 생산성을 향상시키고 수익성을 높여준다.

• 둘째, 빅데이터와 평생 학습

디지털 플랫폼과 생태계는 우리의 업무 수행 방식을 바꿔놓았다. 즉 회사와 고객, 기타 이해관계자를 서로 매끄럽게 연결하여 무한한 커뮤니케이션과 거래를 가능하게 해줬다. 이런 플랫폼과 생태계는 산업 전반에 걸쳐 막대한 양의 미가공 데이터raw data를 수집하는데, 이렇게 수집된 데이터는 AI 엔진이 광범위한 지식을 쌓는 데 기반이 된다.

AI 기반 교육계획과 AI 보조교사는 강의의 질을 높여줌으로써 개방형 온라인 강좌MOOC의 성장을 가속화한다. 그뿐 아니라 사람들이 AI 시대에 낙오되지 않도록 평생 새로운 기술을 학습할 수 있게 해줄 것이다.

• 셋째, 스마트 리빙과 증강 존재

디지털화는 유토피아를 다룬 영화에서나 보던 것들을 실현해줄 수 있다. 완전히 디지털화된 세상에서 우리는 모든 일이 자동화되거나 음성으로 작동하는 스마트홈에서 살게 될 것이다. 로봇 도우미가 집안일을 도와주고, 냉장고가 알아서 주문해주고, 드론이 식료품을 배달해줄 것이다. 필요한 것이 생기면 언제든지 3D 프린터로 만들 것이며, 차고에는 우리를 원하는 곳 어디로나 데려다줄 자율주행차가 대기하고 있을 것이다.

이런 일이 일어나면 우리와 디지털 세상을 연결해주는 것이 휴대전화만은 아닐 것이다. 착용할 수 있고 심지어 인체에 이식할 수 있는 소형 장치까지도 연결 기능을 수행하면서 '증강된 삶augmented living'을 창조해줄 것이다. 일론 머스크가 설립한 뇌 연구 스타트업 뉴럴링크Neuralink가 한 가지 예다. 이 회사는 인간이 생각하는 대로 컴퓨터를 제어할 수 있는 뇌-컴퓨터 인터페이스를 만들기 위해 임플란트 컴퓨터 칩을 개발하고 있다.

• 넷째, 웰니스와 수명 연장

웰니스(웰빙well-being, 행복happiness, 건강fitness의 합성어로 신체와 정신 및 사회적 건강을 가리킨다 - 옮긴이) 분야에서 첨단 생명공학 기술은 인간의 수명 연장을 목표로 한다. AI는 의료 분야의 빅데이터를 활용해서 신약 개발과 함께 환자별로 맞춤형 진단과 치료가 가능한 정밀의료 시대를 열어줄 것이다. 생물 유전체의 구조와 기능을 연구하는 학문인 유전체학은 유전병을 예방하고 치료하는 능력을 제공해줄 것이다. 신경 기술은 뇌의 장애를 치료하는 칩을 이식하는 수준까지 더 나아갈 것이다. 웨어러블 기기나 임플란트 용품을 이용해 건강 상태를 지속적으로 추적함으로써 예방적 건강 관리가 가능해질 것이다.

식품 기술에서도 이와 비슷한 발전이 진행 중이다. 식량 생산과 유통을 최적화해 기아와 영양실조를 방지하기 위해 생명공학과 AI 기술이 합쳐진다. 또한 고령화 인구를 대상으로 제품과 서비스를 제공하여 수명을 관리하고 삶의 질을 높여주는 이른바 '에이지테크age-tech' 스타트업도 부상하고 있다.

• 다섯째, 지속가능성과 사회적 포용성

디지털화는 또한 환경의 지속가능성을 보장하는 데 중요한 역할을 할 것이다. 예컨대 전기차 공유가 그 원동력 중 하나가 될 것이다. 이웃 간에 남는 전기를 공유할 수 있게 해주는 개인 간P2P, Peer-to-peer 태양에너지 거래 개념도 에너지 보존에 도움을 줄 것이다.

제조업 분야에서 AI는 디자인부터 재료 선택, 생산까지 쓰레기를 줄이는 데 기여할 것이다. AI를 통해 순환경제, 즉 재사용과 재활용을 통해 지속적으로 자재를 사용하는 일종의 '폐쇄회로 시스템closed-loop system'을 구축해나갈 것이다.

전 세계적으로 디지털 격차를 해소하고 보편적 연결성을 실현한다면, 저소득 지역사회도 시장과 노하우를 똑같이 접하게 해주는 진정한 포용적 사회가 조성될 것이다. 이는 저소득자들의 생활수준을 개선하고 빈곤 퇴치를 도와줄 것이다.

디지털화와 관련하여 양극화된 시각은 새로운 디지털 격차다. 논쟁을 끝내기 위해서는 기술의 휴머니티 측면을 깊이 고민해보는 한편, 인류의 능력치를 최대로 끌어내는 기술을 활용해야 한다.

개인에게 맞춤화한 기술

마켓 5.0 시대에 고객은 기업이 자신들을 이해하고 개인화된 경험을 제공해주기를 기대한다. 기업이 소수의 고객만 상대한다면 별문제 아니겠지만, 대규모로 일관성을 유지하면서 그렇게 하기란 어려울 수밖에 없다. 특정 고객 프로필을 모델링하여 그에 꼭 맞게 제품과 서비스를 만들고, 콘텐츠를 제공하고, 경험을 전달하기 위해서는 반드시 기술에 의존해야 한다.

AI는 고객 경로 전반에서 세 가지 방법으로 모든 접점의 수준을 끌어올린다. 첫째, 적절한 시점에 적절한 제품과 서비스를 적절한 고객에게 제공하는 똑똑한 타기팅을 가능하게 해준다. 둘째, 고객에게 제품이 더 잘 맞게 해준다. 기업은 개인화된 제품을 제공하는 건 물론이고 심지어 고객이 원하는 대로 제품을 변형할 수도 있다. 끝으로, 고객의 참여도를 높인다. 기업은 맞춤형 콘텐츠를 제공하면서 고객과 더 긴밀한 상호작용을 할 수 있다.

AI를 사용해서 개인화를 하면 고객의 만족도와 충성도가 향상되므로 데이터 공유에 대한 고객의 수용도도 올라간다. 개인화가 실제로 주는 혜택이 사생활 침해 위협보다 크다면 고객

은 기꺼이 개인 데이터를 공유해주려고 할 것이다. 이때 고객

이 선택적 주의selective attention(외부에서 주어지는 자극 중 특정한 것에

만 관심을 기울이는 것-옮긴이) 현상을 받아들이고, 고객에게 심리

적 통제감을 느끼게 해줄 수 있느냐가 관건이다. 고객은 개인화

덕분에 결정을 내리기가 더 쉬워질 것이고, 본인의 결정을 어느

정도 통제할 수 있게 되면 더 큰 만족감을 느낄 것이다.

선택적 주의의 포용

미국의 심리학자 배리 슈워츠Barry Schwartz는《선택의 심리학

The Paradox of Choice》에서 "일반적인 믿음과 달리, 선택을 없애면

의사결정에 대한 불안감이 줄어들고 행복감이 향상된다"라고

주장했다. 실제로 인간은 선택적 주의를 가지고 태어난다. 우리

는 적절한 자극에 주의를 돌리고 부적절한 자극을 차단하는 경

향이 있다. 그렇게 하면 제한된 주의 범위 안에서 정보를 거르

고 처리하면서 중요한 정보에만 집중할 수 있기 때문이다.

지나치게 많은 제품과 채널 선택지, 광고 메시지는 구매 결

정을 어렵게 한다. 그래서 우리는 복잡한 의사결정을 할 필요가

없도록 기업이 선택지를 단순화하고 최선의 추천을 해줘야 한

다고 기대하게 됐다. 정보 과부하 시대인 지금, 우리가 더 쉽게

결정을 내릴 수 있도록 마음속으로 하는 선택적 주의 필터링을

AI 기술이 대체해줘야 한다.

기업은 수백만 건의 고객 프로필과 고객이 남긴 평가를 통해 특정 고객의 요구에 맞는 해결책을 찾아낼 수 있어야 한다. 예를 들어 소비재 제품의 경우, AI 알고리즘이 정확한 종류의 제품을 제안하고, 그 제품들을 보낼 유통센터를 결정할 수 있어야 한다. 보험 분야에서 AI 모델은 보험사가 보험 가입자의 과거 행동에 따라 최적화된 보장 상품과 보험료를 설정하게 해줘야 한다.

개별적 통제 허용

인간은 본래 자기 자신과 자신이 처한 환경을 통제할 수 있기를 바란다. 심리적 통제감, 즉 자신이 내리는 결정과 결과에 대해 직접 책임을 진다는 느낌을 받으면 행복감도 높아지는 것처럼 보인다. 따라서 기업은 고객에게 그들이 내리는 구매 결정에 기술이 통제감을 더 쉽게 느낄 수 있도록 해준다는 점을 입증해줘야 한다.

고객의 선택권을 단순화한다고 해서 고객에게 한 가지 선택지만 줘서는 안 된다. 고객은 여전히 기업이 자동화를 통해 만든 개인화된 제품을 본인 입맛대로 바꿀 수 있어야 한다. 제품 및 접점의 선택과 관련해서 바라는 통제 수준은 고객마다 다르다. 기술은 기업이 고객의 통제 욕구를 예측하고, 개인화와 맞춤화 사이에서 적절한 균형을 잡게 해준다.

제품 선택뿐만 아니라 전반적인 고객 경험 면에서도 기업과 고객 간에 공동 창조 과정이 전개돼야 한다. 어떤 고객이든 예전과 똑같은 제품 또는 서비스를 접하더라도 늘 색다른 경험을 하기를 원할 것이다. 이때 제품과 접점을 낱개와 모듈 방식으로 만들어놓으면 고객은 원하는 대로 경험 요소를 고르고 선택할 수 있다. 이것은 기본적으로 경험의 공동 창조 행위이며, 이로 인해 고객의 주인의식은 올라갈 것이다.

사회적 연결을 촉진하는 기술

소셜 미디어는 기업에 대한 고객의 태도와 기대를 변화시켰다. 고객들 대부분이 광고나 전문가 의견보다 소셜 네트워크를 더 신뢰한다. 이제 구매 결정은 개인의 기호뿐만 아니라 사회적 순응 욕구에 의해서도 좌우된다. 소셜 미디어 또한 고객의 기대치를 높였다. 고객은 소셜 미디어에서 고객서비스를 받기를 원하고 즉각적인 답변도 요구한다. 인간이 본래 사회적이긴 하지만 소셜 미디어가 우리의 사회적 성향을 한 단계 더 발전시켰다.

마켓 5.0 시대에 기업은 고객 대면과 백엔드back-end(후위 업무 처리 - 옮긴이) 과정에서 사회적 기술을 채택하여 대응해야 한다. 가장 인기 있는 적용 방식은 고객과 상호작용할 대체 커뮤니케이션 채널을 제공하는 사회적 고객서비스다. 기업은 직원과의 소통을 촉진하고, 지식을 공유할 수 있게 하며, 협업을 육성하기 위해 내부적 용도로 사회적 도구를 채택할 수도 있다.

기술은 사회적 연결을 촉진할 때 더 바람직하다. 그러려면 소셜 미디어 채널 제작부터 시작해야 하지만 거기서 멈추면 안 된다. AI는 기업이 사회적 연결 데이터에 뛰어들어 그것을 이해할 수 있게 해준다. 이런 딥 러닝deep learning은 소셜 네트위크에서 적절한 메시지를 만들고 사람들의 행동에 영향을 미치는 방법에 대한 통찰력을 준다.

대인관계 연결 촉진

인간인 우리는 취약하게 태어나 기본 욕구를 충족하기 위해 부모와 보호자에게 의지한다. 그런 다음 유년기를 보내는 동안 주변 사람들과 소통하고 상호작용하면서 서서히 지적·정서적 학습을 한다. 우리는 상호작용을 하면서 상대방에게 자신의 감정을 표현하고, 아이디어와 이야기를 교환한다. 바로 그 때문에 인간의 두뇌는 아주 어렸을 때부터 사회적 성격을 띠게 되어 있다.

기술을 응용해서 만든 소셜 미디어가 성공을 거둔 이유도 인간이 본래 사회적 존재라서다. 우리는 다른 사람이 개인적으로 겪은 경험을 듣고, 스스로 겪은 경험을 말해주는 걸 좋아한다. 시각적 신호 교환 수단인 소셜 미디어는 대면 대화를 넘어 우리의 사회적 요구를 충족시키는 대체 플랫폼 역할을 해준다.

사업을 하면서 이 외에 다른 방식으로 기술을 응용할 때도 사회적 연결에 대한 인간의 욕구를 잘 이용해야 한다. 기술은 블로그, 토론방, 위키wiki(인터넷 사용자들이 내용을 수정·편집할 수 있는 웹사이트-옮긴이) 등을 통한 경험과 정보의 공유를 촉진해줄 수 있다.

기업과 고객 간만이 아니라 고객과 고객 간으로도 대화가 확대돼야 한다. 대중의 참여를 통해 해결책을 얻는 크라우드소싱crowdsourcing 모델은 기술이 서로 다른 역량을 가진 사람들을 어떻게 연결해서 협업할 수 있게 해주는지를 보여주는 대표적인 사례다. 아울러 기술 기반의 소셜 커머스는 디지털 시장에서 구매자와 판매자 간의 거래를 촉진한다.

열망의 추구 유도

인간은 사회적 존재로서 다른 사람들의 인생 이야기를 관찰하고 자신의 삶과 연관시킨다. 소셜 네트워크 친구들은 우리의 '모방 대상'이 된다. 앞서 얘기한 포모 증후군으로 인해 우리는 다른 사람들, 특히 더 흥미로워 보이는 삶을 사는 사람들의 행동과 라이프스타일을 모방하려고 한다. 그러면 우리에게 더 큰 목표를 달성하도록 부단히 영향을 주고 동기를 부여하는 사회적 환경에 의해 개인적인 기대치가 정해진다.

기술은 소셜 네트워크에 내재된 이런 숨겨진 열망 추구 욕구를 이용하게 해준다. AI 기반 콘텐츠 마케팅, 게임화, 소셜 미디어는 동료에게 인정받고 사회적으로 신분 상승을 원하는 인간의 타고난 욕구를 해소하도록 도와줄 수 있다. 사람들은 기업보다 기존 롤모델(친구, 가족, 커뮤니티)의 말에 더 귀를 기울이는 경향이 있는데, AI는 이를 통해 고객들에게 미묘하게 영향을 미칠 수 있다.

사회적 영향력을 활용할 때 기업은 제품과 서비스를 파는 데 그쳐선 안 된다. 기술은 디지털 활동뿐만 아니라 궁극적으로는 사회적 변화를 주도하는 강력한 행동의 교정 도구가 되어야 한다. 사람들이 소셜 네트워크를 통해 좀더 책임감 있는 라이프스타일을 추구할 수 있게 해주는 응원과 격려야말로 기술이 인류에게 의미 있게 기여하는 방식일 것이다.

경험을 혁신하는 기술

고객은 기업을 제품과 서비스의 품질만으로 평가하지 않는다. 고객은 모든 채널에 걸쳐 존재하는 모든 접점을 포함한 고객 여정 전체를 가지고 평가한다. 따라서 혁신은 제품뿐만 아니라 전체 경험에 초점을 맞춰 추진돼야 한다. 기업은 제품의 차별화를 모색하는 건 물론이고 커뮤니케이션을 강화하고, 채널 입지를 탄탄히 하며, 고객서비스를 개선해야 한다.

디지털화의 부상으로 옴니채널 경험에 대한 수요가 늘었다. 고객은 한 채널에서 다른 채널(온라인에서 오프라인으로 또는 오프라인에서 온라인으로)로 계속해서 이동하면서 눈에 띄는 단절이 없는 원활하고 일관된 경험을 할 수 있기를 기대한다. 기업은 고객과 하이테크high-tech와 하이터치high-touch(소비자 입장에서 소비자의 감성에 맞추고 잠재 욕구를 충족시키는 것 – 옮긴이)가 통합된 상호작용을 해야 한다.

마켓 5.0 시대에 AI와 블록체인 등 백엔드 기술은 원활한 통합에 중요한 역할을 한다. 그리고 센서, 로봇공학, 음성 명령, 증강현실과 가상현실 같은 프런트엔드front-end 기술은 고객 여정 전반에 걸쳐 직접적인 접점을 늘려줄 수 있다.

하이터치 상호작용의 강화

기계가 가진 약점 중 하나는 '휴먼 터치human touch', 즉 인간적 접촉을 할 수 없다는 것이다. 이 과제를 해결하기 위해 첨단 로봇공학과 센서를 갖춘 인공 피부가 개발되고 있다. 그러나 현실적인 느낌도 재현해야 하는 한편, 접촉을 통해 느껴지는 다양하고 복잡한 감정도 해석해낼 수 있어야 한다.

인간은 촉각만으로도 상대방의 감정을 읽을 수 있다. 미국의 인지심리학자 매슈 헤르텐슈타인Matthew Hertenstein은 인간이 접촉을 통해 분노, 두려움, 혐오, 슬픔, 동정, 감사, 사랑, 행복이라는 여덟 가지 감정을 최대 78퍼센트까지 전달할 수 있다는 사실을 밝혀냈다. 논리적이고 일관되며 계량화가 가능한 패턴에만 의존하는 기계에게 이런 주관적인 감정을 가르치는 건 어려운 일이다.

제품과 서비스를 제공할 때는 하이테크와 하이터치 상호작용 사이의 균형을 유지해야 하는데, 이때 기술이 하이터치에 중요한 역할을 할 수 있다. 가치가 낮은 사무 업무를 기계에 맡기면 직원들이 고객 대면 활동에 추가로 시간을 할애하고 집중하게 할 수 있다. AI가 지원하는 고객 프로파일링을 통해 일선 직원들에게 커뮤니케이션 접근 방식을 조정하고, 적절한 솔루션을 제공할 수 있는 단서를 제공함으로써 대면 접점 효과를 높일 수 있다.

지속적인 참여 기회 제공

인간은 행복 수준을 안정적으로 유지하는 경향을 보인다. 흥미진진하고 긍정적인 경험을 했을 때 행복이 일시적으로 증가할 순 있지만 곧 원래 수준으로 되돌아간다. 마찬가지로, 실망스럽고 부정적인 경험을 했을 때도 행복이 감소할 순 있지만 역시 곧 원래 수준으로 되돌아간다. 심리학에서 이처럼 경험에 대한 만족감이 항상 일정한 기준치로 향하는 현상을 '쾌락의 쳇바퀴hedomic treadmill'라고 하는데, 미국의 심리학자 필립 브릭먼Philip Brickman과 도널드 캠벨Donald Campbell이 처음 만들어낸 용어다.

우리가 고객으로서 쉽게 지루해하고 진정으로 만족감을 느끼지 못하는 것도 이런 이유 때문이다. 사람들은 고객 여정 내내 지속적인 참여를 원한다. 따라서 기업은 고객이 경쟁업체로 가지 않도록 고객 경험을 꾸준히 개선하고 갱신해야 한다.

계속해서 새로운 고객 경험을 창출한다는 건 까다롭고도 힘든 일이다. 그러나 디지털화를 통해 출시 시간을 단축하고 고객 경험을 혁신할 수 있다. 기업은 디지털 공간에서 신속한 실험, 콘셉트 테스트, 프로토타이핑prototyping(사용자의 요구 사항을 충분히 분석하기 위해 시스템의 핵심적인 기능을 먼저 만들어 평가한 후 구현하는 점진적인 개발 방법 - 옮긴이)을 한층 더 쉽게 수행할 수 있다.

디지털 고객 경험을 혁신하는 일은 단순히 사용자 인터페이스의 디자인을 변경하는 수준을 이미 벗어났다. 챗봇에서부터 가상현실과 음성통제에 이르기까지, 신생 기술이 기업과 고객의 소통 방식을 바꿔놓고 있다. AI, IoT, 블록체인 등의 기술도 백엔드 업무의 효율성을 끌어올려 더 빠른 고객 경험을 선사한다.

개인적·사회적·경험적 기술 개발하기

디지털 격차는 여전히 존재한다. 인터넷이 보편적으로 보급되기까지 앞으로 적어도 10년은 걸릴 것이다. 그러나 인터넷 접근만 가능하게 해줘서는 디지털 격차를 없애지 못한다. 완전한 디지털 사회를 만들려면 단순한 온라인 소통과 소셜 미디어 차원을 넘어 우리 삶의 모든 측면에 기술을 적용해야 한다.

한편으론 두려움과 불안감이 크지만, 디지털화가 인류에게 주는 혜택은 명백하다. 마켓 5.0 시대에 기업은 올바른 기술을 적용하는 것이 인간을 더 행복하게 해줄 수 있다는 사실을 고객에게 입증해줘야 한다. 기술은 개인화된 방식을 통해 문제를 해결해주는 동시에 문제 해결 방식의 선택적인 맞춤화도 가능하게 해준다. 고객은 디지털화가 사회적 관계를 단절시키지 않고 오히려 고객과 커뮤니티 간에 더 긴밀한 연결 통로를 구축하는 플랫폼을 제공해준다고 확신할 수 있어야 한다. '인간 대 기계' 식의 이분법은 사라져야 한다. 탁월한 고객 경험을 제공하기 위해서는 하이테크와 하이터치 상호작용의 통합이 반드시 필요하다(그림 4.2).

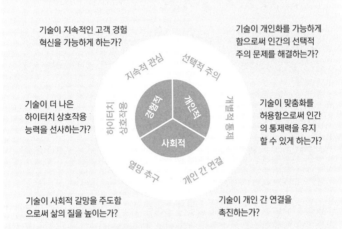

그림 4.2 | 기술 나침반 – 개인적, 사회적, 경험적 기술 만들기

기술이 지속적인 고객 경험 혁신을 가능하게 하는가?

기술이 개인화를 가능하게 함으로써 인간의 선택적 주의 문제를 해결하는가?

기술이 더 나은 하이터치 상호작용 능력을 선사하는가?

기술이 맞춤화를 허용함으로써 인간의 통제력을 유지할 수 있게 하는가?

기술이 사회적 갈망을 주도함으로써 삶의 질을 높이는가?

기술이 개인 간 연결을 촉진하는가?

생각해볼 질문들

✓ 개인적으로 기술에 대해 어떻게 생각하고 있는가? 기술이 당신 조직에 어떤 식으로 힘을 실어주거나 혼란을 일으킬 수 있는지 생각해보라.

✓ 현재 조직 내에서 구현해놓은 기술이 고객에게 개인적·사회적·경험적 해결책을 제공해줄 수 있는지 평가해보자.

MARKETING 5.0

MARKETING 5.0

: TECHNOLOGY
FOR HUMANITY

Part 3.
미래의 마케팅을 위한
새로운 전략

Chapter 5.

디지털 전환 준비가 된 조직

: 모든 상황에 맞는 만능 전략은 없다

"포스트 코로나 시대에는 디지털 고객 경험을 구축하는 기업이 번창할 것이다. 따라서 디지털화가 기본적인 고객 참여 수준에서 중단돼서는 안 된다. 마케팅에서 판매, 유통, 제품 공급 및 서비스에 이르기까지 고객 접점을 아우르는 모든 면에서 디지털화가 일어나야 한다."

1950년대에 한 과학자 집단이 일본 홋카이도 남부의 고지마라는 섬에서 원숭이를 대상으로 실험을 했다. 과학자들은 원숭이들이 먹을 수 있도록 바닷가 모래 위에 고구마를 주기적으로 갖다 놓았다. 그러던 어느 날 이모Imo라는 이름의 어린 원숭이가 고구마를 씻어서 먹으면 더 맛있다는 사실을 알아냈다. 이모는 친한 친구들과 가족에게 이 새로운 습관을 가르쳐줬다. 변화는 천천히 일어났다. 하지만 마침내 대다수 원숭이가 고구마를 씻어서 먹기 시작하자 나머지 원숭이들도 이를 새로운 규범으로 받아들이기 시작했다. 이런 현상은 '100번째 원숭이 효과hundredth-monkey effect'라고 알려져 있는데, 어떤 임계점을 넘기면 급속한 행동 변화가 일어난다는 걸 의미한다.

디지털 전환이 바로 그런 급속한 변화에 해당하는 것으로, 젊은 세대가 이끌고 있다. Y세대와 Z세대를 합치면 역대 최대 소비시장이 만들어지기에 기업은 이 세대들의 선호에 맞춰서 전략을 짜고 있다. 또한 그들이 경제활동 인구 중 가장 큰 비중을 차지하면서 사내에서도 기업에 영향을 미치고 있다. 특히 디지털 기술을 주류로 끌어들이는 데 막대한 영향을 미친다. 그러나 디지털 라이프스타일이 새로운 표준이 되려면 대규모의 변화가 필수이며, 여러 세대와 사회·경제적 계층에 골고루 퍼져야 한다.

전 세계적으로 디지털화 과정이 급속도로 일어나고 있다. 한 편에서는 모두가 디지털 라이프스타일을 수용하는 것처럼 보이고 그것이 없는 삶은 상상할 수조차 없다. 그런데도 '타성'은 여전히 유효하다. 많은 고객이 여전히 예전부터 해오던 전통적인 방식으로 제품과 서비스를 구매하고 즐기는 데 익숙하다. 마찬가지로, 기업은 마켓 5.0의 전제 조건인 디지털로의 전환을 꾸물거리고 있다. 그러나 코로나19 팬데믹은 이 모든 것을 변화시켰고 디지털화가 얼마나 필요한지를 분명하게 보여줬다.

코로나19, 디지털화의 가속기

코로나19 발발로 전 세계 기업들이 치명적인 타격을 받았다. 기업들 대부분이 그런 팬데믹을 겪어본 적이 없기에 적절한 준비가 되어 있지 않았다. 모든 기업이 매출 감소, 현금 유동성 문제와 씨름하면서 코로나19로 개인적인 피해를 본 직원들까지 관리해야 하는 상황에 처했다. 기업은 혼란과 딜레마 속에서 살아남고 나아가 더 강해지기 위해 적절한 비상 계획을 세워야 한다.

팬데믹과 그로 인한 사회적 거리두기는 기업들이 디지털로 전환하는 속도를 높이도록 압박했다. 전 세계적으로 봉쇄와 이동 제한이 시행되는 동안 고객은 온라인 플랫폼에 더 많이 의존하는 생활을 하게 됐다. 팬데믹 위기 동안 소비 행동에 변화가 나타났는데, 어쩌면 위기가 끝난 뒤에도 오랫동안 그 패턴이 유지될 것이다.

고객은 몇 달 동안 자의 반 타의 반으로 집에 머물게 되면서 사실상 새로운 디지털 라이프스타일에 익숙해졌다. 많은 사람이 생필품 구매를 위해 전자상거래와 음식 배달 앱에 의지했고, 디지털 뱅킹과 비현금 결제가 증가했다. 사람들은 줌Zoom, 구글 미트Google Meet 같은 화상회의 플랫폼을 이용해 온라인에서 다른 사람들을 만났다. 아이들은 부모가 재택근무를 하는 동안 집에서 온라인 플랫폼으로 수업을 받았다. 사람들은 시간을 때우려고 유튜브와 넷플릭스에서 예전보다 더 많은 동영상을 스트리밍해 봤다. 그리고 건강이 가장 중요해졌기 때문에 원격으로 개인 트레이너나 의사를 만났다(그림 5.1).

앞으로 비즈니스 방식은 결코 예전과 같지 않을 것이다. 오프라인 접촉에 크게 의존하던 산업은 사업 전략을 재고해야만 한다. 음식 서비스 산업은 식당에 와서 식사하는 사람이 줄면서 생긴 손실을 메우기 위해 음식 배달을 늘림으로써 팬데믹에 적

그림 5.1 | 코로나19와 디지털화

온라인 쇼핑　음식 배달　디지털 뱅킹　전자 지갑　온라인 회의　콘텐츠 소비

온라인 학습　원격 진료　홈서비스˚　온라인 게임　온라인 운동　가상 여행

˚ 가정에서 상품이나 관람권 따위를 구입하거나 은행 업무를 하도록 하는 서비스 – 옮긴이

응했다. 일부 식당은 '클라우드 주방cloud kitchen' 또는 '유령 주방ghost kitchen'으로 불리는 배달 주문만 받는 식당으로 전환했다. 여행 업계는 로봇청소기를 이용해 객실과 열차를 청소했다. 인도 벵갈루루 공항 등에서는 '주차부터 탑승까지'의 전 과정을 비접촉으로 할 수 있게 하는 서비스를 도입했다.

　대중교통 이용객이 급감하자 교통 당국은 '마이크로 교통micro-transit' 서비스를 도입했다. 승객이 모바일 앱으로 주문해 버스와 셔틀을 이용할 수 있게 해주는 서비스로, 승객은 버스의 위치뿐만 아니라 현재 승객 수까지도 추적할 수 있다. 실제 도구를 활용해서 접촉을 추적하는 것도 유용하다. 자동차 회사와 딜러들은 늘어난 디지털 상호작용 수요에 맞춰서 온라인 판매 플랫폼에 대한 투자를 늘렸다. 무엇보다 모든 업계, 모든 브랜드가 소셜 미디어를 이용해 고객의 관심을 끌기 위해 디지털 콘텐츠 마케팅 활동을 강화했다.

지속가능성이 디지털화 여부에 달려 있게 되자 기업들은 더는 미룰 수 없었다. 코로나19 팬데믹 위기는 특정 시장 세그먼트와 업계 참가자들의 디지털화 준비 상태가 얼마나 미흡한지, 혹은 얼마나 잘되어 있는지를 명확히 드러내 줬다.

사회적 거리두기로 일상적인 대면 접촉이 큰 차질을 빚으면서 디지털 이주민digital immigrants(아날로그적 취향을 가진 기성세대 – 옮긴이)과 디지털 후발주자digital laggards로 알려진 세대가 가장 큰 타격을 받았다. 반면 똑같은 조건에서도 디지털 네이티브는 잘 살 수 있었다.

어떤 기업도 영향권에서 벗어나지 않겠지만 일부 산업은 코로나19로 특히 더 심각한 타격을 받았다. 직접적인 오프라인 만남이 필요하고 노동집약적인 산업이 그렇다. 반면 디지털 비즈니스 프로세스와 린 조직을 갖춘 산업은 훨씬 더 유리한 위치를 점했다(그림 5.2).

그림 5.2 | 코로나19가 여러 고객 세그먼트와 업계 참가자들에게 미친 영향

	피해가 컸던 곳	피해가 적었던 곳
고객 세그먼트	· 디지털 이주민이자 디지털 후 발주자인 기성세대 · 인터넷 이용이 제한적인 저소 득 계층	· 디지털 네이티브이자 기술에 능숙한 젊은 세대 · 인터넷 이용이 수월한 고소득 계층
업계 참가자	· 대면 영업에 치중하는 기업 · 노동집약적 산업	· 디지털화 업무 처리 수준이 높은 기업 · 린 조직이 많은 산업

디지털 준비 상태 평가

준비 상태가 어느 정도인지에 따라 추구해야 할 디지털화 전략
이 달라지므로, 준비 상태를 평가하기 위한 진단 도구를 설정해
야 한다. 평가를 할 때는 수요와 공급 측면을 함께 고려해야 한
다. 먼저, 시장(수요 측면)이 더 많은 디지털 접점으로 이전할 준
비가 되어 있는지를 판단해야 한다. 다음으로, 기업(공급 측면)이

비즈니스 과정을 디지털화함으로써 이를 부가가치 창조의 기회로 삼을 수 있는지를 평가해야 한다. 이 두 가지 고려사항은 디지털 준비 상태를 나타내는 사분면에서 기업의 현 위치를 보여주는 매트릭스를 구성한다.

사분면에 들어갈 네 가지 범주를 설명하기 위해 첨단기술, 금융 서비스, 식료품 소매, 자동차, 접객, 의료 등 6개 산업 분야의 디지털 준비 상태를 평가해놓았다. 각 산업의 위치는 현재 미국이 처한 상황을 기반으로 하는데, 시간이 흘러 시장이 진화함에 따라 바뀔 수 있다. 각 시장의 고객마다 준비 수준이 다를 수 있으며, 각 산업 참가자들의 준비 상태 또한 서로 다를 수 있다(그림 5.3).

오리진

오리진 사분면에는 팬데믹으로 가장 큰 타격을 입은 산업들이 포함된다. 이런 산업에 속하는 기업의 비즈니스 프로세스에는 여전히 없애거나 대체하기 힘든 물리적 접촉이 포함되어 있으며, 따라서 팬데믹 위기에 대처할 준비가 덜 되어 있다. 무엇보다, 위기 시 이 산업의 제품을 시급히 구매해야 할 필요성이 없어서 기업들이 자사 고객을 디지털 접점으로 이주시킬 가능성 역시 크지 않다.

그림 5.3 | 산업별 디지털 준비 상태

이 사분면에 속하는 대표적 사례가 사람 간 상호작용에 대한 의존도가 높은 접객 산업과 의료 산업이다. 이 산업의 종사자들에게 디지털화에 투자해야 할지, 고객이 디지털 행동으로 전환하기를 기다려야 할지를 판단하는 건 '닭이 먼저냐 달걀이 먼저냐'를 판단하는 것처럼 어려운 딜레마다.

지난 수년 동안 접객 산업은 디지털화로 혁신적인 변화를 겪었다. 여행 평가 사이트와 온라인 예약 플랫폼은 서비스 품질과 가격을 투명하게 만들어줬다. 공유 숙박 업체인 에어비앤비 등 온라인 숙박 시장은 대형 호텔 체인을 압박해왔다. 그러나 이 산업에서 디지털화는 주로 고객 여정의 앞쪽과 뒤쪽 세그먼트에서 일어난다. 고객은 디지털 도구를 이용하여 여행을 계획하고 예약할 뿐만 아니라, 사후에 여행지를 평가하고 추천하는 작업도 한다.

여기에서 알 수 있듯, 고객 여정의 중간 부분은 대부분 디지털 영역이 아니다. 이 산업에서 디지털화는 대체로 피상적인 수준이지 아직 산업 전반을 혁신할 수준은 아니다. 주로 사용되는 기술의 형태는 디지털 광고, 콘텐츠 마케팅, 디지털 채널 등으로 기본적인 수준에서 인터넷을 활용할 따름이다. 일부 접객 업체가 간헐적으로 로봇공학이나 IoT 등의 첨단기술을 활용하려 했지만 고객의 반응은 미온적이었다.

의료 산업의 디지털 준비 수준도 엇비슷하다. AI는 의료 산업을 혁신할 힘을 갖고 있으며 초기의 조짐은 좋았다. 그러나 잠재력은 있어도 의료 서비스는 여전히 대면 접촉이라는 매우 전통적인 방식으로 제공된다. 코로나19 사태가 발발하기 전에는 원격 진료가 사실상 병원과 환자 모두에게 선택사항이 아니었다. 이번 사태가 끝나고 나면 원격 진료 추세가 계속 이어질지 의문이다. 병원들은 규제 장벽에 가로막혀 있을 뿐 아니라 준비된 디지털 인프라와 의료 전문가들을 제공하는 데 어려움을 겪고 있다. 그리고 환자가 원격 진료를 받으면서 기꺼이 돈을 내려고 할지도 의심스럽다.

온워드

이 사분면에는 비즈니스 프로세스를 디지털화하는 데 상당한 투자를 하긴 했으나 고객을 디지털화로 이끄는 데 어려움을 겪는 업계와 기업이 포함된다. 이 사분면에 속하는 산업은 디지털 생태계를 갖춰놓고서 한동안 고객들이 디지털로 전환하도록 장려해왔다. 그러나 고객 대부분이 여전히 타성에 사로잡혀 있어서 제한적으로만 디지털을 수용했다.

그런 대표적인 사례가 소매업이다. 디지털 네이티브로서 아마존은 오랫동안 전자상거래 분야를 지배해왔다. 그리고 미국 최대 유기농 식품 체인인 홀푸드Whole Foods를 인수해 식료품 소매업까지 강화했다. 한편 코로나19 사태가 일어나기 훨씬 전부터 오프라인 소매 업체들도 다가올 일대 변화를 예상하고 디지털로의 전환을 시작했다. 대형 소매 업체인 월마트는 전자상거래용 월마트닷컴을 출범하고, 시장 운영을 강화하기 위해 온라인 쇼핑 플랫폼인 쇼피파이Shopify와도 제휴했다. 이런 조치에 힘입어 두 대형 유통 업체는 옴니채널 경험을 직접적으로 제공할 수 있게 됐다.

또한 지원 인프라가 커지면서 전자상거래도 강화할 수 있게 됐다. 일부 대형 소매 업체는 자체 물류 역량을 구축하지만 DHL과 같은 회사들은 전자상거래 물류대행 네트워크에 투자한다. 소셜 미디어도 소셜 판매 플랫폼을 제공함으로써 온라인 쇼핑 영역으로 진출했다. 예를 들어 타깃은 대형 소매 업체 최초로 인스타그램을 통해 제품을 판매하기 시작했다.

이처럼 전자상거래 생태계가 잘 갖춰졌지만, 미국 인구조사국에 따르면 2020년 1분기 중 전체 소매 거래에서 전자상거래의 기여율이 12퍼센트에도 못 미치는 수준이었다. 퓨리서치 역시 미국인 10명 중 8명꼴로 온라인 쇼핑을 하고 있지만 그들 대부분은 여전히 오프라인 매장에 가는 것을 선호한다고 밝혔다. 그러나 코로나19로 인해 '뉴노멀new normal', 즉 다수의 쇼핑객이 더욱 디지털화된 고객 여정으로 이동하는 새로운 일상이 만들어 질 수 있다. 업계 종사자들은 코로나19가 온라인 소매업 발전에 충분히 큰 촉매제가 되는지 확인하기 위해 이런 추세를 예의 주시해야 한다.

오가닉

이 사분면은 물리적 접촉 빈도가 높은 제품과 서비스를 제공하는 산업에 해당한다. 이들 업종은 대부분 노동집약적이어서 원격으로 직원을 관리하는 데 애를 먹는다. 반면 고객 대부분은 디지털로 전환할 준비가 되어 있다. 그들은 기업이 디지털 기술을 채택하도록 만들면서 전환을 주도할 것이다.

자동차 산업이 이 사분면에 속한다. 대부분의 자동차 구매자는 오프라인에서 딜러를 만나 구매하기 전에 가격 등을 온라인으로 살펴보는 이른바 '웹루밍webrooming'을 한다. 구글과 컴스코어ComScore의 공동 조사 결과, 자동차 구매자의 95퍼센트가 주요 정보를 온라인에서 얻지만, 여전히 95퍼센트 이상이 구매는 대리점에 가서 하는 것으로 나타났다.

그러나 코로나19로 온라인 자동차 구매에 속도가 붙고 있다. 카바나Carvana와 브룸Vroom 같은 몇몇 자동차 구매 플랫폼은 구매자들이 비접촉식 구매 방식을 선호하면서 온라인 자동차 구매가 급증했다고 밝혔다. 접객 및 의료 분야와는 달리, 잠재적 구매자들이 상당한 연구를 했다면 굳이 오프라인에서 차량을 구매할 필요가 없고 그렇게 해봤자 특별히 나을 것도 없기 때문이다.

더욱이 자동차는 전기차, 자율주행차, 차량 간 연결V2V, Vehicleto-Vehicle 트렌드가 시작되면서 첨단 제품으로 거듭나고 있다. 자동차 사용 경험이 점점 더 첨단화됨에 따라 고객 여정에서 현재 유일하게 남아 있는 전통적인 단계는 구매 과정뿐이다.

하지만 자동차 회사와 딜러들은 이제 막 디지털 역량을 쌓아 나가기 시작했다. 온라인 자동차 구매 플랫폼을 빼면, 대부분의 자동차 회사와 딜러들이 온라인에서 갖는 존재감은 상당히 제한적이다. 자동차 산업의 디지털화에 대한 고객의 기대는 온라인 시운전 예약과 구매를 돕는 전자상거래 플랫폼뿐만 아니라 그 외 디지털 판매와 마케팅 도구의 채택으로 이어진다. 예를 들어 잠재 구매자는 VR을 통해 눈으로 보며 자동차 옵션을 찾아볼 수 있다. 또한 AI가 연결된 차량 데이터를 활용해서 예측적 차량 정비와 예방 안전 모니터링 등의 부가 기능도 누릴 수 있다.

옴니

이 사분면은 궁극적으로 기업이 있기를 원하는 곳이다. 다른 사분면에 속하는 기업은 고객을 디지털 영역으로 이끌고, 옴니 기업으로서의 역량을 갖추기 위해 노력해야 한다. 옴니 사분면에는 코로나19 사태 동안 타격을 덜 받은 산업이 속해 있다. 첨단기술과 금융 서비스 산업이 대표적인 사례다. 기술 기업들은 당연히 사회적 거리두기 정책과 재택근무에 가장 대비가 잘되어 있다. 디지털화가 핵심 DNA인 그들은 전통 산업의 혁신을 목표로 하고 있는데, 팬데믹이 이런 혁신을 강력히 추진할 수 있게 해줬다. 그 결과 아마존, 마이크로소프트, 넷플릭스, 줌, 세일즈포스Salesforce 같은 기업들은 모두 고도성장을 이뤘다.

고객이 은행 방문을 꺼리자 디지털 금융 서비스도 성장하면서 비현금 결제가 표준이 됐다. 그러나 은행은 코로나19가 발발하기 훨씬 전부터 고객들을 디지털 채널로 이전시키기 위해 각종 인센티브를 제공해왔다. 오늘날 모든 대형 은행은 온라인과 모바일 뱅킹 서비스를 제공한다.

고객은 오로지 편의성만을 기준으로 어떤 채널에서 은행 업무를 처리할지를 결정한다. 오프라인 은행 지점으로 직접 가는 고객은 여타 오프라인 매장에서처럼 '만지고 느끼는' 경험을 찾지는 않는다. 단지 은행 업무를 보기에 더 편리해서 갈 뿐이다. 따라서 디지털 뱅킹이 광범위한 고객들을 위해 이와 똑같은 편의성을 선사할 수 있다면 디지털 채널이 가장 선호될 것이다.

하지만 금융 서비스 산업에서 디지털화는 그보다 훨씬 더 깊게 진행되고 있다. 금융 서비스 업체들은 콜센터 업무량을 줄이기 위해 챗봇을, 거래 보안을 강화하기 위해 블록체인을, 사기 감지를 위해 AI를 활용하는 방안을 각각 모색해왔다. 이에 따라 금융 서비스 산업은 하이테크와 미디어 산업을 제외하고 가장 디지털적인 산업 중 하나가 됐다.

디지털로 전환할 준비가 끝났는가

사분면은 특정 산업이 디지털화될 준비가 얼마나 되어 있는지를 개략적으로 살펴볼 수 있게 해준다. 그러나 동종 업종에 속하는 기업이라 할지라도 기업마다 준비 상태가 제각각이라 각 업체가 속해 있는 사분면이 서로 다를 수 있다. 기업마다 가진 디지털화 역량과 고객의 디지털 채널로의 이전 욕구를 바탕으로 자체 평가를 해볼 수 있다. 대부분의 평가 기준을 충족하는 기업은 디지털화 준비가 끝났다고 볼 수 있다(그림 5.4, 5.5).

그림 5.4 | 기업의 디지털 전환 준비 상태

디지털 고객 경험

1. 고객 여정 전반에서 고객과 디지털로 접촉할 수 있다.
2. 모든 디지털 접점을 매끈하고 마찰 없는 디지털 경험으로 통합할 수 있다.
3. 디지털 비즈니스 모델을 통해 가치를 창조하고 수익을 낼 수 있다.

디지털 인프라

1. 대규모 고객 데이터를 실시간으로 취합, 관리, 분석할 수 있는 기술을 보유하고 있다.
2. 새로운 디지털 비즈니스 모델에 맞게 비즈니스 프로세스를 디지털화하고 재설계할 수 있다.
3. IoT를 통해 건물, 자동차, 장비 같은 실물자산의 디지털화를 구현할 수 있다.

디지털 조직

1. 직원 대부분이 재택근무를 하고, 가상으로 다른 직원들과 협력하는 디지털 도구를 활용할 수 있다.
2. 데이터 사이언티스트, UX 디자이너, IT 설계자 등의 디지털 인재 육성을 가장 중요시한다.
3. 기업 관리자와 디지털 인재들 사이의 협업 체계를 강화하는 강력한 디지털 문화가 존재한다.

그림 5.5 | 고객의 디지털 전환 준비 상태

디지털 고객 기반

1. 고객 다수가 디지털에 정통한 Y세대와 Z세대다.
2. 고객 대부분이 이미 디지털 플랫폼을 통해 기업과 소통하고 거래한다.
3. 고객이 제품과 서비스를 소비하거나 사용할 때 디지털 인터페이스를 통해 기업과 상호작용한다.

디지털 고객 여정

1. 웹루밍이나 쇼루밍처럼 고객 여정 전부 또는 일부가 이미 온라인에서 일어나고 있다.
2. 고객이 불만스러워하는 실제 접점이 디지털 기술로 대체되고 강화될 수 있다.
3. 고객이 스스로 충분한 정보를 바탕으로 결정할 수 있을 만큼 인터넷에서 많은 정보를 얻을 수 있다.

1. 고객이 기업과의 실제 접촉을 불필요하고, 부적절하고, 무가치한 것으로 여긴다.
2. 제품과 서비스가 덜 복잡하다고 여겨져서 위험과 신뢰 관련 문제가 제한적으로만 일어난다.
3. 고객 대부분이 선택 범위가 더 넓고, 가격은 더 저렴하고, 품질은 더 좋고, 편의성은 더 뛰어난 온라인 쇼핑에 나서려고 한다.

고객을 디지털 채널로 이전하기 위한 전략

오리진과 온워드 사분면에 속하는 기업은 고객을 디지털 채널로 이전해야 한다. 이런 기업들의 고객은 여전히 실제 상호작용에서 가치를 느끼기 때문에 디지털로 전환하려는 동기가 적다. 이전 전략은 온라인 고객 경험을 통해 더 높은 가치를 선사하는 동시에 디지털로 전환하고 싶은 마음이 들도록 자극하는 데 초점을 맞춰야 한다.

첫째, 디지털로 이전하게 할 인센티브 제공

기업은 디지털 상호작용을 촉진하기 위해 온라인화의 이점을 보여줘야 한다. 기업은 디지털 이전을 장려하기 위해 긍정적인 인센티브와 부정적인 인센티브를 모두 제공할 수 있다. 긍정적인 인센티브는 캐시백, 할인, 디지털 플랫폼 내 소비자 판촉처럼 즉각적인 만족을 주는 형태를 띨 수 있다. 부정적인 인센티브는 상호작용 중에 오프라인 방법을 선택했을 때 요금을 추가로 부담하게 하는 형태를 취할 수 있으며, 심지어 오프라인 모드의 접근을 끊을 수도 있다.

기업은 금전적 인센티브를 제공하는 것 외에 고객에게 자사의 디지털 역량과 비즈니스 개선 방법을 알려줄 수도 있다.

둘째, 디지털로 불만사항 해결

기업은 고객 여정 전반에 걸쳐 고객 불만사항을 파악하고 디지털화로 해결해야 한다. 물리적 상호작용은 비효율성이라는 본질적인 약점을 가지고 있다. 주로 오프라인 접점에서 생기는 오랜 대기시간이나 긴 줄 때문에 고객들이 불만을 토로한다. 또 복잡한 구매 과정은 종종 혼란을 초래하고, 시간을 낭비하게 한다. 빠르고 간단히 해결하기를 원하는 고객을 위해 디지털이 이런 과정 일부를 대체할 수 있다.

더군다나 인간의 상호작용은 서비스 장애를 일으킬 위험성이 크다. 무능한 직원, 비표준화된 대응, 형편없는 접대 등이 고객 불만을 일으키는 주요 원인이다. 특히 기업이 사세를 확장함에 따라 일선의 문제가 더욱 가시화될 때, 고객이 디지털 채널을 활용하게 함으로써 직원의 행동 변화를 자극할 수도 있다.

셋째, 원하는 실제 상호작용을 디지털로 재현

인간과 인간의 상호작용이 가치를 창출하고 여전히 바람직한 경우, 기업은 디지털 방식으로 지원되는 커뮤니케이션을 활용할 수 있다. 동영상 플랫폼이 한 가지 예로, 고객은 언제 어디서나 일선 직원과 커뮤니케이션할 수 있다. 금융서비스 분야의 비디오 뱅킹video banking(소비자가 컴퓨터를 이용해서 금융거래를 하는 정보 전달 시스템의 총칭 – 옮긴이)과 원격 진료 분야의 가상 상담이 대표적인 사례다. 이런 방법은 인간 접점의 이점을 그대로 유지하면서 비용을 절감해준다.

이보다 한층 발전된 방법은 기본적인 문의와 상담을 위해 일선 직원을 대체할 수 있는 챗봇을 활용하는 것이다. 음성인식 기술을 갖춘 가상 도우미가 간단한 질문에 대답하고 명령을 수행할 수 있는데, 일부 제한이 있긴 하지만 NLP 기술로 대화를 자연스럽게 만들 수 있다.

오리진과 오가닉 사분면에 속하는 기업의 당면 과제는 디지털 고객의 요구를 충족시킬 역량을 구축하는 것이다. 기업은 디지털 고객 경험을 제공하는 데 기반이 될 하드웨어와 소프트웨어, IT 시스템 등의 디지털 인프라에 투자해야 한다. 궁극적으로는 디지털 전문지식, 기술, 그리고 고객과 시장의 변화를 감지하고 적시에 대응할 수 있는 애자일 문화가 포함된 조직 역량을 구축해야 한다.

첫째, 디지털 인프라에 투자

기업은 고객 데이터 인프라를 구축함으로써 디지털 투자를 시작해야 한다. 디지털화는 1:1 개인화 및 예측 마케팅과 같은 많은 새로운 전술을 쓸 수 있게 해준다. 그러나 이런 전술의 기본은 고객을 신속하고 역동적으로 이해하는 것이다. 따라서 기업에는 빅데이터를 실시간으로 관리하고 분석할 수 있는 기술이 필요하다.

기업은 또 비즈니스 프로세스를 혁신해야 한다. 디지털화는 단순히 현재 작업을 자동화하는 것으로 끝나지 않는다. 종종 새로운 디지털 현실에 맞게 전체 비즈니스를 재설계해야 한다. 특히 아날로그적 취향을 가진 디지털 이주민 기업은 그동안 디지털화가 필요한 실물자산을 축적해왔는데, IoT를 통해 이런 자산을 디지털로 연결하면 자산 가치가 상승한다. 기업은 스마트 빌딩이나 차량용 IoT 플랫폼인 스마트 플릿smart fleet을 활용하여 진정한 옴니채널 경험을 제공할 수 있다.

둘째, 디지털 고객 경험 개발

포스트 코로나 시대에는 디지털 고객 경험을 구축하는 기업이 번창할 것이다. 따라서 디지털화가 기본적인 고객 참여 수준에서 멈추면 안 된다. 마케팅에서 판매, 유통, 제품 공급 및 서비스에 이르기까지 고객 접점을 아우르는 모든 면에서 디지털화가 일어나야 한다. 이런 모든 디지털 접점은 동시 통합된synchronized 고객 경험을 할 수 있게 조직돼야 한다.

그러나 무엇보다 중요한 것은 가치 창출 방법, 즉 고객 경험을 통해 수익을 창출하는 방법을 재고해야 한다는 것이다. 디지털 사업의 경제 형태는 이전 경제 형태와 완전히 다르다. 기업은 모든 제품의 구독형 서비스, 전자 시장, 주문형 모델과 같은 신생 비즈니스 모델의 도입을 고려해야 한다.

셋째, 강력한 디지털 조직 구축

디지털 전환의 성공을 좌우하는 가장 중요한 요소는 조직이다. 직원들은 원격으로 작업하고 가상으로 다른 직원들과 협업할 수 있는 디지털 도구를 사용할 수 있어야 한다. 전환 과정에 있는 기존 기업에서는 이 새로운 디지털 도구가 기존 IT 시스템과 통합돼야 한다.

기업은 조직 내 학습 속도를 가속화하기 위해서 데이터 사이언티스트, UX 디자이너, IT 설계자 등 새로운 디지털 인재를 채용해야 한다. 또 종종 디지털 전환을 가로막는 문화적 장벽에 초점을 맞춰야 한다. 기업은 신속한 실험과 함께 사업 관리자와 디지털 인재 간의 지속적인 협입이 이뤄지는 애자일 문화를 조성해야 한다.

디지털 리더십 강화 전략

고객의 기대치가 높아진 상황에서 옴니 사분면에 속하는 기업은 가만히 있어서는 안 된다. 다른 기업들의 추격을 받는 이들은 수준을 높이라는 압박을 받는다. 디지털 고객인 Y세대와 Z세대가 더는 기본적인 것에 만족하지 않기 때문이다. 기업은 첨단기술을 활용해 고객이 새로운 경험을 할 수 있게 해줘야 한다.

첫째, 차세대 기술의 채택

옴니 기업에 소셜 미디어 및 전자상거래 플랫폼에서의 콘텐츠 마케팅은 위생요인으로 간주된다. 즉, 이것이 없으면 경쟁 자체가 불가능하다. 기업은 경쟁력을 강화하기 위해 아직 주류화되지 않은 더 첨단의 기술을 채택해야 한다. 또 마케팅 활동을 활성화하기 위해 AI를 사용하는 방안도 고려해야 한다. 예를 들어 챗봇과 음성 도우미의 성능을 높일 수 있게 NLP 기술을 사용할 수 있다.

AI, 생체인식 기술biometrics, 센서와 IoT의 조합은 기업이 각 개인에 맞춰 상호작용하는 바로 그 순간의 맥락을 반영해서 물리적 접점을 디지털화하는 데 유용하다. 증강현실과 가상현실을 활용하면 더 다양한 마케팅 캠페인과 제품 탐색이 가능해진다. 이런 기술은 판도를 바꿀 수 있으며, 그런 기술을 선도적으로 채택하는 건 디지털 리더의 책임이다(차세대 기술에 대한 자세한 내용은 6장 참조).

둘째, 새로운 고객 경험 소개

고객이라면 누구나 마찰 없는frictionless 여정을 꿈꾼다. 과거에 오프라인에서 온라인으로 전환하거나 아니면 그 반대로 오프라인에서 온라인으로 전환하는 건 매우 고통스러웠다. 고객과 제품이 만나는 접점들이 각기 분리되어 개별적으로 기능했기 때문이다. 고객 파악이 즉시 되지 않았고, 고객은 채널 사이를 이동할 때마다 자신을 알려야 했다. 그러나 디지털화 덕분에 마침내 전체 가치가 부분의 합보다 더 큰, 마찰 없는 고객 경험을 실현할 수 있게 됐다. 이것이 새로운 고객 경험이다.

기업은 정보 제공, 상호작용, 몰입감 생성이라는 세 가지 차원에서 새로운 고객 경험을 전달히는 데 주력해야 한다. 고객이 답을 찾고, 대화를 갈망하고, 감각적인 경험을 할 기회에 둘러싸일 때마다 기업은 새로운 고객 경험을 제공할 준비가 되어 있어야 한다(새로운 고객 경험에 대한 자세한 설명은 7장 참조).

셋째, 디지털 퍼스트 브랜드로서의 입지 강화

'디지털 퍼스트digital first' 브랜드는 모든 역량을 동원해서 다른 고객보다 디지털 고객의 욕구를 우선 해소해주려고 하는 브랜드를 말한다. 첨단기술 기업이 되거나 최고의 IT 인프라를 갖췄다고 해서 자동으로 그런 브랜드가 되는 건 아니다. 디지털 퍼스트 브랜드가 되려면 모든 것에서 디지털을 중심에 놓는 종합적 비전과 전략을 갖춰야 한다. 그리고 고객 경험을 설계할 때는 오프라인 세계와 온라인 세계를 잇는 데 초점을 맞춰야 하며, 이때는 디지털 자산을 구축하는 것을 최우선 과제로 삼아야 한다. 따라서 디지털 제품을 가장 먼저 출시해야 하며, 무엇보다 조직 내 모든 구성원과 공정이 '디지털로 갈 준비digital-

그림 5.6 | 디지털화 전략

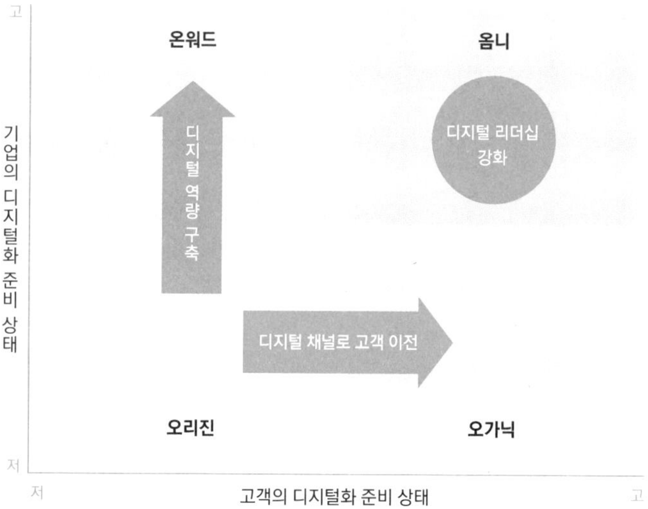

기업의 디지털화 준비 상태

고객의 디지털화 준비 상태

온워드

옴니

디지털 리더십 강화

디지털 역량 구축

디지털 채널로 고객 이전

오리진

오가닉

고

저

저

고

ready'가 되어 있어야 한다(그림 5.6).

코로나19로 인해 고객은 진정한 디지털 퍼스트 브랜드와 원하는 브랜드를 구분할 수 있게 됐다. 기업들은 갑작스러운 팬데믹의 발발에 대비가 되어 있지 않았다. 하지만 디지털 퍼스트 브랜드는 별도의 노력을 기울이지 않아도 위기 때 번창한다.

SUMMARY

모든 상황에 맞는 만능 전략은 없다

코로나19 팬데믹은 예기치 않게 전 세계의 디지털화를 가속화했다. 기업과 시장은 이동의 제한에 적응할 수밖에 없게 되자 디지털에 대한 의존도를 높였다. 팬데믹은 기업에 디지털화 노력을 미뤄서는 안 된다는 걸 알려주는 경종 역할을 해줬다. 디지털 네이티브들이 전 세계 시장을 장악했으니 디지털로 갈 준비가 된 조직은 다음에 일어날 일에 대한 대비를 끝낸 셈이다.

그러나 디지털화에 관한 한 만능 방법 같은 건 존재하지 않는다. 어떤 산업, 어떤 기업이건 간에 디지털 성숙 상태가 저마다 다르기 때문이다. 따라서 가장 먼저 기업이 관심을 끌려고 경쟁하고 있는 고객층의 디지털 준비 상태를 평가해봐야 한다. 다음으로는 기업의 디지털 역량을 자체

적으로 평가해야 한다. 기업은 이 평가 결과에 따라 고객 이전과 디지털

전환 전략을 포함해 다양한 전략을 수립하고 실행해야 한다.

생각해 볼 질문 들

✓ 조직과 고객의 디지털 준비 상태를 모두 평가해보라. 당신의 조직은 디지털로
  전환할 준비가 얼마나 되어 있는가?
✓ 조직의 디지털 준비 상태를 개선하고 디지털로 전환할 계획을 세워보라.

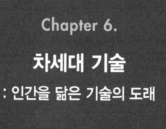

Chapter 6.

차세대 기술

: 인간을 닮은 기술의 도래

"앞으로 10년 안에 주류로 부상할 차세대 기술은 마켓 5.0 시대를 여는 실마리가 될 것이다. 원격 기술은 기업이 지리적 장애물을 극복하게 도와줄 수 있고, 블록체인을 이용하면 금융서비스 등 데이터에 민감한 산업의 보안이 강화된다. 또한 로봇공학과 IoT는 위험한 환경에서 사람이 일할 필요성을 줄여줄 수 있다. 하지만 가장 중요한 건, 차세대 기술이 좀더 인간적인 마케팅 접근 방법을 가능케 한다는 것이다."

제2차 세계대전 중에 독일군은 군사 통신을 암호화하기 위해 에니그마 암호기를 광범위하게 사용했다. 영국과 연합군은 과학자들을 동원해 봄베라는 기계를 만든 뒤, 서둘러 독일군의 암호 해독에 나섰다. 그들은 몇 번의 시도 끝에 결국 봄베를 '훈련'시켜 마침내 암호를 해독하는 데 성공했다. 당시 암호 해독에 참여했던 과학자 중 한 명이 AI 분야의 초대 사상가로 널리 알려진 수학자 앨런 튜링Alan Turing이다. 그는 개인적으로 경험을 통해 배울 수 있는 기계를 만들어 기계학습을 위한 길을 열겠다는 목표를 세웠다.

초창기 AI가 제2차 세계대전에서 연합군의 승리에 기여한 방식과 마찬가지로, 기술은 비즈니스에 힘을 실어주고 이전에는 불가능했던 일을 할 수 있게 도와줄 것이다. 앞으로 10년 안에 주류로 부상할 차세대 기술next tech은 마켓 5.0 시대를 여는 실마리가 될 것이다. 기업을 과거의 비즈니스 한계에서 벗어나게 해주며, 인간이 실수하기 쉬운 지루하고 반복적인 작업은 자동화할 수 있게 해준다. 원격 기술은 기업이 지리적 장애물을 극복하게 도와줄 수 있고, 블록체인을 이용하면 금융서비스 등 데이터에 민감한 산업의 보안이 강화된다. 또한 로봇공학과 IoT는 위험한 환경에서 사람이 일할 필요성을 줄여줄 수 있다.

하지만 가장 중요한 건, 차세대 기술이 좀더 인간적인 마케팅 접근 방법을 가능케 한다는 것이다. 예를 들어 부동산 분야에서 활동하는 기업은 증강현실과 가상현실 또는 혼합현실MR. Mixed Reality(현실 세계에 가상현실이 접목되어 현실의 물리적 객체와 가상 객체가 상호작용할 수 있는 환경 – 옮긴이)을 통해 고객에게 제품과 서비스를 시각화해 보여줄 수 있다. 또한 센서와 인공지능을 이용해 안면인식 기반의 광고판 같은 맞춤형 콘텐츠도 제공할 수 있다.

실현가능해진 차세대 기술

우리는 차세대 기술 중 다수가 이미 50여 년 전에 발명됐다는 사실을 직시할 필요가 있다. 예를 들어 AI, NLP, 프로그래밍이 가능한 로봇공학은 1950년대부터 존재했고 안면인식에 대한 연구는 1960년대부터 시작됐다. 하지만 이 기술들이 최근 몇 년 사이에 주목받게 된 이유는 무엇일까? 이 질문에 대한 답은 '기술적 구현 능력enabling technologies'이 강력해졌다는 데서 찾을 수 있다.

과거 컴퓨터는 지금만큼 성능이 뛰어나지 않았고, 데이터 저장 장치는 부피가 크고 가격도 비쌌다. 하지만 처리 능력, 오픈 소스 소프트웨어, 인터넷, 클라우드 컴퓨팅, 모바일 기기, 빅데이터라는 여섯 가지 구현 능력이 성숙해지면서 차세대 기술의 등장이 가능해졌다(그림 6.1).

그림 6.1 | 차세대 기술의 여섯 가지 구현 요인

처리 능력

기술이 발전하면서 더욱 강력하면서도 비용 효율적인 하드웨어의 필요성이 커졌다. 특히 고효율 그래픽처리장치GPU, Graphics Processing Unit의 성능이 급격히 개선되면서 AI처럼 전력 소모가 많은 기술을 운용할 수 있게 됐다. 반도체 기술이 발전하면서 프로세서의 크기가 줄어들자 처리 능력이 개선됐고 에너지 소비는 감소했다. 그러자 자율주행차나 로봇에서처럼 AI 기계는 작고 국지적으로 설치되더라도 실시간 반응이 요구되는 애플리케이션을 구동시킬 수 있게 됐다.

오픈소스 소프트웨어

강력한 하드웨어를 실행하기 위해서는 그만큼 강력한 소프트웨어 시스템이 필요하다. AI용 소프트웨어를 개발하기까지 몇 년의 시간이 필요했다. 이때 오픈소스 소프트웨어가 개발 공정 속도를 올리는 데 중요한 역할을 한다. 마이크로소프트, 구글, 페이스북, 아마존, IBM 등의 대기업들은 협업을 통해 자체적으로 AI를 연구하는 동시에 알고리즘을 오픈소싱해왔다. 덕분에 전 세계 개발자 커뮤니티는 더 빠르게 시스템 성능을 개선하고 속도를 높일 수 있었다. 이와 유사한 오픈소스 모델들이 로봇공학, 블록체인, IoT에 적용된다.

인터넷

지금까지 개발된 기술 중 가장 혁신적인 기술이 인터넷일 것이다. 광케이블 가입자망FTTH과 5G 무선 기술 간의 네트워크 융합이 늘어나고 있는 인터넷 대역폭에 대한 수요를 충족시켜 준다. 인터넷은 수십억 명의 인간만이 아니라 기계들도 서로 연결해주며, IoT와 블록체인 등 네트워킹 관련 기술의 기반이 된다. AR, VR, 음성인식 비서 등 인터랙티브 기술이 원활히 작동하기 위해서는 네트워크 지연 시간이 짧아야 하므로 초고속 인터넷에 대한 의존도가 상당히 높다.

클라우드 컴퓨팅

또 다른 중요한 구현 요인은 컴퓨터 시스템, 특히 웹상에서 소프트웨어와 저장 공간을 공동으로 사용할 수 있게 해줌으로써 사용자의 원격 작업을 지원해주는 클라우드 컴퓨팅이다. 코로나19 팬데믹으로 어쩔 수 없이 원격 근무를 실시하게 되면서 클라우드 컴퓨팅의 중요성은 더욱 커졌다.

클라우드 컴퓨팅을 이용하는 기업은 AI와 같은 복잡한 애플리케이션을 돌리기 위해 값비싼 하드웨어와 소프트웨어에 투자할 필요가 없다. 대신 일반적으로 클라우드 컴퓨팅 회사가 제공하는 서비스에 가입하고, 인프라를 공유해서 쓰면 된다. 고객 요구가 커지면 구독을 늘리는 식으로 유연하게 대응할 수 있다. 게다가 클라우드 컴퓨팅 서비스 제공 업체가 정기적으로 인프라를 업데이트해주기 때문에 기업은 최신 기술을 따라갈 걱정을 하지 않아도 된다. 아마존, 마이크로소프트, 구글, 알리바바, IBM 등 5대 대기업이 클라우드 컴퓨팅 시장을 장악하고 있다.

모바일 기기

모바일 기기의 성능이 좋아지면서 여러 대의 컴퓨터를 연결하여 상호 협력하게 함으로써 처리 능력의 성능과 효율성을 올려주는 '분산 컴퓨팅distributed computing'이 트렌드로 자리 잡았다. 고가에 고성능인 하이엔드 스마트폰 성능이 PC만큼 강력해질 정도로 모바일 컴퓨팅mobile computing의 수준이 대폭 발전하면서 스마트폰을 이용해 컴퓨터 작업과 인터넷 접속을 하는 사람들이 현저히 늘어났다. 늘 지니고 다니는 기기인 만큼 장소에 구애받지 않고 작업을 할 수 있게 됐고, 이동 중의 생산성도 향상됐다. 고객 경험을 분산해서 전달할 수도 있게 됐다. 오늘날 스마트폰은 안면인식, 음성인식, AR, VR, 심지어 3D 프린팅에서도 강력한 성능을 발휘한다.

빅데이터

빅데이터는 퍼즐을 완성하는 마지막 조각의 기능을 한다. AI 기술은 기계를 훈련시키고, 알고리즘을 수시로 개선하기 위해서 엄청난 양의 광범위하고 다양한 데이터를 요구한다. 특히 모바일 기기에서 매일 사용하는 웹 브라우저, 이메일, 소셜 미디어 및 메시징 애플리케이션이 그런 데이터를 제공해준다. 이런 외부 데이터는 고객의 심리와 행동패턴을 알려줌으로써 제품이나 서비스에 관한 내부 거래 데이터를 보완해준다. 인터넷 기반 데이터의 훌륭한 점은 기존 시장조사 데이터와 달리 온라인에서 실시간으로 대규모 수집이 가능하다는 점이다. 또한 데이터 저장에 드는 비용이 갈수록 낮아지고 저장 용량이 빠른 속도로 늘어나면서 대량의 정보를 쉽게 관리할 수 있게 됐다.

지금까지 설명한 여섯 가지 상호 관련된 기술의 가용성과 경제성 덕분에 학계와 기업 연구소에서는 차세대 기술을 알아보고자 하는 동기를 부여받았다. 이와 함께 과거 휴면 상태였던 첨단기술이 성숙 단계에 이르러 대규모로 채택됐다.

인간은 비할 데 없는 인지 능력을 갖춘 특별한 존재다. 어려운 결정을 내리고, 복잡한 문제를 해결할 수 있다. 하지만 무엇보다 중요한 것은 경험으로부터 배울 수 있다는 사실이다. 우리 뇌는 지식을 습득하고, 과거 경험과의 관련성을 찾고, 종합적인 관점을 발전시키는 등의 '맥락적 학습contextual learning'을 통해서 인지 능력을 개선한다.

인간의 학습방법은 매우 복잡하다. 인간은 오감 모두를 통해 자극을 받는다. 언어와 시각적 단서를 활용해서 가르치고 배우며, 촉각·후각·미각을 통해 세계에 대한 인식을 향상시킨다. 또한 글을 쓰고, 걷고, 운동 기능 등을 수행할 수 있게 정신운동psychomotor 훈련도 받는다. 이 모든 학습은 평생 진행된다. 결과적으로 인간은 환경의 자극에 따라 의사소통을 하고, 감지하고, 움직일 수 있다.

과학자와 기술자들은 오랫동안 인간과 흡사한 능력을 갖춘 기계 제작에 집중해왔다. AI 기계학습은 맥락적 학습방식을 모방하려고 노력한다. AI 엔진은 스스로 학습하도록 설계되지는 않았다. 인간과 마찬가지로 AI 역시 알고리즘을 사용하여 배워야 할 대상에 대해 교육을 받아야 한다. AI는 맥락적 사례 역할을 하는 빅데이터로부터 관련성을 찾으며, 알고리즘을 '이해'함으로써 데이터에 대해 완벽한 감을 잡을 수 있다.

센서는 인간의 감각을 모방하여 학습을 돕는 역할을 한다. 예를 들어 안면인식과 이미지인식은 기계가 인간이 사용하는 시각적 학습 모델에 따라 물체를 구별하게 도와줄 수 있다. 컴퓨터의 인지 기술은 기계가 NLP를 통해 사회적 의사소통을 흉내 내고, 로봇공학을 통해 실제로 움직일 수 있게 해준다. 기계는 아직 인간과 같은 수준의 의식과 수완을 갖추지 못했지만 내구성과 신뢰성이 뛰어나기 때문에 단기간에 방대한 양의 지식을 습득할 수 있다.

인간이 가진 특별함은 인지 능력에서 끝나지 않는다. 인간은 구체적인 형태가 없는 윤리, 문화, 사랑 같은 추상적인 개념을 이해할 수 있다. 추론reasoning을 뛰어넘는 이런 상상력은 인간을 더 창의적으로 만들며, 이성적이고 합리적이라고 여겨지는 행동을 하지 않도록 만들기도 한다. 게다가 인간은 매우 사회적이다. 우리는 직관적으로 집단을 형성하고 타인과 관계 맺는 걸 좋아한다.

기계 역시 인간이 가진 이런 측면의 능력을 훈련받고 있다. 예를 들어 AR과 VR은 온라인과 오프라인이라는 두 가지 현실을 서로 겹쳐 보면서 인간의 상상력을 흉내 내려고 한다. 인간은 또 IoT와 블록체인을 개발해서 기계들끼리 서로 어울리게 할 방법을 구상하고 있다.

우리는 이런 첨단기술을 차세대 기술이라고 부른다. AI, NLP, 센서 기술, 로봇공학, 혼합현실, IoT, 블록체인이 그런 기술들인데, 인간의 능력을 복제함으로써 미래의 마케팅에 힘을 실어줄 것이다(그림 6.2).

그림 6.2 | 생체공학 - 기술이 인간을 모방하는 여섯 가지 방법

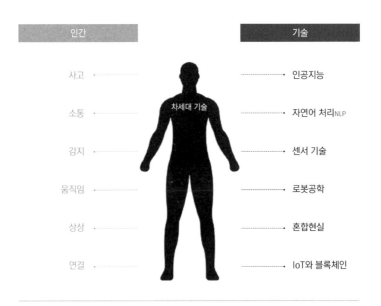

인공지능

AI는 어쩌면 가장 인기가 있으면서도 가장 덜 알려진 기술일 것이다. 공상과학 영화에서 보는 것처럼, AI를 인간의 지능과 같은 수준으로 간주하면 위협적으로 느껴지기도 한다. 이처럼 특정 문제뿐 아니라 인간처럼 주어진 모든 상황에서 생각과 학습을 하고 창작하는 능력을 갖춘 AI를 '범용 인공지능AGI, Artificial General Intelligence'이라고 하는데, 이를 개발하는 데에만 최소 20년이 넘게 걸릴 것이다.

하지만 굳이 그렇게까지 정교할 필요는 없다. AI는 이미 제한적인 범위 내에서 적용이 일반화됐고, 몇몇 산업에서는 일상적인 작업을 자동화하는 데까지 광범위하게 활용하고 있다. 금융서비스 업체들은 AI를 이용해서 부정행위를 자동 탐지하고, 신용점수를 산출한다. 구글은 사용자가 검색창에 각 문자를 입력하더라도 AI로 검색어를 추천해준다. 아마존은 도서 추천에, 우버는 시장 상황이나 특정 소비층의 지불 능력에 따라 가격이 바뀌는 '가변적 가격 책정dynamic pricing' 방식을 운용하는 데 AI를 활용한다.

아직 제한적이긴 하지만, AI는 컴퓨터 알고리즘을 사용하여 한때 인간의 지능이 필요했던 특정 작업을 수행한다. 컴퓨터의 학습방식은 감독을 받을 때도 있지만 그러지 않을 때도 있다.

감독을 받는 학습을 수행할 때는 인간 프로그래머가 '입출력 input-out'이나 '만약 ~하면 ~해라if-then' 식으로 알고리즘을 매핑한다. 그 초기 형태는 주로 고객서비스용 챗봇에서 찾을 수 있는 '전문가 시스템expert system'이다. 고객은 이런 챗봇과 상호작용할 때 미리 정해진 목록에 수록된 질문만 던질 수 있다. 따라서 업무 과정이 반복적이고 표준화된 기업일수록 전문가 시스템을 자동화에 더 잘 활용할 수 있다.

감독을 받지 않는 AI 학습의 경우, 인간의 개입이 최소화된 상태에서 AI가 과거의 역사적 데이터를 입력해주면 컴퓨터는 이전에 알려지지 않은 패턴을 학습하고 발견한다. AI는 비정형화된 데이터unstructured data를 분석하여 정형화된 정보structured information로 변환한다. 마케팅 분야에도 다양하게 응용할 수 있는데, 가장 중요한 응용 방법 중 하나는 빅데이터에서 얻은 통찰을 해석하는 것이다. AI는 소셜 미디어 게시물과 거래기록 등의 기타 행동 데이터를 바탕으로 고객을 데이터 세트를 구성하는 단위인 클러스터cluster로 묶어, 기업이 데이터를 중심으로 시장 세분화와 타기팅을 할 수 있게 지원해준다. 기업이 제품 추천, 가격 책정, 콘텐츠 마케팅 캠페인 등에서 맞춤형 개인화 서비스를 제공할 수 있게 해주는 기반이다. 고객이 이런 서비스에 반응하면 컴퓨터는 계속해서 알고리즘을 학습하고 수정해나간다.

아직 AGI가 가능하지는 않지만, 기업 내 AI를 통합하는 건 가능하다. 온라인 결제 회사인 알리페이Alipay의 모회사이자 알리바바의 계열사인 앤트파이낸셜Ant Financial의 예를 보자. 이 회사는 AI 등의 지원 기술을 활용해서 결제보안, 금융자문, 대출 승인, 보험금 청구 처리, 고객서비스, 위험관리 등 핵심 업무 과정을 모두 자동화했다. 예를 들어 이미지인식과 기계학습방법을 통해 자동차 보험을 재설정한다. 고객이 스마트폰 사진과 함께 자동차 보험 청구서를 제출하면, AI 엔진이 이미지를 분석하고 요청의 적절성 여부를 판단한다.

AI는 단순히 자동화의 두뇌에 불과하다. 따라서 차세대 고객 경험을 제공하기 위해서는 로봇공학, 안면인식, 음성인식, 센서 등의 기술과 연동돼야 한다. 과거 컴퓨팅 연구소의 영역에 있던 AI는 이제 고객의 일상생활로 광범위하게 진출했다. 다만 AI가 가치를 창출해주더라도 그것을 신중하게 관리해야 한다. 인간의 선호와 과거 결정으로부터 생긴 편견이 AI 알고리즘에 은연중 반영될 수 있기 때문이다. 포용적 개발 없이는 AI가 소득 불균형을 더욱 심화시킬 수 있다.

자연어 처리

또 다른 흥미로운 발전은 NLP 분야에서 진행 중이다. NLP

란 기계들에 문어와 구어를 모두 포함하는 인간의 의사소통 방식을 복제하도록 가르치는 것이다. NLP는 특히 음성인식 비서 voice assistant처럼 언어 입력이 필요한 AI를 개발하는 데 중요하다. 한편으로는 자연적 형태의 인간 언어가 종종 모호하고, 복잡하며, 여러 겹으로 이루어져 있다는 점에서 도전적인 과제이기도 하다. 기계에 언어의 뉘앙스를 가르치려면 많은 양의 실제 대화 대본과 비디오 녹화본이 필요하다.

NLP는 챗봇에 가장 광범위하게 적용되며, 서비스와 판매 분야 모두에서 활용되고 있다. 특히 등급이 낮은lower-tier 고객으로부터 걸려온 전화에 응대하거나 텔레마케팅을 진행할 때 많은 돈을 아낄 수 있다. 차량공유 업체인 리프트나 세포라, 스타벅스 같은 회사들은 이미 주문 접수와 고객과의 상호작용에 챗봇을 이용하고 있다. 기업 간 거래B2B, Business-to-Business 분야에서는 소프트웨어 기업인 허브스팟HubSpot과 래피드마이너RapidMiner 등이 챗봇을 이용하여 '잠재 고객의 구매 가능성을 예측qualify lead'하고, 그 결과에 따라 적절한 후속 채널로 안내한다. 왓츠앱WhatsApp, 페이스북 메신저Facebook Messenger, 위챗WeChat 등 온라인 메시징 플랫폼의 인기가 챗봇의 유행에 크게 기여했다. 마찬가지 이유로, 사람들은 다른 사람들과 채팅하는 것처럼 챗봇과 소통할 수 있기를 기대한다.

NLP가 그토록 중요한 이유가 이 때문이다. 미리 준비된 선택지나 항목들 가운데서 답을 고르거나 제한된 수만큼의 단어로 답하도록 구성된 폐쇄형closed-ended 질문에만 답할 수 있는 단순 챗봇과 달리, NLP 구동 챗봇은 임의적인 질문을 해석하고 그에 답할 수 있다.

NLP는 오타, 속어, 약어와 같은 이른바 '노이즈noise' 같은 것들이 포함되어 있어도 챗봇이 채팅 메시지를 이해할 수 있게 해준다. 예를 들어 성능이 뛰어난 챗봇은 비꼬는 말을 탐지할 수 있을 만큼 감정까지 이해할 수 있으며, 모호한 단어의 의도된 의미를 유추해서 문맥을 파악할 수도 있다.

음성인식 기술 덕분에 기계는 구두 명령에 반응하는 데 훨씬 더 능숙해졌다. 이미 다수의 음성인식 비서가 등장했다. 아마존 알렉사Amazon Alexa, 애플 시리Apple Siri, 구글 어시스턴트Google Assistant, 마이크로소프트 코타나Microsoft Cortana가 대표적이다. 이런 응용 프로그램들은 이미 간단한 질문에 답하고 여러 가지 언어로 명령을 실행할 수 있다. 2018년, 구글이 주최하는 전 세계 프로그램 개발자 회담인 구글 I/O에서 선보인 듀플렉스Duplex가 그 예다. 듀플렉스는 가상 비서가 자연스러운 대화를 얼마나 원활하게 수행할 수 있는지를 보여주었다. 미용실이나 레스토랑에 전화를 걸어 예약하려고 할 때, 음성인식 비서는 로봇 음색을 배제한 채 '음'과 '암'처럼 대화를 잠시 중단할 때 쓰는 표현들까지 곁들여서 대화를 더 실감 나게 해준다.

최근에 이뤄낸 이런 발달로 음성인식 비서를 통해 검색하고 쇼핑하는 고객이 크게 늘었다. 비서는 여러 제품을 비교하여 과거의 결정을 토대로 구매할 브랜드를 추천해준다. 과거에 구매한 제품이 많을수록 제안의 정확성이 높아진다. 이처럼 완전히 새로워진 쇼핑 방법에 대비하려면 브랜드는 빅데이터를 수집해서 사용자 기호가 반영된 구매 알고리즘을 준비해두어야 한다.

센서 기술

컴퓨터는 텍스트와 음성인식뿐만 아니라 이미지와 안면인식을 통해서도 학습한다. 소셜 미디어 시대에 높아진 사진과 셀카에 대한 인기가 이런 추세를 부채질하고 있다. 간단히 말해서, 이미지 인식은 이미지를 스캔하여 웹이나 데이터베이스에서 닮은 것을 찾는 기술이다. 대표적인 검색엔진인 구글이 이미지를 이용해 검색할 수 있는 이미지 인식 기능을 개발했다.

이미지 인식의 응용 범위는 어마어마하다. 예를 들어 기업은 수백만 개의 소셜 미디어 게시물을 둘러보다가 자신의 브랜드를 사서 소비하는 사람들의 사진을 스캔하여 감사 편지를 보낼 수 있다. 또 경쟁 브랜드를 쓰는 사람들을 찾아내 브랜드 전환을 권유할 수 있다. 이런 식의 고도로 표적화된 광고는 시장점유율을 높이는 데 매우 효과적인 방법이다.

영국의 테스코는 이미지 인식 센서를 광범위하게 활용하여 고객의 구매 욕구를 더 높이기 위해서 선반에 상품을 어떻게 배치하면 되는지를 보여주는 상품 진열도를 개선했다. 테스코는 로봇을 배치해서 선반 위 상품들 사진을 찍고 이미지를 분석하여 재고 상태와 잘못된 상품 배치 여부를 알아낸다. 이미지 인식 기능은 고객 경험을 개선하는 데에도 역시 유용하다. 예를 들어 고객은 선반 위 상품을 스캔함으로써 AI 엔진으로부터 상품에 대한 자세한 정보를 받을 수 있다. 테스코는 이 밖에도 술과 담배 구매자들의 나이를 확인하기 위해 계산대에 안면인식 카메라를 설치할 계획이다. 이 기술은 무인 셀프 계산대도 운영할 수 있게 해준다.

안면인식 소프트웨어의 또 다른 사용 사례는 디지털 광고판이다. 광고주는 고객의 인구통계학적 양태와 정서적 상태를 파악할 수 있다면 적절한 콘텐츠를 제공하기가 쉬울 것이다. 여기에 안면인식으로 콘텐츠에 대한 반응을 포착할 수 있다면 더 나은 광고를 만드는 데 도움이 될 것이다.

센서 배치에 관심이 많은 또 다른 분야는 자율주행차다. 구글 계열의 웨이모Waymo 같은 기술 기업들은 GM크루즈GM Cruise,

포드오토노머스Ford Autonomous, 아르고AI Argo AI 등 자동차 제조사들의 지원을 받는 업체들과 자율주행차 분야에서 경쟁하고 있다. AI에게 주변 상황을 이해시키기 위해서 자율주행차는 센서에 상당 수준 의존할 수밖에 없다. 자율주행차는 일반적으로 차량 곳곳에 설치한 카메라, 레이더, 초음파, 라이다LiDAR(라이트 Light와 레이더Radar의 합성어로 레이저를 목표물에 방출하고 빛이 돌아오기까지 걸리는 시간과 강도를 측정해 거리, 방향, 속도, 온도, 물질 분포 및 농도 등의 특성을 감지하는 기술 - 옮긴이)라는 네 가지 유형의 센서를 이용하여 거리를 측정하고, 도로 차선을 식별하며, 주변의 차량을 감지한다.

자율주행차에는 안전성을 높이고 차량 관리를 돕기 위해 여러 센서가 부착된 텔레매틱스Telematics(자동차와 무선통신을 결합한 새로운 개념의 차량 무선 인터넷 서비스 - 옮긴이) 시스템도 설치된다. 텔레매틱스는 특히 물류와 공급망을 최적화하는 데 유용하다. 소유자는 매일 GPS 패턴, 주행 시간과 거리, 연비 등에 대한 정보를 받으면서 자율주행차의 상태를 관리할 수 있으며 차 정비 시기에 대한 연락도 받을 수 있다. 프로그레시브Progressive나 가이코GEICO 같은 보험 회사들 역시 텔레매틱스를 이용해서 주행 거리에 따라 보험료를 추가로 할인해주는 상품을 판매한다.

로봇공학

1960년대 이후 선진국 대기업들은 로봇을 주로 백엔드를 자동화하는 데 이용했다. 자동화 로봇은 노동집약적인 특성이 있어서 제조업 분야에서 가장 큰 비용 절감 효과를 내는 것으로 나타났다. 최근 들어 임금 수준은 높아진 반면 로봇 가격은 낮아져 그런 효과가 더 커졌다. AI의 발전으로 산업용 로봇이 처리할 수 있는 업무의 범위도 넓어졌다. 로봇의 내구성과 유연한 업무 시간별 활용성이 생산성 향상으로 이어지면서 자동화를 하고자 하는 기업의 동기는 더욱 강해졌다.

최근 몇 년 동안 기업은 마케팅 연습 차원에서 고객 대면 인터페이스에서 인간 대신 로봇을 써보려고 시도해왔다. 특히 일본이 로봇 개발에 앞서나가고 있는데, 자국민이 고령화되는 상황에서 이민자를 받아들이는 데 소극적인 경향이 있기 때문이다. 토요타와 혼다 같은 일본의 자동차 회사들은 노인을 돌봐주는 케어봇carebot에 투자하고 있다. 소프트뱅크가 개발한 로봇 페퍼Pepper는 양로원과 소매점에서 동료이자 영업 비서 역할을 한다. 네슬레도 로봇을 이용해 커피를 만들고, 팔고, 제공한다.

가장 극단적인 로봇공학 실험은 휴머니티가 중요한 접객 분야에서 진행되고 있다. 잡무를 로봇에 맡겨 직원들이 더 개인화된 고객서비스를 제공하게 하기 위해서다. 미국 버지니아주에 있는 힐튼호텔은 로봇 안내원 코니Connie를 시범 운영했다. IBM 왓슨IBM Watson AI로 구동되는 코니는 호텔 투숙객에게 인근의 명소와 레스토랑을 추천해준다. 캘리포니아주 쿠퍼티노에 있는 알로프트호텔Aloft Hotel은 투숙객에게 비치품과 룸서비스를 제공하는 로봇 집사 보틀러Botlr를 선보였다. 호텔들은 요리에도 로봇을 투입하기 시작했다. 예를 들어 싱가포르에 있는 스튜디오M호텔Studio M Hotel에서는 로봇 요리사가 오믈렛을 만든다.

로봇이라고 하면 종종 인간의 신체와 유사한 모습을 갖춘 로봇인 휴머노이드humanoid를 떠올리지만, 로봇공학이 반드시 물리적 로봇과만 관련이 있는 건 아니다. 점점 더 확산되고 있는 RPA(로봇 프로세스 자동화)는 소프트웨어 로봇공학과 관련이 있다. RPA에서는 가상 로봇이 인간처럼 구체적 지침을 따라 컴퓨터 작업을 수행한다. 기업은 이를 통해 대량의 반복적인 업무 과정을 자동화할 수 있으며 오류도 최소화할 수 있다. RPA는 송장 작성이나 결제 같은 백오피스 재무관리 업무에 자주 활용되며, 직원 교육과 급여 처리 같은 인사관리 업무에서도 유용하다.

영업 분야에서도 여러 가지 방법으로 RPA를 활용할 수 있다. CRM(고객관계관리)이 가장 일반적인 활용 사례에 속한다. 영업 팀은 명함과 종이 보고서 묶음을 디지털 형식으로 쉽게 변환하여 CRM 시스템에 저장해놓을 수 있다. 또한 판매 안내문용 이메일을 자동화하는 데에도 유용하다. 마케팅 분야에서 RPA는 프로그래매틱 광고programmatic advertising에 주로 사용된다. 프로그램이 자동으로 이용자의 검색경로와 검색어 등의 빅데이터를 분석해 이용자가 필요로 하는 광고를 띄워준다. 갈수록 온라인 광고 예산의 비중이 높아지면서 RPA의 인기도 높아지고 있다.

혼합현실

3차원 사용자 인터페이스 혁신 분야에서 AR(증강현실)과 VR(가상현실)을 합친 MR(혼합현실)은 물리적 세계와 디지털 세계 사이의 경계를 모호하게 만들면서 가장 유망한 기술로 부각되고 있다. MR의 목표는 인간의 상상력을 모방하는 것이므로 현재는 주로 오락과 게임에 활용되고 있다. 그러나 일부 기업은 고객 경험을 강화하기 위해 진작부터 MR에 투자해왔다.

AR 안에서 인터랙티브 디지털 콘텐츠는 실제 세계 환경에서 사용자의 눈에 보이는 것 위에 얇게 뒤덮듯 표현된다. 가장 인기 있는 사례가 포켓몬 고Pokemon Go 게임으로, 모바일 화면을 통해서 주변을 볼 때 상상 속의 생명체가 현실 세계의 주변에 있는 것처럼 보인다. 덮어씌울 디지털 콘텐츠의 유형은 지난 몇 년 사이 주로 시각적 그래픽과 소리에서 촉각과 후각적 피드백으로 발전해왔다.

VR은 어떤 면에서 AR의 반대라고 할 수 있다. AR이 디지털 개체digital object를 현실 세계로 가져오는 것과 같다면, VR은 인간을 디지털 세계로 데려가는 것과 같다. VR은 일반적으로 사용자가 보는 것을 가상의 디지털 환경으로 대체해준다. 사용자는 헤드셋을 끼면 롤러코스터를 타거나 외계인을 쏘는 경험을 할 수 있다. VR을 사용하려면 오큘러스 리프트Oculus Rift 같은 전용 헤드셋과 구글 카드보드Google Cardboard 같은 헤드셋을 써야 한다. 소니와 닌텐도의 게임기도 추가 품목으로 VR 기기를 제공한다.

온라인과 오프라인 세계를 섞는 능력은 마케팅 분야의 판도를 바꿔놓을 게임 체인저다. 이런 능력은 MR이 주로 비디오 게임에 뿌리를 내리고 있다는 점에서 매력적인 콘텐츠 마케팅을 전개할 수 있는 무한한 가능성을 열어준다. 기업은 MR을 통해 제품에 재미있고 흥미로운 정보와 이야기를 집어넣을 수 있다. 그러면 고객은 제품을 보면서 사용하는 자신의 모습을 시각화해볼 수 있다. 달리 말하면, 이제 제품 구매를 결정하기도 전에 '소비'해볼 수 있는 것이다.

관광 부문은 사람들이 실제 목적지를 방문하도록 유도하기 위해 가상 투어 서비스를 제공하는 데 MR을 활용한다. 예를 들어 프랑스 루브르박물관은 방문객들이 모나리자를 가까이서 보고, 그림에 얽힌 이야기를 찾아볼 수 있는 가상 체험을 할 수 있게 해준다. 여기에는 타이완의 스마트폰·헤드셋 제조 회사 HTC의 바이브 VR Vive VR 헤드셋이 이용된다. 소매 업체는 MR 을 이용해서 고객이 제품을 가상으로 써보거나 사용 지침서를 받아볼 수 있게 해준다. 예를 들어 가구 회사인 이케아는 판매 제품의 3D 이미지를 제작하여 잠재 구매자가 AR로 가구가 자기 집에 잘 어울리는지를 시각화해서 볼 수 있게 해준다. 주택용품 유통 전문점인 로우스 Lowe's 는 VR을 이용하여 직접 주택을 개조하는 DIY 교육을 제공한다.

자동차 분야에서는 메르세데스-벤츠, 토요타, 쉐보레가 차량의 속도, 연료 잔량, 도로 안내 정보 등을 운전석 전면 유리에 그래픽으로 보여주는 '헤드업 디스플레이 heads-up display' 형태로 AR을 광범위하게 이용하고 있다. 영국 자동차 브랜드인 랜드로버는 전면 유리에 전방 지형의 전체 이미지를 보여주는 식으로 헤드업 디스플레이의 개념을 확장했는데, 운전석에 앉으면 자동차 후드가 투명해 보인다.

토털 슈즈 브랜드인 탐스는 VR이 마케팅뿐만 아니라 사회적 영향을 창출하는 데에도 어떻게 활용될 수 있는지를 보여주는 좋은 사례다. 탐스는 신발 한 켤레를 팔 때마다 신발 한 켤레를 기부하는 정책으로 유명한데, 도움이 필요한 아이들에게 신발을 기부하면 어떤 기분을 느낄 수 있는지를 고객이 VR을 통해 경험할 수 있게 해준다.

IoT와 블록체인

IoT는 기계와 기기 등의 사물에 센서를 부착해 인터넷을 통해 실시간으로 데이터를 주고받는 기술이나 환경을 일컫는다. 휴대전화, 웨어러블 기기, 가전제품, 자동차, 스마트 전기계량기, 감시 카메라가 IoT로 연결된 기기의 예다. 개인은 IoT를 통해 스마트홈의 가전제품을 작동시킬 수 있고, 기업은 원격 모니터링을 하거나 건물과 차량 같은 자산을 관리하는 데 IoT 기술을 이용할 수 있다. 무엇보다 중요한 것은 IoT가 마찰 없는 고객 환경을 제공하게 해준다는 것이다. 이제 모든 물리적 접점이 IoT를 통해 디지털로 연결되기 때문에 마찰이 없는 경험이 가능해진다.

디즈니가 대표적인 사례다. 디즈니는 IoT를 활용해 테마파크에서 마찰을 없애고 고객 경험을 재정의해준다. 매직밴드 MagicBand 팔찌는 마이 디즈니 익스피리언스My Disney Experience 웹사이트와 연결돼 고객 정보를 저장해서 테마파크 티켓, 객실 키, 결제수단 기능을 한다. 밴드는 무선 주파수 기술을 통해 놀이기구, 식당, 상점, 호텔에 설치된 수천 개의 센서와 계속해서 통신한다. 디즈니 직원들은 고객의 움직임을 주시하다가 10여 미터 이내에서 다가오는 손님들을 예측하여 능동적으로 서비스를 제공할 수 있다. 아무 말도 하지 않았는데 직원들이 당신의 이름을 부르며 맞이하는 장면을 상상해보라. 수집된 고객 이동 데이터는 위치 기반 제품 또는 서비스를 설계하거나 고객이 가장 좋아하는 놀이기구를 타는 데 가장 효율적인 동선을 추천할 때 귀중한 자료가 된다.

블록체인은 또 다른 형태의 분산 기술이다. 개방된 분산원장distributed ledger 시스템인 블록체인은 거래 정보를 기록한 원장을 특정 기관의 중앙 서버가 아닌 P2P 네트워크에 분산하여 암호화해 데이터를 기록한다. 블록은 원장의 한 페이지에 해당하며, 완성된 블록은 절대로 변경이 안 되고 체인 내의 다음 블록으로 연결 차례가 넘어간다. 블록체인의 보안은 중재자로서 은행이 없어도 두 당사자 간에 거래가 이뤄지도록 해준다. 또 중앙은행 없이도 비트코인 같은 암호화폐를 발명할 수 있게 해준다.

블록체인이 가진 '안전하고 투명한 기록 유지'라는 특성은 마케팅의 판도를 바꿀 수 있는 요소다. IBM은 소비재 기업인 유니레버와 공동으로 디지털 광고 배치의 투명성을 높이기 위한 블록체인 프로젝트에 착수했다. 미국 전국광고주협회에 따르면, 디지털 미디어에 쓰는 돈 1달러당 30~40센트가 광고 매체에 전달되고 나머지는 중개업체 몫으로 돌아간다. 블록체인은 광고주로부터 매체에 이르는 이 일련의 거래를 추적하여 비효율성을 찾아내는 데 쓰인다. 고객 역시 블록체인을 이용해서 보관해놓은 공급망 거래기록을 통해 '공정무역'이나 '100퍼센트 유기농' 같은 마케팅 문구가 과장인지 아닌지 확인할 수 있다.

고객 데이터를 관리하는 데에도 IoT를 활용할 수 있다. 오늘날 고객 데이터는 여러 회사와 브랜드에 분산되어 있다. 예를 들어 수십 개의 고객 보상 프로그램에 참여 중인 고객이 있다고 해보자. 거래 업체가 서로 다르다 보니 고객은 포인트를 통합해서 의미 있을 만큼 크게 만들기가 어렵다. 그런데 블록체인은 잠재적으로 여러 고객 보상 프로그램을 통합해주는 동시에 프로그램들 안에서 거래와 관련된 마찰도 줄여준다.

인간을 닮은 기술의 도래

지난 수십 년 동안 차세대 기술이 개발되어왔는데, 지금은 다소 휴지기에 들어섰다. 그렇지만 앞으로 10년 안에 이 기술들은 마침내 도약할 것이다. 강력한 처리 능력, 오픈소스 소프트웨어, 초고속 인터넷, 클라우드 컴퓨팅, 유비쿼터스 모바일 기기, 빅데이터 등 모든 기반이 갖춰졌기 때문이다.

첨단기술은 맥락 이해도가 뛰어난 인간의 학습방법을 모방하는 것을 목표로 한다. 인간은 태어나자마자 주변을 감지하고 타인과 소통하는 훈련을 받는다. 그리고 인생 경험을 통해 세상이 어떻게 돌아가는지 전반적으로 이해하게 된다. 이것이 기계학습의 기본이 돼 AI의 발전을 가져올 것이다. 컴퓨터도 센서와 자연어 처리를 통해 같은 방식으로 훈련받고 있다. 빅데이터는 '인생 경험'을 확장해준다. 기계는 AR과 VR로 인간의 상상력을 모방하고, IoT와 블록체인으로 인간의 사회적 관계를 복제하고자 한다.

차세대 기술을 마케팅 분야에 응용하는 것은 매우 중요하다. AI는 기업이 실시간 시장조사를 수행해서 대규모 개인화를 신속하게 진행할 수 있게 해준다. 차세대 기술이 지닌 맥락 이해 능력은 '맥락에 맞춘' 고객 경험을 제공하게 해줄 수 있다. 마케터는 기존 고객의 감정에 맞게 콘텐츠, 제품과 서비스, 소통 방법을 조정할 수 있다. 또 고객의 요구가 있을 때 분산 처리 기능을 통해 실시간으로 서비스를 제공할 수 있다.

생각해볼 질문들

✓ 회사에서 현재 채택하고 있는 차세대 기술은 무엇인가? 회사의 사용 사례를 몇 가지 들어보라.

✓ 앞으로 5년간 회사의 '기술 로드맵'에 대해 생각해봤는가? 어떤 기회와 도전이 있으리라고 예상하는가?

Chapter 7.

새로운 고객 경험

: 기계는 차갑지만 인간은 따뜻하다

"이제 기업은 제품 자체보다 제품과 상호작용하는 새로운 방식에 더 주목할 수밖에 없다. 경쟁에서 이길 수 있는 방법은 제품이 아니라 고객이 제품을 어떻게 평가하고, 구매하고, 사용하고, 추천하느냐로 바뀌었기 때문이다. 고객 경험은 기업이 본질적으로 더 많은 고객 가치를 창출하고 제공할 수 있는 효과적인 방법이 됐다."

2015년 일본에서 문을 연 헨나호텔Henn-na Hotel은 기네스북이 세계 최초의 로봇 직원 호텔로 공식 인정한 곳이다. 호텔 프런트 데스크에는 안면인식 기능이 탑재되고 다국어가 가능한 로봇들이 배치되어 투숙객의 체크인과 체크아웃을 도와준다. 로비에서는 기계 팔이 짐을 보관해준다. 안내원 로봇은 택시 호출을 도와주고, 트롤리 로봇은 객실로 짐을 실어나르며, 가사 로봇은 객실을 청소한다. 대부분의 편의시설도 첨단기술이다. 예를 들어 방마다 안면인식 도어록과 실내 의류용 스팀 옷장이 설치되어 있다.

처음 호텔 측은 직원 부족 문제를 해결하려는 전략 차원에서 로봇을 사용했으며, 최소한의 직원으로만 호텔을 운영할 수 있기에 인건비가 절감될 것으로 기대했다. 그러나 로봇들이 손님들의 불만을 초래하는 여러 가지 문제를 일으켜서 그 문제를 해결하느라 직원들의 업무량이 오히려 늘어나게 됐다. 손님이 제기한 불만 중 한 가지 예를 들자면, 객실 테이블 상판에 설치된 로봇이 코 고는 소리를 문의하는 소리로 착각해서 잠자는 손님을 계속 깨우는 일이 벌어졌다. 결과적으로 호텔은 자동화를 줄이고 로봇의 절반을 '해고'했다.

이 사례는 완전자동화가 가진 한계를 확실히 보여준다. 특히 개인 간의 상호작용 의존도가 높은 접객 산업에서는 모든 접점에서 기계를 쓰는 것이 최선의 선택은 아닐 수도 있다. 인간 사이의 연결이 여전히 필수적이기 때문에 모든 작업을 자동화할 수가 없는 것이다. 로봇은 진정 멋지지만 사람은 따뜻하다는 사실이 입증됐다. 이 두 가지 장점을 결합한 것이 고객 경험의 미래가 될 것이다.

이런 인식은 온라인과 오프라인 채널을 함께 사용하는 고객이 점점 더 늘어나고 있다는 사실로도 뒷받침된다. 맥킨지의 조사에 따르면 전 세계 고객의 44퍼센트가 온라인에서 검색한 후 오프라인 매장에서 구매하는 웹루밍을 하는 반면, 23퍼센트만이 오프라인 매장에서 구경하고 온라인에서 구매하는 쇼루밍showrooming을 하는 것으로 나타났다.

비즈니스 솔루션 기업인 트랜스코스모스Transcosmos가 아시아 10개 주요 도시에서 실시한 또 다른 연구에서는 고객 대부분이 다양한 제품 범주에서 웹루밍과 쇼루밍을 모두 한다는 것을 알아냈다. 이런 식의 하이브리드형 고객 여정은 고객 경험에 하이테크이면서 하이터치인 옴니 방식의 접근을 요구한다.

디지털 세계에서의 고객 경험 재검토

고객 경험이 새로운 개념은 아니다. 1998년 조지프 파인Joseph Pine 과 제임스 길모어James Gilmore가 고객의 경험 데이터를 최대한 활용해서 제품과 서비스를 최대한 개선해 기업의 성장을 이끌 수 있다는 경험경제Experience Economy라는 개념을 처음으로 제시했다. 두 사람은 제품과 서비스를 주요 혁신 수단으로 간주했지만, 거기에서 차별성이 사라지는 바람에 전략을 업그레이드하지 않고선 프리미엄 가격을 더는 책정할 수 없게 됐다고 주장했다.

제품이 가진 기능에 약간만 차이가 있어도 고객이 경쟁업체로 가는 것을 막을 수 있다. 하지만 그것만으로 고객이 더 많은 돈을 내게 만들기는 어렵기에 기업은 한층 더 발전된 경제적 가치를 선사하는 다음 단계인 '경험' 단계로 나아가야 한다는 것이다. 극장에 비유하자면 경험을 중시하는 기업은 제품을 소품으로, 서비스를 무대로 삼아 고객에게 기억에 남는 경험을 선사한다.

이 개념은 디지털화의 물결이 거세지면서 더욱 큰 인기를 얻었다. 무엇보다 인터넷의 특성인 투명성 덕에 고객이 쉽게 비교할 수 있게 되면서 제품과 서비스가 출시 후 얼마 안 가 경쟁력을 잃는 범용화commodization 현상이 빠르게 일어났기 때문이다. 따라서 기업은 기본적인 제품과 서비스 이상으로 고객이 혁신적 경험을 할 수 있게 해줘야 한다. 가장 중요한 것은 고객이 브랜드와의 진정한 연결을 갈망해왔다는 점인데, 이런 연결은 지금처럼 '연결된 시대'에 오히려 보기 드물어졌다. 결과적으로 오늘날 기업들은 인터넷 등의 디지털 기술을 통해 고객과 상호작용하고 협력해야만 한다고 느낀다.

제품이 범용화되면서 기업은 제품을 둘러싼 모든 접점을 혁신하는 데 집중하고 있다. 이제 기업은 제품 자체보다 제품과 상호작용하는 새로운 방식에 더 주목할 수밖에 없다. 경쟁에서 이길 수 있는 열쇠가 제품이 아니라 고객이 제품을 어떻게 평가하고, 구매하고, 사용하고, 추천하느냐로 바뀌었기 때문이다. 고객 경험은 기업이 본질적으로 더 많은 고객 가치를 창출하고 제공할 수 있는 효과적인 방법이 됐다.

실제로 고객 경험은 기업의 성과 창출을 이끄는 주요한 원동력 중 하나다. 세일즈포스가 실시한 한 조사에 따르면 기업과 연결된 고객의 3분의 1이 고객 경험 비용을 추가로 지불할 의사가 있는 것으로 나타났다. 프라이스워터하우스쿠퍼스PwC의 연구 결과에서도 고객 4명 중 3명 가까이는 훌륭한 고객 경험을 느끼게 해주는 회사에 계속해서 충성하겠다고 답했다. 그리고 고객은 더 나은 경험을 누리기 위해서 최대 16퍼센트까지 추가 비용을 지불할 용의가 있다는 것도 밝혀졌다.

5A 고객 경로의 접점 추적

고객 경험이라는 개념이 '제품 혁신'이라는 좁은 범위만을 집중적으로 보강해주는 것이기 때문에 더 넓은 범위에서도 살펴볼 필요가 있다. 고객 경험은 구매 경험이나 고객서비스와만 관련된 것이 아니다. 사실상 고객이 제품을 사기 훨씬 전부터 시작해서 제품을 사고 난 훨씬 뒤까지도 이어진다. 브랜드와의 커뮤니케이션, 소매업에서의 경험, 영업사원과의 상호작용, 제품 사용, 고객서비스, 다른 고객과의 대화 등 고객이 접할 수 있는 모든 접점을 아우른다. 기업은 고객이 의미 있고 기억에 남는 완벽한 경험을 할 수 있게 해주기 위해 이런 모든 접점을 세심히 조직해야 한다.

전작《마켓 4.0》에서 우리는 이런 접점들을 매핑하고, 뛰어난 고객 경험을 창출하기 위한 틀로 5A 고객 경로를 소개했다.

그림 7.1 | 5A 고객 경로

인지Aware	호감Appeal	질문Ask	행동Action	옹호Advocate
고객이 과거 경험, 광고, 다른 사람들의 추천에 의해 브랜드에 노출된다.	고객이 브랜드 메시지를 처리하고 몇몇 브랜드에만 끌린다.	호기심이 생긴 고객은 더 많은 정보를 찾는다.	더 많은 정보로 무장한 고객은 구매하고 사용해볼 브랜드를 결정한다.	시간이 지나서 고객은 충성심을 갖게 되고, 브랜드 옹호를 통해 충성심을 드러낸다.

이 틀은 고객이 디지털 세계에서 제품과 서비스를 사서 소비할 때의 여정을 보여준다(그림 7.1).

이것은 모든 산업에 적용되는 유연한 도구다. 그리고 고객의 행동을 묘사할 때 실제 고객 경로에 더 가까운 그림을 그려준다. 이 틀은 오늘날에도 여전히 적절하며, 전체 고객 경험에서 인간과 기계를 통합하는 방법을 알아볼 수 있는 강력한 기반을 제공한다.

5A는 개인적인 것처럼 보이는 많은 고객의 구매 결정이 본래는 사회적인 결정임을 드러내 준다. 고객은 생활 속도가 빨라

지고 콘텐츠가 급증하여 주의력이 떨어지자 스스로 의사결정을 하는 데 어려움을 겪는다. 그래서 가장 신뢰할 수 있는 사람들, 이를테면 조언을 구할 만한 친구나 가족에게 의지한다. 이제 고객들은 적극적으로 연결되고, 브랜드에 대해 질문하고, 다른 고객에게 브랜드를 추천한다. 결과적으로 브랜드를 유지하고 재구매하는 차원을 벗어나서 브랜드를 옹호해줘야 고객이 충성도를 보인다고 말할 수 있다.

인지Aware 단계에서 고객은 과거 경험, 마케팅 커뮤니케이션, 다른 사람들의 옹호로 인해 수많은 브랜드에 노출된다. 몇 가지 브랜드를 인지한 고객은 이어 자신에게 전달된 모든 메시지를 처리(단기 기억을 만들거나 장기 기억을 보강)하고 몇몇 브랜드에만 끌린다. 이것이 호감Appeal 단계다. 호기심이 생긴 고객은 일반적으로 친구나 가족, 미디어 또는 브랜드를 통해 직접 더 많은 정보를 얻기 위해서 적극적으로 조사에 나서는 후속 조치를 취한다. 이것이 질문Ask 단계다.

질문 단계에서 얻은 추가 정보로 호감을 재확인한 고객은 행동Act에 나서기로 할 것이다. 이때 구매만이 고객에게 기대할 수 있는 바람직한 행동의 전부는 아니다. 고객은 특정 브랜드를 구매한 후에 소비와 사용은 물론이고 애프터서비스를 통해 브랜드와 깊이 있게 상호작용한다. 시간이 지나면서 브랜드에 대한 고객의 충성심이 높아질 수 있으며, 이런 충성심은 유지, 재구매, 그리고 궁극적으로는 다른 사람들에게 브랜드를 옹호하는 것으로 드러난다. 이것이 옹호Advocate 단계다.

고객 여정 내내 탁월한 상호작용 서비스를 제공함으로써 고객을 인지에서 옹호 단계로 이끄는 것이 모든 기업이 추구하는 궁극적인 목표다. 이를 위해 기업은 각각의 접점을 신중하게 설계하고, 자동화를 사용해야 할 시기와 개인적 접촉을 활용할 시기를 결정해야 한다. 일반적으로 고객이 예약이나 결제처럼 단순히 속도와 효율성을 요구할 때는 자동화가 유용하다. 반면 협의나 접대성 상호작용처럼 융통성과 주변 맥락에 대한 이해가 필요한 작업을 수행하는 데에는 여전히 인간이 더 뛰어나다.

새로운 고객 경험을 제공하는 인간과 기계

인간과 기계가 어우러진 하이브리드형 고객 경험에서는 둘의 역할이 모두 중요하다. 인간과 기계는 각자 잘하는 일이 있지만 서로를 보완해주기도 한다. 컴퓨터의 속도와 효율성 덕분에 인간은 상상력을 요구하는 다른 활동을 할 수 있는 더 많은 자유를 얻었다. 자동화는 인간의 창의력을 한 단계 끌어올리는 디딤돌이다. 그런 의미에서 기술은 혁신의 조력자이자 촉진자 역할을 한다고 보면 된다. 또한 기술은 본래 발명 목적인 '인적자원의 해방자' 역할도 한다.

기계와 인간이 어떤 면에서 뛰어난지를 좀더 깊이 파고들기 전에 인간에게 쉬운 것이 컴퓨터에겐 어렵고, 반대로 인간에게 어려운 것이 컴퓨터에겐 쉽다는 '모라벡의 역설'을 이해할 필요가 있다. 미국의 로봇공학자인 한스 모라벡Hans Moravec은 지능 테스트에서 컴퓨터가 좋은 점수를 내게 하기는 비교적 쉽지만, 한 살짜리 아이의 인식과 이동 능력조차 부여하기가 사실상 불가능하다는 관찰 결과를 발표해 유명해졌다.

인간이 가진 고차원적 능력으로 인식되는 추론은 평생 의식적으로 학습해야 가능하다는 점에서 컴퓨터에게 쉽게 가르칠 수 있다. 우리는 추론의 메커니즘을 알고 있으므로 아주 간단한 과정을 따라 같은 논리를 가지고 기계를 훈련시킬 수 있다. 컴퓨터는 인간보다 더 뛰어난 계산 능력을 갖추고 있으므로, 우리가 예전에 배웠던 것보다 더 빠른 속도로 논리를 배우고 더 신뢰감 있게 활용할 것이다.

반면 주변 환경에 대한 인식과 반응 같은 '감각운동sensorimotor과 관련된 지식'을 컴퓨터에게 훈련시키기는 훨씬 더 어렵다.

마치 어린 시절 아이들이 사람이나 환경과 힘들이지 않고 상호 작용하면서 습득한 낮은 수준의 기술처럼 보인다. 그것은 타인의 감정을 직관적으로 이해하고 공감하는 기술이다. 그런 기술 대부분은 아이들이 수백만 년 동안 이어진 인간의 진화를 통해 쌓아온 무의식적인 학습을 통해 익힌 것이기에 아이가 어떻게 그런 능력을 발달시키는지는 누구도 모른다. 우리가 이해하지 못하기에 컴퓨터에게 가르치기 어려운 것이다.

AI 과학자들은 의식적인 학습과정을 적용하여 무의식적인 학습과정을 '역설계'해보려고 애써왔다. 컴퓨터는 수십억 개의 얼굴에서 특징을 분석하여 각각의 얼굴을 인식하고 심지어 근본적인 감정까지도 예측한다. 목소리나 언어 학습도 마찬가지다. 학습 결과는 굉장했지만, 그런 결과를 얻기까지 수십 년이 걸렸다. 로봇은 외부 자극에 대한 반응에 따라 우리 몸의 움직임을 가까스로 복제하기는 했지만 우리의 우아함gracefulness을 재현하는 데는 실패했다. 로봇공학에서 제한적인 성공만을 거두었을 뿐이다.

컴퓨터는 인간이 가진 위대한 자산으로 간주하는 능력인 논리적 사고와 추론 면에서 우리를 쉽게 앞설 수 있다. 하지만 인간이라면 자연스럽게 배우는 것을 모방하는 데에는 수십 년이 걸리고, 엄청난 컴퓨터 처리 능력을 동원해야 한다. 예를 들어

상식이나 공감처럼 우리에겐 당연하게 여겨지는 것이 인간을 컴퓨터와 차별화해주는 기술이다. 역설적인 일이다.

취급하는 정보의 변화

인간과 컴퓨터의 차이를 정의해주는 핵심 요소는 정보 처리 능력이다. 'DIKW 피라미드'라는 지식의 관리 순서가 존재하는데, DIKW는 데이터Data, 정보Information, 지식Knowledge, 지혜Wisdom의 영어 앞글자들을 따온 용어다. 데이터, 정보, 지식을 통해 지혜를 얻어내는 과정을 계층 구조로 설명한 DIKW 피라미드는 처음에 영국의 극작가인 T.S. 엘리엇T.S. Eliot의 연극 〈반석The Rock〉에 나오는 시구에서 일부 영감을 받아 만들어졌는데, 다양한 사람들이 수없이 많은 버전을 만들어냈다. 우리는 DIKW 틀에 노이즈와 통찰insight을 추가하여 만든 6단계 모델을 사용한다(그림 7.2).

데이터, 정보, 지식은 기계가 인정을 받는 영역이다. 컴퓨터는 체계적이지 못한 데이터를 거의 무제한의 능력을 통해 빠르게 의미 있는 정보로 처리하는 데 매우 능숙하다. 그렇게 처리되어 나온 새로운 정보는 관련 정보와 알려진 또 다른 맥락의 저장고에 추가돼 지식이란 것을 개발한다. 컴퓨터는 저장공간 안에서 이 풍부한 지식을 정리하고 관리하며, 필요할 때마다 검

그림 7.2 | 지식 관리 계층 구조

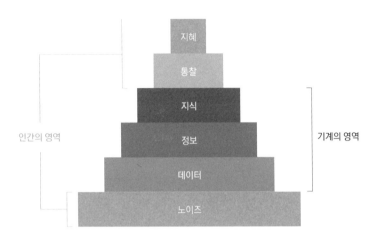

색할 수 있다. 기계가 가진 정량적 특성과 대량 처리 능력은 기계를 이런 종류의 작업에 이상적으로 만든다.

반면 다소 모호하고 직관적인 세 가지 요소, 즉 노이즈, 통찰, 지혜는 인간의 영역이다. 노이즈는 데이터의 왜곡이나 편차를 말하며, 정형화된 클러스터로 데이터를 모으는 데 심각한 방해가 될 수 있다. 노이즈의 대표적인 사례가 '특이치outlier'인데, 컴퓨터는 이를 다른 데이터 세트와의 심각한 편차로 인식한다.

그러나 특이치는 유효한 변동성이나 오류 중 하나일 수 있으며, 둘 중 무엇인지를 판단하는 유일한 방법은 현실 세계에 대한 이해를 바탕으로 주관적으로 판단하는 것이다. 이때 특이치를 유지할지 아니면 걸러낼지를 결정하는 주체는 데이터 사이언티스트가 아니라 기업 경영자다.

노이즈를 걸러내는 데 인간의 판단은 필수적이다. 어떤 경우에는 이례적인 특이치 데이터를 발견함으로써 통찰을 얻을 수 있다. 많은 시장 연구원이나 민족지ethnography(인류학자가 특정 민족의 문화와 일상생활에 몰입하여 현지 조사를 하면서 사회 조직이나 생활양식을 연구하는 것 - 옮긴이) 학자들이 고객의 특이한 행동을 지켜보면서 의미 있는 통찰을 찾아내곤 한다. 그들은 또한 종종 평범하지 않은 사람들로부터 아이디어를 찾아내기 위해 정규분포 양쪽 끝에 있는 극단적인 사용자들을 관찰한다. 이런 특이한 관찰 대상은 발생 확률이 드물다는 이유로 보통은 통계상 유의성이 없는 것으로 간주된다. 그렇지만 체계화된 지식을 넘어 통찰을 추구하는 것은 인간의 본성에 가깝다.

DIKW 계층 구조의 최상단에는 지혜가 있는데, 이것은 아마도 기계가 인간으로부터 모방하기 가장 어려운 미덕일 것이다. 지혜는 인간이 편견 없는 견해와 훌륭한 판단력, 윤리적 고려를 총동원해서 올바른 결정을 내릴 수 있게 도와준다. 그러나 누구도 인간이 한평생 어떻게 지혜를 발전시키는지 정확히 알지 못한다. 다만, 대부분 사람은 지혜가 이론적인 경험이 아니라 실제적인 경험에서 나온다는 데 동의할 것이다. 다시 말해서 인간은 자신이 과거에 내린 결정이 미친 긍정적인 영향과 부정적인 영향 모두로부터 배우고, 시간이 지나면서 더 예리한 지혜를 갖추게 된다. 좁은 범위에서 이뤄지는 기계학습과 달리 이런 학습과정은 인간 생활의 모든 측면을 망라할 정도로 매우 광범위하다.

시장조사 분야에서 컴퓨터는 마케터가 정보를 처리하고, 시장 시뮬레이션 모델을 만드는 일을 도와줄 것이다. 하지만 결국에는 마케터가 실행 가능한 통찰력을 끌어내 적절한 결정을 내리기 위해서는 지혜를 활용해야 한다. 즉, 인간은 종종 AI가 권하는 결정을 무시해야 한다.

2017년 유나이티드항공사의 비행기에서 강제로 내리게 된 데이비드 다오David Dao와 관련된 사건을 예로 들어보겠다. 당시 승객 4명은 비행기에 급히 탑승해야 하는 유나이티드 직원들에게 자리를 내줘야 했다. 이때 수익 극대화revenue-maximization 알고리즘은 단골 고객과 좌석 등급을 토대로 다오를 '가장 가치 없는' 고객이므로 비행기에서 쫓아내도 좋은 승객 중 한 사람으로 판단했다. 컴퓨터는 다오가 이튿날 환자를 진찰해야 하는 의

사라는 중요한 사실을 인식하지 못했다. 이처럼 공감 능력을 사용하지 않고 부주의하게 컴퓨터의 편견만을 따랐을 때 잘못된 결정을 내리게 되는 경우가 많다. 당시의 허술한 상황 대처는 고객 경험에서 휴머니티, 즉 인간적 접촉의 중요성을 무시한 결과였다.

인간과 기계의 협업적 사고

인간과 기계는 수렴적convergent 사고와 확산적divergent 사고를 하는 데서도 협업할 수 있다. 수렴적 사고는 문제를 해결하는 과정에서 여러 대안을 분석하고 평가함으로써 가장 적합한 해결책을 찾아내는 것을 말하고, 확산적 사고는 문제 해결 과정에서 정보를 광범위하게 탐색하고 상상력을 발휘하여 미리 정해지지 않은 다양한 해결책을 모색하는 것을 말한다. 컴퓨터는 텍스트와 숫자뿐만 아니라 이미지와 시청각 자료도 포함된 여러 가지 비정형 데이터 세트에서 패턴과 클러스터를 식별하는 수렴적 사고 능력을 갖추고 있다. 그리고 인간은 새로운 아이디어를 창출하고 다양한 잠재적 해결책을 탐구하는 확산적 사고에 능하다.

이처럼 서로 보완적인 기능은 광고 효과 제고 등에서 엄청난 잠재력을 발휘한다. 컴퓨터는 수백만 개의 광고를 분석하여 기본적인 창의적 차원(색채, 광고 문구, 레이아웃)과 결과(인식 수준, 정서적 매력이나 구매 전환율) 사이의 상관관계를 찾아낼 수 있다. 채용이나 업무 배치 전에 실시하는 창의력 테스트나 과거에 실시했던 광고 성과를 감사할 때도 마찬가지다. 예를 들어 JP모건체이스는 AI 시스템인 퍼사도Persado를 이용해서 광고 문구를 만든다. 창의성 테스트를 해봤더니 퍼사도가 인간 카피라이터를 제치고 최고의 클릭률을 달성했다. 그도 그럴 것이 퍼사도는 감정적으로 어필한다고 평가된 단어들이 모인 방대한 데이터베이스에서 단어들을 골라 광고 문구를 만들었기 때문이다.

그렇지만 퍼사도가 브랜드 매니저와 크리에이티브 광고 에이전시에 위협이 되리라고 판단하는 건 무리다. 지금까지 어떤 기계도 에이전시의 브리핑 문건을 작성하거나 처음부터 광고 문구를 만드는 영역, 즉 반향을 일으키는 브랜드 포지셔닝을 정한 뒤 그것을 적절한 메시지로 변환하는 영역에서 인간을 대신할 수 없었다. 컴퓨터는 또한 진실하면서 참신한 캠페인을 설계하는 데 이상적이지 않다. 다만 더 나은 단어, 색상, 레이아웃을 선택해서 광고를 최적화하는 데 도움을 줄 수는 있다.

고객 인터페이스에서 인간과 기계

고객 인터페이스에서도 인간과 기계가 손을 맞잡을 수 있다.

일반적으로 마케팅 채널 선택은 고객 등급에 따라서 달라지는데, '영향력이 큰 잠재 고객hot prospect'과 '가장 소중한 고객most valuable customers'은 주로 인간이 직접 상대하게 한다. 인간이 상대하면 서비스 원가가 높기 때문이다. 반면 잠재 고객의 구매 가능성을 예측하거나 서비스 원가가 낮은 고객을 상대하는 데는 기계를 사용한다. 이처럼 서비스를 세분화함으로써 기업은 위험을 관리하는 동시에 비용을 통제할 수 있다.

실제로 상호작용 목적을 위해서 AI를 사용하는 건 위험하다. 지금은 사라진 마이크로소프트의 챗봇 테이Tay가 적절한 사례다. 테이는 도발적 사용자들이 쏟아낸 욕이 담긴 트윗을 학습한 후 트위터에 똑같이 모욕적인 메시지를 게시하기 시작했다. 결국에 테이는 가동 16시간 만에 폐기됐다. 구글도 이미지인식 알고리즘이 사용자의 흑인 친구에게 고릴라 태그를 붙이면서 비슷한 문제를 겪었다. 구글은 사건 다음 날 긴급 패치를 내놓고 자동 인식 알고리즘을 개선하기로 약속했다. AI의 무감각은 관리가 필요한 가장 큰 위협 중 하나다.

컴퓨터는 예측 가능한 질문과 프로그래밍이 가능한 작업에만 적합하다. 셀프서비스식 키오스크와 챗봇 같은 솔루션은 기본적인 거래와 질문만을 처리해줄 수 있다. 상담 역할을 수행하는 데에는 인간이 더 적합하다. 더 광범위한 영역의 주제에 걸

처 더 유연하게 대응할 수 있기 때문이다. 인간은 맥락에 대한 탁월한 이해를 바탕으로 표준 절차를 벗어난 예측 불가능한 상황과 특이한 고객이 등장하는 경우에도 적응할 수 있다.

예를 들어 소프트웨어 기업인 허브스팟은 챗봇을 이용하여 상위와 중간 판매경로에서 잠재 고객을 찾아내 육성한다. 그런 다음 적격한 잠재 고객과의 대화를 통해 그들의 니즈에 맞는 해결책을 제시해주는 '상담 판매consultative selling'는 영업사원에게 맡기고, 고객의 관점에서 고객과 상호작용하는 일은 하이터치 전문가들의 몫으로 돌린다. 제품 또는 서비스를 판매한 후에는 다시 챗봇을 통해 고객의 간단한 문의에 응한다.

무엇보다 인간은 따뜻하고 친근하다. 공감 능력이 필요한 작업에서는 인간과 인간의 연결이 최상의 해결책 기능을 한다. 심지어 최첨단 고객 관리 솔루션을 설치해놓은 몇몇 기업조차 인간의 사회적 기능에 의존해 서비스를 제공하고 있다. 메리어트 호텔이 만든 실시간 소셜 미디어 지휘센터인 엠 라이브M Live를 예로 들어보겠다. 엠 라이브는 소셜 네트워크상에서 브랜드 평판과 트렌드 등을 주시하면서 마케팅팀이 관광객들과 관계를 개선하고, 한층 개인화된 방식으로 손님과 소통하고, 실시간 콘텐츠를 만들 수 있게 도와주는 역할을 한다. 예컨대 엠 라이브가 소셜 미디어에서 신혼여행을 온 커플이 한 호텔에서 객실을 구하지 못했다는 사실을 알아내면, 마케팅팀이 다른 호텔들에 연락해 방을 구해줌으로써 커플을 놀라게 해줄 수 있다.

자동화와 휴머니티를 통해 무엇을 줄 수 있는지를 이해하는 것이 우수한 옴니 고객 경험을 설계하기 위해 거쳐야 할 중요한 첫 번째 단계다(그림 7.3).

이 1단계에서는 대체로 '모 아니면 도' 식의 선택을 하지는 않는다. 기업은 '인간을 대체하는 기계' 식의 사고방식을 버리

그림 7.3 | 기계와 인간의 장점 결합

기계	인간
· 데이터 처리, 정보 추출, 지식 관리에 능숙함.	· 노이즈 차단, 통찰 끌어내기, 지혜 개발 능력을 보유함.
· 수렴적·정형적 사고와 패턴 발굴에 능숙함.	· 확산적 사고와 창의적 해결책 모색에 숙련됨.
· 특정 알고리즘을 추종하는 논리적 사고에 탁월함.	· 공감을 통해 반향이 있는 연결을 맺는 데 뛰어남.
· 빠르고, 대규모이고, 반복적이고, 프로그래밍이 가능한 업무에 적합함.	· 맥락에 대한 이해와 상식적 추론이 요구되는 업무에 유연하게 대처함.

지 않으면 경영방식을 최적화할 기회를 놓칠 위험이 크다. 사실
인간과 컴퓨터는 공존하면서 대부분의 접점에서 서로의 강점
을 보강해줘야 한다. 그러므로 다음 단계에서는 협업을 최대한
활용하기 위해 고객 경로를 재해석해서 재설계해야 한다(11장
참조).

차세대 기술의 활용

차세대 마케터는 원활한 협업을 보장하기 위해 기술, 특히 마
케팅 활동의 효과를 높여주는 기술에 대한 실무 지식을 쌓아야
한다. 앞서 언급했듯이, 마케터가 자주 사용하는 기술인 '마케
팅 기술marketing technology'을 간단히 줄여서 마테크라고 한다. 고
객 경로 전반에서 가장 일반적인 마테크 사용 사례는 총 일곱
가지다.

첫 번째: 광고

광고는 다양한 유료 매체를 통해 의도한 대중에게 브랜드 메
시지를 전달하는 방법이다. 관심을 받기 힘든 세상에서 광고는

강제적intrusive 성격을 띠는 것처럼 보일 수 있다. 광고에는 관련성이 매우 중요한데 기술을 가장 일반적으로 사용하는 경우는 타깃을 정할 때다. 기업은 적절한 고객 세그먼트를 찾아내 광고 효과를 최적화할 수 있고, 이는 궁극적으로 광고의 관련성에 대한 인식을 개선해줄 것이다.

기술은 마케터가 고객 세그먼트나 제품 또는 서비스의 타깃이 되는 가상인물인 페르소나persona를 정확히 묘사해서 더 나은 광고를 만들 수 있게 도와준다. 하나로 모든 효과를 내는 만능형 광고라는 게 없는 상황에서 AI는 여러 가지 광고 문구와 시각 자료를 조합해서 다양한 창의적 광고를 빠르게 생산할 수 있다. 이를 다이내믹 크리에이티브dynamic creative라고 하는데, 개인별 맞춤 마케팅을 하는 데 필수적이다.

광고 메시지뿐만 아니라 미디어 배치에도 개인화가 적용된다. 맥락적 광고는 적절한 순간, 적절한 매체에 광고가 자동으로 나타날 수 있게 해준다. 예를 들어 리뷰 사이트에서 다음에 구매할 차를 알아보는 사용자 화면에 자동차 광고를 노출하는 식이다. 광고 메시지가 현재 고객의 관심 분야와 일치하기 때문에 이런 광고는 보통 응답률이 더 높은 편이다(10장 참조).

마지막으로, 광고에서 기술을 이용하는 또 다른 중요한 목적은 프로그래매틱 미디어 구매progammatic media buying를 위해서다.

데이터를 통해 얻은 통찰력과 알고리즘을 활용해 적절한 시기와 장소에서 적절한 사용자에게 자동으로 광고하는 것을 프로그래매틱 광고라고 한다. 프로그래매틱 미디어는 광고주가 유료 미디어 광고 공간의 구매와 관리를 자동화할 수 있게 해준다. 프로그래매틱 광고는 자동 입찰 방식을 통한 통합 구매 방식을 따른다는 점에서 미디어 관련 지출을 최적화하는 데 유용한 것으로 입증됐다.

두 번째: 콘텐츠 마케팅

최근 몇 년 사이 콘텐츠 마케팅content marketing이 유행어가 됐다. 디지털 경제에서는 광고의 '교묘한subtle' 대안으로 선전되고 있기도 하다. 콘텐츠는 광고보다 짜증을 덜 유발하는 것으로 여겨지며, 오락·교육·영감을 적절히 사용하여 사람들의 관심을 사로잡는다. 콘텐츠 마케팅의 기본 원칙은 마케터가 흥미롭고, 적절하고, 유용한 콘텐츠를 디자인할 수 있도록 대상 고객 집단을 명확히 정의하는 것이다. 콘텐츠 마케팅에서 고객 타기팅은 무척 중요하다.

고객의 요구와 관심을 추적하고 분석하는 데는 분석 기술이 필요하다. 이 기술은 콘텐츠 마케터가 고객이 관심을 보일 가능성이 가장 큰 기사, 비디오, 인포그래픽 등의 콘텐츠를 생성하고 정리할 수 있게 해준다. AI를 활용하면 이 힘든 과정을 자동화할 수 있다.

콘텐츠 마케터는 예측 분석 기술을 동원해 웹사이트를 방문한 모든 고객의 여정을 상상할 수 있기에 미리 정해진 흐름에 따라 정적인 콘텐츠를 보여주기보다는 역동적인 콘텐츠를 제공할 수 있다. 달리 말하면, 모든 웹사이트 방문자는 자신이 과거에 한 행동과 기호에 따라 각기 다른 콘텐츠를 보게 된다. 콘텐츠 마케터는 고객을 구매경로로 차근차근 안내함으로써 방문객에서 잠재 고객으로, 다시 구매자로 바뀌는 전환율을 대폭 끌어올려 최상의 성과를 올릴 수 있다. 아마존과 넷플릭스는 사용자가 원하는 행동에 더 가까워지도록 개인화된 페이지를 제공해준다.

세 번째: 다이렉트 마케팅

다이렉트 마케팅direct marketing은 제품과 서비스의 타깃을 더 정확하게 잡아서 판매하기 위한 전략이다. 대중매체에 노출하는 광고와 달리, 다이렉트 마케팅은 일반적으로 편지나 이메일 같은 매체를 사용하여 판매할 제품과 서비스를 개인적으로 전달하는 것을 말한다. 대부분의 잠재 고객은 판촉물이나 퍼미션 마케팅permission marketing(소비자가 제공한 개인정보를 바탕으로 당사자에게 특정 대상을 목표로 하는 광고를 받을지를 물어보는 마케팅 유형 – 옮긴이)과 관련된 최신 정보를 받기 위해 다이렉트 마케팅 채널에 가입한다.

다이렉트 마케팅에서는 고객이 메시지를 스팸으로 여기지 않고 자신에게 적합하다고 느끼게 하는 것이 중요하다. 따라서 AI의 도움을 받아 개개인에 맞춰 메시지를 작성할 필요가 있다.

아마도 다이렉트 마케팅의 가장 중요한 사례는 전자상거래 분야에서 일상적으로 활용되는 제품 추천 시스템일 것이다. 마케터는 이 시스템을 이용해서 고객의 과거 구매이력을 바탕으로 앞으로 어떤 제품을 구매할 확률이 가장 높은지를 예측하고, 그에 맞춰 제품을 제안할 수 있다. 개인화된 제안이 꼭 필요하고, 제안 규모가 클 수 있으므로 다이렉트 마케팅을 할 때는 자동화된 작업에 의존해야 한다.

또 제안에는 항상 구체적인 행동 요청이 포함되기 때문에 전환율을 분석함으로써 마케팅 캠페인의 성공을 예측하고 평가할 수 있다. 기술은 예측과 캠페인 분석에도 유용하다. 고객의 반응을 지속적으로 추적하면 점점 더 알고리즘을 개선할 수 있다.

네 번째: 영업 활동을 지원하는 CRM 도구

영업 부서에서는 자동화 기술을 통해 비용을 대폭 절감할 수 있을 뿐 아니라 확장성을 촉진할 수 있다. 특히 방문객을 고객으로 전환하는 과정을 일컫는 '마케팅 퍼널marketing funnel' 상단에서 잠재 고객을 관리하는 과정의 일부를 챗봇에 위임할 수 있다. 챗봇을 이용하면 잠재 고객을 유료 고객으로 전환하기 위한 '고객 정보 저장 과정lead capture'을 대화 형식이 되게 만들 수 있고, 그러면 이런저런 양식을 사용할 일이 줄어든다. 또 잠재 고객의 구매 가능성을 예측하는 방법을 프로그램화할 수 있다는 점에서도 챗봇이 이런 과정을 넘겨받는 게 이상적이다. 일부 첨단 챗봇은 잠재 고객의 문의에 답하고 상황별로 적절한 정보를 똑똑하게 제공하므로, '잠재 고객 육성 과정(중간 영업 퍼널)'을 자동화할 수 있다.

고객사 관리account management 분야의 마케팅 기술도 발전했다. 특정 업계 전반에 걸쳐 활동하는 영업사원들은 영업 외 활동과 관리 작업에도 상당한 시간을 할애한다. 영업 과정 전 단계에서 잠재 고객과 기존 고객의 접점을 관리하는 도구인 '영업 CRM'으로 접촉 이력과 영업 기회를 포함한 고객사 정보를 자동으로 정리해놓으면, 영업사원은 실제 영업 활동에만 집중할 수 있다. 잠재 고객의 관리 과정을 통틀어 수집해놓은 방대한 데이터는 인간 영업사원에게 거래를 성사시키는 데 필요한 정보를 적시에 제공해줄 것이다.

영업사원 대부분이 영업 성공 가능성이 큰 '가망 고객sales lead'을 직관에 의존하여 평가하므로, 많은 기업에서 잘못된 예측을 하곤 한다. 특히 영업사원마다 직관력이 서로 다르다 보니 전체 예측에 오류를 일으킬 수 있다는 게 문제다. 예측 분석 기술을 활용하면 보다 정확한 예측을 수행하고, 영업 기회의 우선순위를 더 잘 정할 수 있다.

다섯 번째: 유통 채널

유통 채널distribution channel을 개선하는 데 차세대 기술을 활용한 사례는 매우 다양하다. 특히 코로나19 팬데믹이 발발한 뒤 가장 인기를 끈 것은 소매점 일선에서 일어난 비접촉식 상호작용이다. 셀프서비스 인터페이스와 일선 로봇은 비용 절감 외에도 은행 거래, 음식 주문 접수, 공항 체크인 등 간단한 상호작용에 더 유리하다. 팬데믹의 발발은 드론 배달을 유행시키기도 했다. 중국에서는 징둥닷컴JD.com이 봉쇄 기간 중 최초로 무인기를 이용해 원거리 지역으로 물건을 배달했다.

첨단기술은 또한 마찰 없는 고객 경험을 보장할 수 있다. 소매 업체들도 여러 업체 중 처음으로 센서를 가지고 실험에 나섰다. 오프라인에서도 계속해서 입지를 넓히고 있는 아마존은 몇몇 홀푸드 매장에서 생체인식 결제 시스템을 시험해봤다. 중국에서는 소매점을 찾은 고객이 알리페이나 위챗페이와 연동된 안면인식 장치를 갖춘 계산대에서 포즈를 취해 계산을 마친다.

IoT 이용도 점차 대중화되고 있다. 센서가 장착된 스마트 스토어에서는 방문자의 움직임을 분석해서 실제 고객 경로를 손쉽게 매핑할 수 있다. 이에 따라 소매 업체는 매장 레이아웃에 변화를 줘서 고객 경험을 개선할 수 있다. 소매 업체는 IoT를 통해 특정 시간에 고객 개개인의 위치를 정확히 파악할 수 있게 되므로 모든 통로와 선반에서 정확한 위치 중심 마케팅을 수행할 수 있다.

채널 플레이어는 새로운 기술을 혼합하여 고객에게 구매 전에 가상으로 제품 또는 서비스를 써보게 해줄 수 있다. 예를 들어 미국의 창고형 회원제 할인매장인 샘스클럽Sam's Club은 고객이 매장 안을 둘러볼 수 있도록 AR과 음성 검색 서비스를 제공하고 있다. 고객이 굳이 직접 가지 않고도 VR을 통해 소매점 안에 배치된 제품을 찾아보게 한 곳도 있다. 이탈리아 명품 브랜드인 프라다Prada는 팬데믹 기간에 명품 브랜드 중 최초로 VR을 이용해 고객이 매장을 방문하지 않고도 쇼핑할 수 있게 해주었다.

여섯 번째: 제품과 서비스

마케팅 기술은 고객과의 상호작용을 개선해주고 핵심 제품과 서비스의 질을 높이는 데 중요한 역할을 한다. 온라인 쇼핑과 개인화 경향이 강해지면서 대량 맞춤화와 공동 창조란 개념이 등장했다. 누구나 자기 이니셜이 새겨지고, 원하는 색상에, 신체 치수에 딱 맞게 맞춤 제작된 제품을 원한다. 질레트에서부터 리바이스와 메르세데스-벤츠에 이르기까지 기업들은 맞춤 옵션을 제공하며 제품 라인업을 확대하고 있다.

또한 광범위한 맞춤형 제품에 적합한 '가변적 가격 책정' 정책도 준비해놓아야 한다. 서비스 업계에서는 이런 식의 맞춤형 가격 책정의 역할이 더욱 두드러진다. 보험사는 개별 고객의 사정에 맞게 보상범위를 선택할 수 있는 옵션을 제시하는데, 어떤 옵션을 선택하느냐에 따라 보험료가 달라진다. 항공사는 현재의 수요 수준과 노선의 경쟁 상황 같은 일반적인 정보뿐만 아니라 개별 여행자의 고객생애가치CLV, Customer Lifetime Value(어떤 고객이 평생에 걸쳐 기업에 얼마만큼의 이익을 가져다주는지를 나타낸 수치 - 옮긴이) 등 여러 가지 변수에 기초하여 가격을 책정할 수 있다. 기술은 또한 기업이 예전처럼 기업용 소프트웨어나 자동차를 사느라 거액을 쓰지 않아도 네트워크로 연결된 클라우드 기반 인프라에서 각종 서비스와 애플리케이션을 주문해서 써볼 수 있는 '서비스형 시스템' 식 비즈니스 모델을 도입할 수 있게 지원해준다.

예측 분석 기술은 제품 개발에도 유용하다. 기업은 현재 추진 중인 계획의 위험성을 평가하고, 시장 수용도market acceptance를 추정해볼 수 있다. 예를 들어 펩시는 시장조사 및 분석 회사인 블랙스완어낼리시스Black Swan Analysis가 제공한 분석 결과를 바탕으로 음료 시장에서 오가는 대화 동향을 분석하여 어떤 제품을 출시하면 성공 가능성이 가장 클지를 예측했다(9장 참조).

일곱 번째: 서비스 CRM

챗봇은 영업 퍼널 관리뿐만 아니라 서비스 문의 응답에까지 다양하게 활용되고 있다. 기업은 챗봇을 통해 고객에게 연중무휴로 서비스를 제공하고, 디지털 세계에서 중요한 '표준화된' 해결책을 즉시 제공할 수 있다. 또한 웹사이트, 소셜 미디어, 모바일 애플리케이션 같은 여러 채널에 걸쳐 더 일관되고 통합된 서비스를 확실하게 제공할 수 있다. 그러나 무엇보다 중요한 것은 챗봇이 이런 단순 작업을 대신 처리해줌으로써 고객서비스 담당자의 업무량이 줄어들 수 있다는 점이다.

좀더 복잡한 문의가 들어왔다면 챗봇은 고객서비스 담당자가 답변할 수 있도록 매끄럽게 넘길 수 있다. CRM 데이터베이스를 통합해놓으면 서비스 담당자는 과거의 상호작용과 기타 적절한 정보 기록을 얻게 되어 업무 성과를 높일 수 있다. 이를 통해 담당자는 고객이 겪는 문제에 대해 최상의 해결 방법을 모색할 수 있다.

챗봇의 또 다른 중요한 사용 사례는 고객 이탈을 감지하는 것이다. 기업은 온라인상에서 고객의 감정을 추적하고 측정하기 위해 소셜 미디어 채널을 감시해왔다. 이제는 소셜 미디어 플랫폼에 예측 분석 기술 엔진이 내장되어 있기 때문에 고객의 이탈 가능성을 예측하고 이탈을 방지할 수 있게 됐다.

기업이 마케팅 기술을 최대한 활용해야 한다는 데는 재론의 여지가 없다. 그러나 기업 경영자는 모든 기술이 모든 전략에 적합한 건 아니라는 점에서 어떤 기술을 쓸 것인가, 그리고 그것을 어떻게 결정할 것인가에 답해야 한다. 그다음 과제는 다양한 사용 사례를 매끈하고 마찰 없게 고객 경험에 통합하는 것이다(그림 7.4). 한 가지 확실한 사실은, 마케터가 기술을 이용해서 마케팅의 과학적인 부분은 기계에 맡기고 예술에 집중하게 되리라는 점이다.

그림 7.4 | 새로운 고객 경험에서 마케팅 기술 사용 사례

인지   **호감**   **질문**   **행동**   **옹호**

광고
AI를 이용한 타깃 | AI의 힘을 빌린 | 프로그래매틱 | 맥락적
고객 설정 | 광고 제작 | 미디어 구매 | 광고

콘텐츠 마케팅
AI를 이용한 | 예측적 | 콘텐츠 | 콘텐츠
타깃 고객 설정 | 여정 | 개인화 | 최적화

다이렉트 마케팅
제품 추천 | 마케팅 광고 문구 | 다이렉트 마케팅 | 예측과
엔진 | 개인화 | 자동화 | 분석

영업 CRM
잠재 고객 | AI의 힘을 빌린 | 판매 예측과
관리용 챗봇 | 고객사 관리 | 분석

유통 채널
셀프 | 일선 배치 | | 생체인식 | IoT를 | 가상 경험
서비스 | 로봇 | 드론 배송 | 결제 | 이용한
키오스크 | | | | 소매업

제품과 서비스
대량 최적화 | 가변적 | 서비스형 | 예측적
| 가격 책정 | 시스템 | 제품 개발

서비스 CRM
서비스 | AI의 힘을 빌린 | 예측적 소셜
챗봇 | 헬프데스크 | 미디어 채널 감시

기계는 차갑지만 인간은 따뜻하다

고객 경험은 경쟁이 치열한 시장에서 승리하게 해주는 새로운 방법이다. 이제는 핵심 제품과 서비스보다 과거엔 주변부로 밀려나 있던 상호작용과 몰입적인 경험이 더욱 중요해졌다. 인지에서 옹호에 이르기까지 수많은 접점을 넘나들며 매력적이고 뛰어난 고객 경험을 창조하기 위해서는 반드시 첨단기술을 활용해야 한다.

마케팅에서 차세대 기술의 활용 사례는 광고, 콘텐츠 마케팅, 다이렉트 마케팅, 영업 CRM, 유통 채널, 제품과 서비스, 서비스 CRM 등 일곱 가지 접점에 걸쳐 널리 퍼져 있다. 기술은 주로 데이터를 분석하고 특정 타깃 시장에 대한 통찰력을 얻는 데 유용하다. 예를 들어 마케팅 기술은 미디어 구매와 가격 책정 사이의 최적화된 구성을 찾아내는 데에도 효과적인 것으로 입증됐다. AI가 가진 예측력은 판매 예측, 제품 추천, 고객의 이탈 징후 감지 등에서 진가를 발휘한다. AI는 또 마케터가 제품과 서비스를 빠르고 대규모로 개인화할 수 있게 해준다.

그렇다고 해서 인간의 손길이 하는 역할을 간과해서는 안 된다. 인간이야말로 지혜, 융통성, 공감 능력을 가지고 기술이 제공하는 속도와 효율성의 균형을 잡아줄 것이기 때문이다. 마케터는 자동화 덕분에 전례 없는 통찰력과 시간 절감 효과를 누리면서 더 강력한 창의력을 발휘할 수 있게 됐다. 기계가 프로그래밍이 가능한 작업에 더 능숙한 반면, 직관과 상식을 가진 인간은 훨씬 더 많은 융통성을 발휘한다. 무엇보다, 진심 어린 인연을 맺는 데 인간은 진정으로 대체 불가한 존재라는 사실이 중요하다.

생 각 해 볼 질 문 들

✓ 기업의 고객 여정을 지도로 그려보라. 경험상 가장 중요한 접점은 무엇인가?
✓ 마케팅 기술이 가장 중요한 고객 접점에서 무엇을 개선할 수 있는가? 어떻게 개선할 계획인가?

MARKETING 5.0

: TECHNOLOGY
FOR HUMANITY

Part 4.
기술 중심 마케팅의
새로운 전술

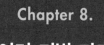

Chapter 8.

데이터 기반 마케팅

: 타기팅 개선을 위한 데이터 생태계 구축

"데이터 기반 마케팅은 마켓 5.0을 구현하는 첫 번째 단계다. 브랜드는 분석 엔진을 가지고 과거 구매이력을 토대로 잠재 고객이 다음에 무엇을 구매할 확률이 높은지 예측할 수 있다. 그러면 잠재 고객에게 개인화된 제안을 보내고, 맞춤형 캠페인을 진행할 수 있다. 오늘날의 디지털 인프라는 소수의 시장 세그먼트뿐만 아니라 개별 고객을 상대로 이런 작업을 하나씩 하나씩 수행할 수 있게 해준다."

2012년 〈뉴욕타임스 매거진〉에 찰스 두히그Charles Duhigg의 기사가 실렸다. 한 10대 여고생이 향이 없는 로션과 칼슘·마그네슘 영양제를 구입하는 등 임산부와 비슷한 소비패턴을 보이자, 미국의 대형마트인 타깃이 그녀에게 임부복, 유아용 가구 광고지와 쿠폰이 담긴 우편물을 보냈다는 내용이다.

여고생의 아버지는 이 사실을 알고 분노했다. 그는 우편물이 잘못 배달됐고, 타깃이 딸에게 임신을 권하고 있다고 생각했다. 하지만 딸과 이야기를 나눠보고는 딸이 실제로 임신했다는 사실을 알게 됐다.

이 사건이 일어나기 1년 전에 타깃은 구매 품목에 따라 여성 쇼핑객이 임신했을 확률을 예측하는 알고리즘을 만들었다. 타깃은 모든 쇼핑객에게 고유 ID를 부여한 뒤 그것을 모든 인구통계학적 정보 및 과거 쇼핑 이력과 연결했다. 빅데이터 분석 결과 실제 임산부에게선 특정 소비패턴이 나타났으며, 이 패턴은 쇼핑객의 향후 구매를 예측하는 데 사용할 수 있었다. 타깃은 심지어 쇼핑 시기를 기준으로 출산일까지 예측하려고 시도했다. 이런 모든 노력은 누구에게 어떤 쿠폰을 언제 보낼지 결정하는 데 유용할 것이다.

이 이야기는 데이터 생태계를 활용하여 한층 더 정보에 바탕을 두고 의사결정을 하는 기업의 대표적인 사례다. 데이터 기반 마케팅data-driven marketing은 마켓 5.0을 구현하는 첫 번째 단계다. 브랜드는 분석 엔진을 가지고 과거 구매이력을 토대로 잠재 고객이 다음에 무엇을 구매할 확률이 높은지 예측할 수 있다. 그러면 잠재 고객에게 개인화된 제안을 보내고, 맞춤형 캠페인을 진행할 수 있다. 오늘날의 디지털 인프라는 소수의 시장 세그먼트뿐만 아니라 개별 고객을 상대로 이런 작업을 하나씩 하나씩 수행할 수 있게 해준다.

지난 20년이 넘는 시간 동안, 마케터들은 진정 개인화된 마케팅 방법을 창조할 수 있기를 꿈꿔왔다. 돈 페퍼스Don Peppers와 마사 로저스Martha Rogers는 '1:1 마케팅'의 초기 지지자들이다. 잠재 고객 한 사람의 활동과 기호를 분석해서 맞춤형 제품이나 광고를 마케팅하는 방법인 1:1 마케팅을 '세그먼츠 오브 원' 마케팅이라고도 하는데, 세분화의 '끝판왕'으로 간주된다. 마케팅에서 디지털 기술을 활용하는 목적은 결국 1:1 마케팅을 가능하게 하기 위해서다.

1:1 마케팅

시장은 저마다 독특한 성격을 가지고 있고 모든 고객은 특별하다. 마케팅을 하려고 할 때 항상 세분화와 타기팅부터 시작하는 이유가 이 때문이다. 기업은 시장에 대한 이해를 바탕으로 전략과 전술을 설계할 수 있다. 나만, 시장을 미세하게 세분화하면 할수록 마케팅이 더 큰 반향을 불러일으키겠지만 실행하기는 더 어려워질 것이다.

세분화 방법은 1950년대에 개념화된 이후 발전해왔다. 시장은 지리, 인구통계, 심리, 행동이라는 네 가지 기준에 따라 세분화할 수 있다.

네 가지 세분화 방법

마케터는 항상 국가, 지역, 도시, 장소별로 시장을 나누는 지리적 분할부터 시작한다. 일단 지리적으로 나눈 부분들이 지나치게 광범위하다고 생각되면 연령, 성별, 직업, 사회·경제 계층과 같은 인구통계학적 변수를 추가한다. '일리노이주에 거주하는 젊은 중산층 여성' 또는 '뉴욕의 부유한 베이비붐 세대'는 지리적·인구통계학적 변수가 포함된 세그먼트 이름의 예다.

지리적 및 인구통계학적 세분화 방법은 일반적인 것에서 시작하여 세부적인 사항으로 진행되는 하향식top-down이어서 이해하기가 매우 쉽다. 더 중요한 사실은 그 방법들이 실행 가능하다는 점이다. 기업은 정확히 어디에서 세그먼트를 찾고, 어떻게 그것을 알아볼 수 있는지를 이해하고 있다. 반면 인구통계학적 프로필이 같고, 같은 장소에 거주하는 사람들이라도 구매 선호도와 행동이 서로 다를 수 있다는 점에서는 세그먼트의 의미가 약하다. 더욱이 그들은 상대적으로 고정적이다. 다시 말해, 한 사람의 고객은 모든 제품을 통틀어서 오로지 한 세그먼트로만 분류된다. 하지만 실제로 고객의 구매 결정 과정은 제품 범주와 제품 수명에 따라 다르다.

시장조사가 보편화되면서 마케터는 보다 세부적인 사항에서 시작하는 상향식bottom-up 방법을 사용하게 됐다. 이제 마케터는 시장을 잘게 쪼개는 대신, 고객들을 대상으로 실시한 설문조사 결과를 기초로 선호도와 행동이 비슷한 사람들을 그룹으로 묶는다. 상향식 방법을 썼음에도, 그룹화는 철저하게 이루어진다. 즉, 인구 내 모든 고객이 세그먼트로 들어간다. 잘 알려진 상향식 방법들로는 심리적 세분화psychographic segmentation와 행동적 세분화behavioral segmentation가 있다.

심리적 세분화를 할 때는 고객이 가진 관심과 동기뿐만 아니라 개인의 신념과 가치에 따라서도 분류한다. 그렇게 세분화해 놓은 세그먼트의 이름들은 통상 '야심가'나 '경험자'처럼 분명한 성격을 띤다. 심리적 세그먼트는 또 '품질을 중시한다'라거나 '비용에 민감하다'처럼 특정 제품 또는 서비스의 특징에 대한 태도를 나타낸다. 가치와 태도가 의사결정의 원동력이므로, 심리적 세분화는 고객의 구매 행동을 확실히 가늠할 수 있게 해준다.

이보다 훨씬 더 정확한 방법은 고객이 과거에 실제로 했던 행동을 분류 기준으로 삼는 행동적 세분화다. 행동적 세분화에는 '단골'이나 'VIP 고객'처럼 구매 빈도와 구매 금액을 반영하여 이름을 붙일 수 있다. 또한 '충성 고객'이나 '브랜드 전환 고객', '첫 구매 고객' 같은 이름으로 고객의 충성도와 상호작용 수준을 보여줄 수 있다.

이 세분화 기술은 서로 다른 니즈를 가진 고객 집단을 정확하게 나타내준다는 점에서 큰 의미가 있다. 이를 통해 마케터는 각 고객 집단에 맞게 마케팅 전략을 조정할 수 있다. 그러나 심리적 및 행동적 세분화가 전략 실행에는 별로 도움이 되지 않는다. '모험 중독자'나 '가성비 중시자' 같은 이름을 붙인 세그먼트는 광고를 창의적으로 디자인하거나 풀 마케팅pull marketing(적절하고 흥미로운 콘텐츠를 이용하여 고객이 브랜드나 제품에 자연스럽게 끌리게 만드는 전략 - 옮긴이)을 할 때만 유용하다. 그러나 푸시 마케팅push marketing(풀 마케팅의 상반된 개념으로, 유료 광고나 판촉 활동을 통해 고객에게 브랜드를 적극적으로 노출시키는 전략 - 옮긴이)을 하려고 영업사원이나 일선 직원이 고객을 만났을 때는 이런 세그먼트를 구분하기가 쉽지 않다.

하향식과 상향식 세분화는 모두 필요하다. 다시 말해, 의미가 있으면서 실용성도 있어야 한다. 그러므로 지리적, 인구통계학적, 심리적, 행동적이라는 네 가지 변수를 모두 고려해서 세분화를 해야 한다. 마케터는 심리적 및 행동적 세분화를 통해서 고객을 유의미한 그룹으로 묶은 뒤, 각 세그먼트에 지리적 및 인구통계학적 프로필을 추가해 마케팅을 실행 가능하게 만들수 있다.

페르소나 개발

네 가지 변수가 모두 반영된 고객 세그먼트에 대한 간략한 허구적 묘사를 페르소나라고 한다. 페르소나의 예를 들자면 다음과 같다.

존은 15년의 경력을 가진 40세의 디지털 마케팅 관리자로 현재 주요 소비재 제품 회사에서 일하고 있다. 그는 디지털 미디어 전반의 마케팅 캠페인을 설계·개발·구현하고 마케팅 담당 부장에게 보고하는 업무를 담당한다.

부장은 전반적인 브랜드 인지도와 전자상거래 채널에서의 온라인 대화율을 기준으로 존의 성과를 평가한다. 존은 평가 기준에 따라 자신의 업무 성과를 높이기 위해 노력하는 것은 물론이고, 비용에도 매우 민감하여 디지털 마케팅에 드는 비용을 최대한 효율적으로 지출해야 한다고 믿는다.

존은 모든 것을 관리하기 위해 직원들, 디지털 마케팅 대행사들과 협력한다. 그에게 보고하는 팀원은 5명이며, 각기 서로 다른 미디어 채널을 담당하고 있다. 존은 웹사이트 관리를 돕는 검색엔진최적화SEO, Search Engine Optimization 에이전시, 그리고 콘텐츠 마케팅을 지원해주는 소셜 미디어 에이전시와 업무 협약 계약을 체결해놓았다.

신규 고객을 확보하려는 디지털 마케팅 에이전시나 디지털 마케팅 자동화 소프트웨어 회사에 유용한 페르소나를 예로 들어봤다. 가상의 잠재 고객 프로필이지만, 무엇보다 그 고객에게 중요한 게 뭔지를 보여주기 때문에 적절한 마케팅 전략을 짜는 데 유용하다.

그동안 고객 세분화와 프로파일링은 마케터의 주된 업무였다. 그러나 빅데이터 분석 기술의 발달로 마케터에겐 새로운 유형의 시장 데이터를 수집하고, 마이크로 세분화를 수행할 새로운 가능성이 열렸다(그림 8.1).

고객 데이터베이스와 시장조사만으로 고객 정보를 얻던 시절은 끝났다. 이제 미디어 데이터, 소셜 데이터, 웹 데이터, 판매

그림 8.1 ┃ 1:1 마케팅을 위한 고객 프로파일링

지리적
· 거주지
· 관심 영역
· 현재 위치

행동적
· 구매경로
· 이용하는 미디어
· 제품과 서비스의 용도

개별 고객의
페르소나

심리적
· 관심과 열정
· 동기와 인생 목표
· 행동을 유발하는 가치와
태도

인구통계학적
· 연령과 성별
· 직업과 소득
· 결혼 여부와 가족 규모

시점POS, Point-of-Sale 데이터, IoT 데이터, 고객 참여 데이터로 고객의 프로필을 풍성하게 만들 수 있다. 이런 모든 데이터를 통합하는 데이터 생태계를 구축하는 것이 기업의 과제다.

데이터 생태계가 구축되면 마케터는 다음 두 가지 방법으로 기존의 마케팅 세분화 방식을 개선할 수 있다.

1. 빅데이터는 마케터에게 시장을 구성하는 최소 단위인 개별 고객으로 세분화할 수 있게 해준다. 마케터는 기본적으로 고객별로 실제 페르소나를 만들 수 있다. 그리고 이를 기반으로 제품과 캠페인을 고객별로 맞춤화해 1:1 마케팅을 실행할 수 있다. 막강한 컴퓨팅 성능 덕분에 페르소나의 세세함 정도나 프로파일링할 고객 수에는 제한이 없다.

2. 세분화는 빅데이터를 통해 더욱 역동적으로 변하며 마케터가 즉시 전략을 바꿀 수 있게 해준다. 기업은 다양한 상황에 맞춰 실시간으로 한 세그먼트에서 다른 세그먼트로 고객이 이동하는 걸 추적할 수 있다. 이를테면 비행기 여행객이 여가를 즐기러 갈 때는 이코노미석을 이용하더라도 출장 때는 비즈니스석을 선호할 수도 있다. 마케터는 또한 마케팅 개입 덕분에 자사 브랜드로 전환한 고객이

충성 고객이 됐는지를 추적할 수 있다.

이런 개선에도 불구하고 전통적인 세분화가 여전히 유익하다는 점에 주의해야 한다. 무엇보다, 시장을 쉽게 이해할 수 있게 해주기 때문이다. 고객 그룹에 그 그룹의 특징이 포함된 라벨을 붙여놓으면 마케터가 시장을 이해하는 데 도움이 된다. 단, 인간은 컴퓨터만큼 강한 계산 능력을 갖추고 있지 않기 때문에 라벨을 남발하면 그런 효과를 거둘 수 없다. 이해하기 쉬운 라벨링은 조직원들이 종합적인 브랜드 비전을 향해 움직이게 하는 데에도 도움이 된다.

데이터 기반 마케팅 설계

훌륭한 마케팅은 대개 시장에 대한 훌륭한 통찰력에서 나온다. 지난 수십 년 동안 마케터는 경쟁자들이 갖고 있지 않은 정보를 찾아내기 위해 완벽한 시장조사를 수행해왔다. 모든 마케터에게는 마케팅 계획을 수립하기 전에 질적 연구와 양적 조사를 병행하는 게 표준이 됐다.

지난 10년 동안 마케터는 더 나은 CRM을 촉진하기 위해 탄탄한 고객 데이터베이스를 수집하는 일에도 몰두해왔다. 빅데이터의 가용성은 데이터 위주 마케팅의 활성화로 이어졌다. 마케터는 방대한 양의 데이터에는 이전에 해보지 않은 방식으로 마케팅을 강화할 수 있게 해주는 실시간 통찰력이 숨겨져 있다고 믿는다. 그리고 마케터들은 시장조사와 분석을 통해 얻은 서로 별개인 두 가지 정보를 어떻게 통합 데이터 관리 플랫폼으로 합칠 수 있는지 궁금해하기 시작했다. 그렇지만 데이터 기반 마케팅을 위한 최선의 방법을 찾아낸 기업은 많지 않다. 막대한 기술 투자를 받으면서도 데이터 생태계가 주는 완전한 혜택을 실현하는 곳은 여전히 드물다. 데이터 기반 마케팅 관행이 실패하는 이유는 주로 다음 세 가지 때문이다.

1. 기업은 데이터 기반 마케팅을 IT 프로젝트로 취급하곤 한다. 마케팅을 시작할 때 소프트웨어 도구 선택, 인프라 투자, 데이터 사이언티스트 채용에 지나칠 정도로 몰두한다. 데이터 기반 마케팅은 마케팅 프로젝트가 돼야 한다. IT 인프라가 마케팅 전략을 따라야지 그 반대여서는 안 된다. 이것은 마케터를 단지 프로젝트 후원자로 만드는 것을 의미하지도 않는다. 마케터가 전체 데이터 기반 마케

팅 과정을 정의하고 설계해야 한다. 많은 시장 연구자들이 믿고 있듯이, 데이터의 양이 많다고 해서 항상 더 나은 통찰력을 얻을 수 있는 건 아니다. 핵심은, 명확한 마케팅 목표를 가지고 정보의 바다에서 무엇을 찾아야 하는지를 이해하는 것이다.

2. 빅데이터 분석은 종종 모든 고객에 대한 통찰력을 얻고, 모든 마케팅 문제를 해결해주는 묘책으로 여겨진다. 그렇지만 빅데이터가 민족지, 사용 적합성 시험, 맛 테스트 같은 하이터치 방식의 기존 시장조사 방법을 대체하는 것은 아니다. 실제로 빅데이터와 시장조사는 서로 보완하고 보강해줘야 한다. 데이터 기반 마케팅에 두 가지가 모두 필요하기 때문이다. 시장조사는 구체적이고 제한적인 목표 달성을 위해 정기적으로 수행한다. 반면 빅데이터는 빠르고 적극적으로 마케팅을 개선하기 위해 실시간으로 수집하고 분석할 수 있다.

3. 빅데이터 분석이 자동화에 대한 기대감을 매우 높여줘서 기업은 분석 방법만 설정하면 자동 분석이 가능할 거라고 생각한다. 알고리즘이라는 블랙박스에 대용량 데이터 세트를 쏟아 넣으면, 자신들이 던지는 질문에 대한 즉각적인 답변을 얻을 수 있으리라고 기대하는 식이다. 하지만

마케터는 여전히 데이터 기반 마케팅에서 매우 실무적인 태도를 보일 필요가 있다. 기계가 인간이 할 수 없는 데이터 패턴을 찾아내는 일은 할 수 있지만, 패턴을 거르고 해석하려면 경험과 맥락에 대한 지식이 있는 인간 마케터가 필요하다. 더 중요한 것은 실행 가능한 통찰력을 얻으려면 비록 컴퓨터의 도움을 받더라도 새로운 제품이나 마케팅 캠페인을 설계할 마케터가 있어야 한나는 것이다.

1단계: 데이터 기반 마케팅의 목표 정의

명확한 목표를 가지고 어떤 프로젝트를 시작하는 것이 식은 죽 먹기처럼 보일지도 모른다. 그러나 목표를 나중에 생각해보기로 하고 데이터 기반 마케팅 프로젝트를 시작하는 경우가 너무나 많다. 설상가상으로 마케터가 모든 걸 한 번에 이루기를 원하다 보니 대부분의 데이터 프로젝트가 지나치게 야심 찬 작업으로 변하고 만다. 프로젝트가 엄청나게 복잡해져서 실행 가능성이 입증된 결과도 달성하기 어려워지고, 기업은 결국 포기하게 된다.

데이터 기반 마케팅의 활용 사례는 실로 많고도 광범위하다. 마케터는 빅데이터를 통해 새로운 제품과 서비스의 아이디어를 발굴하고, 시장의 수요를 예측해볼 수 있다. 기업도 맞춤형 제품과 서비스를 만들고, 고객 경험을 개인화할 수 있다. 적절한 가격을 책정하고 가변적 가격 책정 모델을 설정하려고 해도 데이터 기반 접근 방식이 필요하다.

빅데이터는 마케터가 무엇을 제공할지 정의할 수 있게 도와줄 뿐만 아니라 어떻게 제공할지를 결정하는 데에도 유용하다. 마케터는 마케팅 커뮤니케이션을 할 때 타깃 고객 설정, 콘텐츠 창작, 미디어 선택 등을 위해 빅데이터를 사용한다. 빅데이터는 채널 선택과 잠재 고객 생성과 같은 푸시 마케팅에도 유용하다. 아울러 애프터서비스와 고객 유지를 위해서도 데이터를 활용하는 게 일반적이다. 빅데이터는 고객 이탈을 예측하고, 서비스를 어떻게 복구할지 결정하는 데에도 종종 사용된다.

이처럼 풍부한 사용 사례가 있지만, 데이터 기반 마케팅 활동을 시작할 때는 한두 가지 목표로 초점을 좁히는 것이 중요하다. 본래 인간은 자신이 이해하지 못하는 것을 경계하며 데이터 기반 마케팅의 세부적인 사항은 조직의 지위 고하를 막론하고 누구에게나 위협적인 '미지의 무엇'이 될 수 있기 때문이다.

목표를 좁히면 전달하기가 더 쉬워지므로 조직 내에서 특히 회의적 시각을 가진 사람들을 동원하는 데에도 도움이 된다. 이를 통해 다양한 부서들을 조율하고 그들의 관심을 이끌어내며 책임감을 확실히 부여할 수 있다. 집중적인 목표는 마케터가 성과를 극대화할 가장 효과적인 방법을 고민하고, 그 방법을 실천하기 위해 먼저 노력하게 한다. 마케터가 가장 영향이 큰 목표부터 선택할 때 기업은 빠르게 승리할 수 있으며 조직 내 모두가 그 목표를 일찌감치 받아들일 수 있다.

명확한 목표를 정해놔야 데이터 기반 마케팅 프로젝트는 평가가 가능하고 책임을 질 수 있는 프로젝트가 된다(그림 8.2). 데이터 분석을 통해서 얻은 통찰력은 보다 실행 가능하고 구체적인 마케팅 개선 노력으로 이어질 것이다.

그림 8.2 | 데이터 기반 마케팅 목표 사례

무엇을 제공할 것인가	어떻게 제공할 것인가
· 새로운 제품과 서비스를 구상하라.	· 적절한 고객을 겨냥하고 그들의 소재를 찾아내라.
· 제품과 서비스에 대한 시장 수요를 예측하라.	· 적절한 마케팅 메시지와 콘텐츠를 결정하라.
· 다음 번 구매를 권유하라.	· 커뮤니케이션 목적에 맞는 적절한 미디어를 선택하라.
· 맞춤형 제품과 서비스를 만들어라.	· 특별한 가치를 전달할 채널을 선택하라.
· 고객의 경험을 개인화하라.	· 잠재 고객을 창출하고 육성하기 위해 고객 프로필을 정리하라.
· 신제품에 맞는 적절한 가격 정책을 결정하라.	· 고객에게 제공할 서비스 수준을 설계하라.
· 가변적 가격 책정 정책을 펼쳐라.	· 고객의 잠재적 불만과 이탈 가능성을 파악하라.

2단계: 데이터 요건과 가용성 파악

디지털 시대인 지금, 데이터의 양은 기하급수적으로 증가하고 있으며 시간이 갈수록 더욱 세세하고 다양해지고 있다. 그러나 모든 데이터가 소중하고 적절한 건 아니다. 기업은 목표에 집중한 뒤에, 수집하고 분석할 적절한 데이터를 찾기 위해 나서야 한다.

빅데이터를 분류하는 적절한 방법이 한 가지만 있는 건 아니다. 다만 실용적인 분류 방법 중 하나는 다음과 같이 출처를 기준으로 하는 것이다.

1. 소셜 데이터: 위치, 인구통계학적 양상, 관심사 등 소셜 미디어 사용자가 공유하는 모든 정보

2. 미디어 데이터: 텔레비전, 라디오, 인쇄물, 영화 같은 기존 미디어의 시청률과 청취율 등

3. 웹 트래픽 데이터: 페이지 뷰, 검색, 구매 등 인터넷 이용자가 생성한 모든 로그log 정보

4. POS 및 거래 데이터: 위치, 금액, 신용카드 정보, 구매, 시기, 경우에 따라선 고객 ID 같은 모든 거래 정보

5. IoT 데이터: 위치, 온도, 습도, 다른 장치와의 근접성, 활력 징후 등 서로 연결된 기기와 센서가 수집한 모든 정보

6. 참여 데이터: 콜센터, 이메일, 채팅 데이터 등 기업이 고객
   과 직접 만나는 모든 접점의 정보

마케터는 목표를 달성하는 데 필요한 모든 데이터를 정리해 데이터 수집 계획을 세워야 한다. 데이터 매트릭스data matrix는 목표 달성에 필요한 데이터를 보여주는 데 유용한 도구다. 데이터 매트릭스를 수평으로 보면 목표를 달성하는 데 필요한 데이터가 충분한지 아닌지를 판단할 수 있다. 종합적으로 이해하여 유용한 통찰력을 얻으려면 데이터 소스를 다각화해야 한다. 데이터 매트릭스를 수직으로 보면 각 데이터 소스에서 어떤 정보를 추출해야 하는지 이해할 수 있다(그림 8.3).

앞서 1부터 6까지 번호를 매겨놓은 목록에서 언급한 데이터 유형 중 일부는 내부 용도이므로 마케터가 접근할 수 있다. 이를테면 POS 및 거래 데이터, 참여 데이터 등이 이에 해당한다. 그러나 모든 내부 데이터를 이용할 수 있는 것은 아니다. 기록해놓은 데이터가 얼마나 잘 정리되고 유지되어 있느냐에 따라 '데이터 정화data cleansing'가 필요할 수도 있다. 데이터 정화는 데이터베이스의 오류·중복 등을 검출하여 정정하거나 삭제하는 작업을 말한다. 한편, 소셜 데이터나 미디어 데이터는 외부 데이터이며, 제3의 공급자를 통해 획득해야 한다. 일부 데이터는

그림 8.3 | 데이터 매트릭스

목표 | 마케팅 커뮤니케이션을 위한 적절한 미디어 조합 선택

필요한 분석	데이터 소스					
	소셜 데이터	미디어 데이터	웹 데이터	POS 데이터	IoT 데이터	참여 데이터
고객 프로파일링 및 타기팅	×	×	×	×	×	×
고객 여정 매핑	×	×	×	×	×	×
콘텐츠 분석	×		×			
미디어 소비 습관	×	×	×			
인바운드 마케팅[*] 효과	×		×	×		×

데이터 소스
다각화

집중 분석 대상

[*] inbound marketing: 소셜 미디어나 검색엔진 등을 이용해 고객들이 찾아오도록 하는 마케팅 – 옮긴이

공급 업체, 물류 회사, 소매 업체, 아웃소싱 회사 등의 가치사슬 value chain, 즉 기업 활동 중 부가가치가 생성되는 과정에서 파트너가 제공하기도 한다.

3단계: 통합 데이터 생태계 구축

대부분의 데이터 기반 마케팅 활동은 즉석에서 기민하게 수립된 프로젝트로부터 시작된다. 그러나 장기적으로 봤을 때 데이터 기반 마케팅은 일상적인 작업이어야 한다. 기업은 데이터 수집 노력을 유지하고 지속적으로 갱신하기 위해서 모든 내외부 데이터를 통합하는 데이터 생태계를 구축해야 한다.

데이터 통합에서 가장 큰 과제는 모든 데이터 소스를 관통하는 공통분모를 찾아내는 일이다. 이때 가장 이상적인 방법은 각각의 고객 수준별로 데이터를 통합하여 1:1 마케팅을 허용하는 것이다. 기록을 올바로 보관하는 걸 관행으로 만들면, 확보한 모든 고객 데이터 세트를 항상 고객의 고유 ID와 연결해놓을 수 있다.

고객 ID를 이용해서 내부 데이터를 구하는 건 간단한 일이지만, 외부 데이터를 구하는 건 가능하긴 하더라도 만만치 않은 일이다. 소셜 데이터를 예로 들자면, 고객이 구글이나 페이스북과 같은 소셜 미디어 계정을 통해 전자상거래 웹사이트에 로그인하면, 그것을 고객 ID 및 구매 데이터와 통합할 수 있다. 고객 충성도를 파악할 수 있게 해주는 애플리케이션을 스마트 비콘 beacon(특정 신호를 주기적으로 전송하여 위치 정보를 전달해주는 기기 – 옮긴이) 센서에 연결해놓는 것도 데이터 통합의 또 다른 예가 될 수 있다. 예를 들어 휴대전화를 소지한 고객이 매장 내 특정 통로에 설치된 센서 근처에 있을 때마다 센서가 고객의 움직임을 기록한다. 실제 공간에서 고객 움직임을 추적하는 데 유용한 방법이다.

그러나 개인정보 보호 문제로 개별 고객 ID에 모든 것을 연결할 수 없는 경우도 가끔 생긴다. 절충하는 방법은 특정 인구통계학적 세분화의 변수를 공통분모로 사용하는 것이다. 쉽게 말해서 '18~34세 남성 고객' 식의 세그먼트 명칭이 그런 특정 인구통계와 관련된 모든 데이터 소스에서 얻은 모든 정보를 통합할 때 쓰는 고유한 ID가 될 수 있다.

모든 역동적인 데이터 세트는 마케터가 데이터를 종합적으로 포착, 저장, 관리, 분석할 수 있는 단일 데이터 관리 플랫폼에 저장해놓아야 한다. 새로운 목표가 부여된 새로운 데이터 기반 마케팅 프로젝트는 모두 동일한 플랫폼을 계속 사용해야 한다. 그래야 기업이 분석을 자동화하기 위해 기계학습방법을 동원하기로 할 때 더욱 풍부하고 유용한 데이터 생태계를 구축할 수 있다.

SUMMARY

타기팅 개선을 위한 데이터 생태계 구축

빅데이터의 부상 덕에 시장 세분화와 타기팅의 면모가 바뀌고 있다. 고객 데이터의 폭과 깊이가 기하급수적으로 확대되고 있다. 미디어 데이터, 소셜 데이터, 웹 데이터, POS 및 거래 데이터, IoT 데이터, 참여 데이터는 모두 개별 고객의 프로필을 풍부하게 만들어주면서 마케터가 1:1 마케팅을 수행할 수 있게 도와준다.

디지털 시대에 문제는 데이터가 부족한 것이 아니라 중요한 데이터를 구분할 수 있느냐이다. 따라서 데이터 기반 마케팅은 항상 구체적이고 세밀한 목표를 정의하는 일에서부터 시작해야 한다. 목표를 기반으로 적절한 데이터 세트를 입수하여 분석 정보나 기계학습 엔진과 연결된 데이터 관리 플랫폼에 통합해야 한다. 그 결과로 얻은 통찰력은 더 날카로운 마케팅 제안과 캠페인으로 이어질 수 있다.

그러나 어떤 일이 있어도 데이터 기반 마케팅을 IT 프로젝트 형태로 착수해서는 안 된다. 강력한 마케팅 리더십 팀이 프로젝트를 주도하고, IT 지원을 포함하여 회사의 모든 자원을 조율해야 한다. 데이터 기반 마케팅은 모든 문제를 해결하는 묘책이 아닐뿐더러 자동으로 실행되지도 않는다. 따라서 조직 내 모든 마케터가 함께해야 한다.

✓ 데이터 관리 방법을 개선하여 조직 내 마케팅 관행을 개선할 방법을 생각해보라. 가장 쉬운 작업이나 가장 쉽게 달성할 수 있는 목표는 무엇인가?

✓ 제품과 서비스 시장을 어떻게 세분화하는가? 조직 데이터 내에 1:1 마케팅을 구현하기 위한 로드맵을 작성하라.

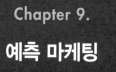

Chapter 9.

예측 마케팅

: 선제적 조치로 시장 수요 예측하기

"예측 분석은 고객의 과거 행동을 조사
하여 미래에 이와 유사하거나 관련이
있는 행동을 보여줄 가능성을 평가하
는 것이다. 빅데이터 내에서 감지하기
힘든 패턴을 발견해 최적의 행동 방침
도 추천해준다. 이 일은 아주 미래 지
향적인 성격을 띠기 때문에 마케터가
앞서나가고, 미리 마케팅 대응 방안을
준비하고, 결과에 영향을 미칠 수 있게
해준다."

2001년 미국 프로야구 메이저리그 시즌이 끝난 직후 오클랜드 애슬레틱스는 자유계약선수 자격을 얻은 주전 3명을 다른 팀에 내주고 말았다. 당시 오클랜드 애슬레틱스 단장이었던 빌리 빈Billy Beane은 한정된 예산을 가지고 대체 선수들을 찾을 방법을 고심하던 중, 다음 시즌에 강력한 팀을 구성하기 위해 분석에 눈을 돌렸다. 그는 기존의 스카우트 방식이나 내부자 정보보다는 컴퓨터를 이용한 야구 통계 분석법인 세이버메트릭스sabermetrics에 의존했다.

빌리 빈은 분석을 통해 출루율과 장타율처럼 그동안 저평가되어왔던 기준이 그동안 사용해온 공격 통계보다 선수의 성적을 더 정확히 예측하게 해준다는 사실을 알아냈다. 다른 팀들이 출루율과 장타율이 좋은 선수들을 영입하고 있지 않았기에 이때 얻은 통찰력을 발휘해 비교적 적은 연봉으로 저평가된 선수들을 영입할 수 있었다. 이 놀라운 이야기는 마이클 루이스의 책 《머니볼》에 등장하며, 베넷 밀러Bennett Miller 감독이 같은 제목의 영화를 만들기도 했다.

이 분석법은 전 세계 스포츠 클럽들과 스포츠 투자자들에게 주목을 받았다. 영국 축구팀 리버풀의 구단주인 존 헨리John Henry가 그중 하나였다. 리버풀은 과거 화려한 전적을 자랑했지만 이제는 영국 프리미어리그에서 성적 부진에 시달리고 있었다. 리버풀을 재건하는 데에는 수학 모델이 동원됐다. 구단은 분석 결과를 기초로 위르겐 클롭Jürgen Klopp을 감독으로 임명하고 몇몇 선수를 영입하여, 마침내 2018~2019 UEFA 챔피언스리그와 2019~2020 잉글랜드 프리미어리그 우승을 거머쥐었다.

이런 이야기들은 완벽한 예측 분석 사례에 해당한다. 마케팅에서 예측 분석은 시장이 움직이기 전에 기업이 그 움직임을 예측할 수 있게 해준다. 전통적으로 마케터는 앞으로 무슨 일이 일어날지를 더 정확히 예측하기 위해 과거의 행동을 설명해주는 기술 통계descriptive statistics를 토대로 자신의 직관을 발휘해왔다. 이제는 예측 분석에서 대부분의 과정을 AI가 수행한다. 기계학습 엔진에 입력된 과거 데이터는 특정한 패턴을 보이는데, 이것을 예측 모델predictive model이라고 한다. 마케터는 새로운 데이터를 이 모델에 입력함으로써 구매 확률이 높은 고객이나 판매 확률이 높은 제품, 마케팅 캠페인 효과 등과 같은 미래의 결과를 예측할 수 있다. 예측 마케팅은 데이터에 대한 의존도가 상당하므로 기업은 일반적으로 이전에 구축해놓았던 데이터 생태계를 기반으로 예측 역량을 쌓아나간다(8장 참조).

선견지명이 있는 기업은 남들보다 앞서 미래 지향적인 투자를 할 수 있다. 예를 들어 기업은 현재 거래금액이 적은 신규 고객이 앞으로 주요 거래처가 될지 어떨지를 예측해보고, 그중 특정 고객을 성장시키기 위해 자원을 투자하는 최상의 결정을 내릴 수 있다. 신제품을 개발하는 데 지나치게 많은 자원을 할당하기 전에 예측 분석을 통해 관련 아이디어를 거르는 작업을 할 수도 있다. 즉, 예측 분석은 마케팅 투자수익률을 높이는 성과로 이어진다.

예측 모델이 새로운 주제는 아니다. 데이터에 기반해 판단하는 마케터는 몇 년에 걸쳐 회귀 모델regression model(대규모로 저장된 데이터 안에서 통계적 규칙이나 패턴을 찾아내는 데이터 마이닝 분석 기법의 하나-옮긴이)을 구축해 행동과 결과 사이의 인과관계를 찾는다. 그러나 기계학습을 사용하면 컴퓨터가 자체적으로 패턴과 모델을 발견하기 위해서 데이터 사이언티스트들이 미리 결정해놓은 알고리즘을 필요로 하지 않는다. 결과적으로 기계학습 '블랙박스'에서 나온 예측 모델은 종종 인간의 이해와 추론 범위를 벗어난다. 긍정적인 일이다. 마케터가 미래를 예측할 때 더는 과거의 편견, 가정, 제한적 세계관으로 제약을 받지 않을 것이기 때문이다.

예측 마케팅의 응용 방법

예측 분석은 지나간 역사적 데이터를 가지고 실행한다. 그러나 이는 과거 기업의 실적을 소급하여 알려주고, 그런 실적을 올리게 된 이유를 설명하는 데 유용한 기술 통계의 범위를 넘어선다. 미래에 대한 비전을 가진 기업은 단순히 과거에 일어났던 일 이상을 궁금해한다. 예측 분석은 또 맥락 마케팅(10장 참조)을 하며 신속히 답을 제공하거나 애자일 마케팅(12장 참조)을 하며 마케팅 활동을 테스트하는 데 사용되는 실시간 분석의 범위도 넘어선다.

예측 분석은 고객의 과거 행동을 조사하여 미래에 이와 유사하거나 관련이 있는 행동을 보여줄 가능성을 평가하는 것이다. 빅데이터 내에서 감지하기 힘든 패턴을 발견해 최적의 행동 방침도 추천해준다. 이 일은 아주 미래 지향적인 성격을 띠기 때문에 마케터가 앞서나가고, 미리 마케팅 대응 방안을 준비하며, 결과에 영향을 미칠 수 있게 해준다.

예측 분석은 선제적·예방적 조치를 취하는 데 매우 중요하며, 이는 마케팅 계획을 수립하는 목적에 완벽히 부합한다. 마케터는 예측 분석을 통해 의사결정을 개선하기 위해 마음대로

그림 9.1 ｜ 예측 마케팅 적용 방법

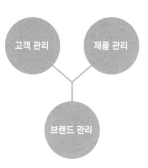

· 상향 판매와 교차 판매
  기회 포착
· 고객 충성도 예측 및
  고객 이탈 감지
· 고객마다 NBANext-Best-
  Action 결정

· 성공적 제품 출시 확률
  예측
· 고객별로 맞춤화한 제품
  가치 명제 설정
· 대규모 제품군에서 제품
  추천

· 효과적인 마케팅 캠페인 예측
· 고객이 높은 반응을 보일
  마케팅 콘텐츠 예측
· 디지털 여행 내내 콘텐츠로
  고객 인도

쓸 수 있는 강력한 도구를 갖게 되는 셈이다(그림 9.1). 이제 마
케터는 어떤 시장 시나리오가 펼쳐지고, 어떤 고객이 공략할 가
치가 있는지를 결정할 수 있다. 또 착수해보기 전에 어떤 마케
팅 활동과 전략의 성공 가능성이 가장 큰지를 평가해볼 수 있
어 실패 위험을 대폭 낮출 수 있다.

예측적 고객 관리

고객이 가져올 미래 수익을 모른 채 목표 고객을 정해서 공략했다가는 마케팅 투자가 악몽으로 끝날 것이다. 마케터는 고객을 유치하고 육성하며 고객사를 관리하기 위해 광고, 다이렉트 마케팅, 고객 지원에 얼마나 쓸지를 결정해야 한다. 이때 예측 분석을 통해 고객의 가치를 추정하면 이런 결정을 더 잘 내릴 수 있다.

고객 관리 목적으로 사용되는 예측 모델을 '고객 자산customer equity 모델'이라고 부른다. 이 모델은 고객이 유입된 시점으로부터 제품 또는 서비스의 사용을 그만두고 이탈하는 시점까지 올려줄 것으로 예상되는 순이익의 현재가치인 고객생애가치CLV를 측정해준다. 또 향후 장기적인 투자 수익률도 알려주는데, 고객 유치비가 많이 들다 보니 처음 1~2년 동안에는 고객 대부분이 수익을 내주지 못할 수 있어 이런 예측은 매우 중요하다.

예측 모델 개념은 특히 은행이나 통신사처럼 고객과 장기적 관계를 맺는 B2B 기업과 서비스 회사에 가장 필요하다. 법인 고객을 상대하는 기업은 상품 전시회와 영업비 때문에 막대한 고객 유치비를 지출한다. 마찬가지로 은행은 광고와 계좌 사례금으로 거액의 돈을 쓰며, 통신사들은 모바일 기기 고객을 확보하기 위해 보조금을 지급하는 것으로 잘 알려져 있다. 이런 분야에서 활동하는 기업들 입장에서는 일회성 거래와 단기 관계 체결을 위해 쓰는 마케팅 비용이 너무 많다.

CLV를 추정하는 분석은 상향 판매와 교차 판매 대상인 제품 또는 서비스에 대한 고객의 반응을 예측하는 것이 목적이다. 분석 알고리즘은 일반적으로 유사한 프로필을 가진 고객이 어떤 제품을 묶음으로 구매했는지 보여주는 과거 데이터를 활용한다. 각 고객과 관계가 지속된 기간을 예측할 수 있고, 고객의 이탈을 감지할 수 있으며, 무엇보다 이탈 이유를 알아낼 수 있다. 그러면 기업은 고객 이탈을 막기 위한 효과적인 유지 전략을 개발할 수 있다. 따라서 예측 분석은 예측 능력뿐만 아니라 CLV도 개선해준다.

일단 고객의 프로필을 확보한 뒤 CLV 계산을 끝내면 마케터는 NBA Next-Best-Action 마케팅을 시행할 수 있다. NBA는 특정 고객이 취할 수 있는 다양한 행동을 고려한 다음, 그 고객에게 가장 적합한 마케팅 방법을 결정하는 고객 중심 마케팅 기법이다. 이때 마케터는 제품개발과 영업 등 여러 팀과 상호작용하면서 사전 판매에서 실제 판매를 거쳐 애프터서비스에 이르기까지 고객을 안내해준다. 마케터는 단계마다 예측 분석을 통해 고객에게 마케팅 자료를 추가로 보낼지, 제품의 시연을 해줄지, 아니면 영업 상담을 위해 직원을 보낼지 등 다음에 취할 행동을 결정할 수 있다.

이보다 더 간단하게, 기업은 CLV를 토대로 고객 등급을 매겨서 등급별로 할당할 자원에 차이를 둘 수 있다. 이런 등급제는 기업이 특정 등급에 해당하는 고객을 유치하고 유지하기 위해 얼마의 비용을 배정해야 할지를 결정할 수 있게 해준다. 마케터는 유치할 고객의 우선순위를 정할 수 있고, 시간이 흐르면 고객의 등급을 올려줄 수도 있다.

등급은 기업이 고객별로 제공하는 다양한 고객 인터페이스의 기반이 된다. 즉, 수익 기여도가 높은 고객은 전용 지원팀의 서비스를 받을 수 있지만, 그렇지 않은 고객은 자동화된 디지털 인터페이스의 지원을 받게 될 것이다(11장 참조).

예측 제품 관리

마케터는 제품 수명이 다할 때까지 예측 분석을 활용할 수 있다. 이런 예측은 제품 개발을 구상하는 단계에서부터 일찌감치 시작할 수 있다. 기업은 이미 시판된 제품 중에서 고객의 관심을 끄는 특성을 분석하고, 그 결과를 바탕으로 적절한 특성을 모두 조합하여 신제품을 개발할 수 있다.

제품개발팀은 이런 예측 마케팅 방식을 통해서 매번 처음부터 다시 시작해야 하는 불상사를 피할 수 있다. 시장 테스트를 하거나 실제 출시할 때 성공 가능성이 더 큰 제품 디자인과 시제품을 마련해놓으면 개발비를 상당 수준 아낄 수 있다. 현재 유행하는 트렌드와 잠재적 구매자들에게 좋은 반응을 얻어낼 것으로 예상되는 것에 대한 외부 정보도 알고리즘에 입력하면 경쟁사보다 앞서 트렌드를 활용할 수 있다.

넷플릭스를 예로 들어보겠다. 이 미디어 회사는 신생 경쟁사들에 대한 경쟁우위를 강화하고 장기적으로는 콘텐츠 확보 비용을 낮추기 위해 오리지널 콘텐츠를 제작하기 시작했다. 또한 분석을 통해 어떤 오리지널 시리즈물과 영화를 제작할지를 결정했다. 예컨대 드라마 〈하우스 오브 카드〉는 배우 케빈 스페이시Kevin Spacey 주연에 데이비드 핀처David Fincher 감독의 작품이다. 이 드라마는 원작인 영국 텔레비전 시리즈물에서 영감을 받아 정치를 주제로 한 드라마를 만들면 성공작이 되리라는 예측을 바탕으로 제작됐다.

예측 분석은 또한 기존 제품군 중에서 판매할 제품을 고를 때 반드시 필요하다. 이때 사용되는 예측 알고리즘을 '추천 시스템recommendation systems'이라고 하는데, 공략하는 고객과 유사한 고객의 구매내역과 선호도에 맞춰 제품을 추천한다. 성향 모델propensity model은 특정 프로필을 가진 고객이 특정 제품을 추천받았을 때 구매할 가능성을 추정한다. 이를 통해 마케터는 고객에게 개인화된 가치 제안을 할 수 있다. 성향 모델이 더 오랫동안 작동하면서 더 많은 고객 반응 데이터를 수집할수록 더 적절한 제품을 추천할 수 있게 된다.

추천엔진은 아마존이나 월마트 같은 소매 업체와 유튜브나 소개팅 앱인 틴더Tinder 같은 디지털 서비스 기업이 가장 잘 활용한다. 최근에는 다른 분야로도 진출했는데, 대규모 고객 기반과 광범위한 제품이나 콘텐츠 포트폴리오를 확보한 기업이라면 어디든 환영할 것이다. 이 모델은 제품에 적합한 시장을 찾는 과정을 자동화해준다.

아울러 예측 추천 모델은 함께 구입하여 사용하거나 서로 같이 사용하는 제품 또는 서비스를 추천할 때 가장 유용하다. 모델링 작업을 할 때는 제품 친밀도 분석이라는 것도 해야 한다. 예를 들어 셔츠를 산 사람들은 아마도 그것에 어울리는 바지나 신발을 사는 데 관심이 있을 것이다. 그리고 뉴스 기사를 읽고 있는 사람은 같은 기자가 쓴 또 다른 기사를 읽거나 기사 주제에 대해 더 알고 싶어 할 수도 있다.

예측 브랜드 관리

예측 분석은 마케터가 특히 디지털 공간에서 커뮤니케이션 활동 계획을 짜는 데 도움을 줄 수 있다. 주요 데이터를 분석할 때는 고객 프로필을 완벽히 구축하고, 과거에 성공적이었던 마케팅 캠페인의 핵심 요소들을 정리해볼 필요가 있다. 이런 분석은 앞으로 어떤 캠페인이 성공할 수 있을 것 같은지 예상해보는 데 유용하다. 기계는 반복 작업에 능하고 끊임없이 학습하므로, 브랜드 매니저는 캠페인을 지속적으로 평가하면서 부족한 부분을 최적화할 수 있다.

브랜드 매니저는 창의적인 광고를 디자인하고 콘텐츠 마케팅을 개발할 때, 기계학습을 통해 다양하게 조합해놓은 광고 문구와 시각 자료에 대한 고객의 관심 정도를 측정할 수 있다. 소셜 미디어와 제3의 리뷰 웹사이트에 올라온 글들의 긍정적·부정적 감정을 추출하고 정량화해 연구하는 감성 분석sentiment analysis을 통해 고객이 우리 브랜드와 캠페인에 대해 어떤 감정을 느끼는지 알아볼 수 있다. 브랜드 매니저는 가장 많은 클릭을 유도하는 디지털 캠페인에 대한 데이터를 모을 수도 있다. 이렇게 하면 긍정적인 감정과 높은 클릭률 등 최선의 결과를 도출하는 창작물과 콘텐츠를 만들 수 있다.

이 외에도 예측 분석은 콘텐츠를 적절한 고객에게 전달하는 데 강력한 도구가 될 수 있다. 우선 기업은 브랜드와 직접 관련된 콘텐츠인 브랜디드 콘텐츠branded content를 설계한 뒤 어떤 세그먼트의 고객에게 알리면 가장 효과가 크고, 언제 어디서 그들의 참여를 유도하면 될지를 알아낼 수 있다. 이와 반대로, 고객의 프로필을 정리한 다음에 고객 여정의 모든 단계에서 가장 큰 반향을 일으킬 콘텐츠가 무엇일지 예측할 수도 있다.

고객은 브랜드가 널리 알리는 대규모 콘텐츠 풀에서 필요한 정보를 찾는데 어려움을 겪을 수 있다. 예측 모델은 어떤 고객에게 어떤 콘텐츠를 전달해야 가장 좋은 효과를 낼 수 있는지 예측함으로써 이 문제를 해결해줄 수 있다. 따라서 마케터는 많은 콘텐츠 중에서 의도한 고객에게 가장 적절한 콘텐츠를 찾아내는 식으로 콘텐츠를 철저히 표적화해 전달할 수 있다.

디지털 공간에서 기업은 여러 웹사이트와 소셜 미디어를 통해 고객의 여정을 쉽게 추적할 수 있으며, 고객의 다음 행동을 예측할 수 있다. 마케터는 이 예측 정보를 가지고, 예를 들어 콘텐츠가 고객에 따라 바뀌는 역동적인 웹사이트를 디자인할 수 있다. 그렇게 되면 고객이 웹사이트를 탐색할 때 분석 엔진은 고객의 관심도를 점차 높여서 고객이 구매 활동에 한 걸음 더 다가갈 수 있게 해줄 다음번 최적의 콘텐츠를 예측할 수 있을 것이다.

예측 마케팅 모델 구축

예측 마케팅 모델을 만드는 기법은 단순한 기법에서부터 복잡한 기법에 이르기까지 매우 다양하다. 마케터는 모델을 만들고 개발할 때 통계학자와 데이터 사이언티스트의 도움을 받으면 되기 때문에 통계와 수학적 모델을 깊이 알 필요는 없다. 다만 기술팀이 사용할 데이터와 찾아낼 패턴을 선택할 수 있게 해주기 위해 예측 모델의 기본 개념은 이해하고 있어야 한다. 또 예측 결과를 마케팅에 효율적으로 활용하는 방법뿐만 아니라 예측 모델을 해석하는 데에도 도움을 주어야 한다.

다음은 마케터가 가장 일반적으로 사용하는 예측 모델의 몇 가지 유형이다.

단순 예측을 위한 회귀 모델

회귀 모델은 예측 분석에서 가장 기본적이면서도 유용한 도구로, 독립변수(또는 설명 데이터)와 종속변수(또는 반응 데이터) 간의 관계를 평가한다. 종속변수는 클릭과 판매 데이터처럼 마케터가 달성하고자 하는 결과나 실적을 말하고, 독립변수는 캠페인 타이밍이나 광고 문구 또는 고객 통계처럼 결과에 영향을 미치는 데이터를 말한다.

회귀 분석을 할 때 마케터는 종속변수와 독립변수 사이의 관계를 설명해주는 통계 방정식을 찾아본다. 다시 말해 어떤 마케팅 활동이 가장 큰 영향을 미치고 조직에 최상의 결과를 가져올지를 알아내려고 애쓴다.

다른 모델링 기법에 비해 회귀 분석은 비교적 단순해서 가장 인기가 있다. 회귀 분석은 고객 자산 모델, 성향 모델, 이탈 감지 모델, 제품 친화도 모델 같은 많은 예측 마케팅에 응용할 수 있다.

회귀 모델은 다음과 같이 통상 여러 단계를 걸쳐 수행된다.

1. 종속변수와 독립변수에 대한 데이터를 수집한다

회귀 분석을 하려면 종속변수와 독립변수 모두에 대한 데이터 세트를 충분한 샘플과 함께 수집해놓아야 한다. 예를 들어 충분한 양의 색상 샘플과 색상별 클릭 데이터를 수집해서 디지털 배너 색상이 클릭률에 미치는 영향을 조사할 수 있다.

2. 변수들 간의 관계를 설명해주는 방정식을 찾는다

마케터는 어떤 통계 소프트웨어를 사용해서건 데이터에 가장 적합한 방정식을 만들 수 있다. 가장 기본적인 방정식은 선형회귀선linear regression line으로 알려진 직선 형태다. 또 다른 일반적인 방법은 로지스틱 함수를 이용해서 '사다 또는 사지 않다', '머무르다 또는 이탈하다' 같은 이분형의 종속변수를 모델화할 때 수행할 수 있는 로지스틱 회귀 분석logistic regression이다. 로지스틱 회귀 분석은 예컨대 구매 확률처럼 결과가 일어날 가능성을 예측하는 데 사용된다.

3. 통찰력을 얻고 정확성을 확인하기 위해 방정식을 해석한다

최적의 방정식을 다음과 같이 정의했다고 가정해보자.

$$Y = a + bX_1 + cX_2 + dX_3 + e$$

이 공식에서 Y는 종속변수지만 X1, X2, X3은 독립변수다. a는 절편intercept(좌표 평면상의 직선이 x축과 만나는 점의 x좌표와 y축과 만나는 점의 y좌표를 통틀어 이르는 말 - 옮긴이)이며, 독립변수로부터 아무런 영향도 받지 않는 경우 Y값을 반영한다. b, c, d는 모두 독립변수의 계수coefficient로, 독립변수가 종속변수에 미치는 영향을 나타낸다. 방정식에서 e로 적혀 있는 오차항error term 또는 잔차residual를 분석할 수도 있다. 독립변수가 종속변수를 완전히 설명해주지 못할 수 있으므로 회귀 공식에는 항상 오류가 생긴다. 오차항이 클수록 방정식의 정확도가 떨어진다.

4. 독립변수를 바탕으로 종속변수를 예측한다

공식이 확정되면 이제 마케터는 주어진 독립변수를 바탕으로 종속변수를 예측할 수 있다. 마케터는 이런 식으로 여러 방식으로 조합한 다양한 마케팅 활동의 결과를 예상할 수 있다.

추천 시스템을 위한 협업 필터링

추천 시스템을 구축할 때 가장 일반적으로 쓰는 기술이 협업 필터링collaborative filtering이다. 이는 고객의 사용 형태와 소비 기록 등의 정보를 분석하여 고객이 선호하는 제품을 예측하는 방법을 말한다. 사람들은 자기가 샀던 제품과 비슷한 제품을 좋아하거나, 기호가 같은 사람들이 구입하는 제품을 선호할 것이라는 게 협업 필터링의 기본 전제다. 제대로 예측하기 위해서는 고객이 협업해서 제품을 평가해줘야 하기에 협업 필터링이라고 부른다.

마케터가 고객에게 추천하고자 하는 대상이 무엇이냐에 따라 제품뿐만 아니라 콘텐츠를 대상으로도 협업 필터링을 할 수 있다. 간단히 정리하자면, 협업 필터링 모델은 다음과 같은 논리적 순서에 따라 작동한다.

1. 대규모 고객 기반에서 고객 선호도 수집

마케터는 특정 상품에 대한 사람들의 선호도를 알아보기 위해 고객이 '좋다/싫다'(유튜브에서 '좋아요'를 누르듯)나 5점 만점(아마존에서 평점을 매기듯)으로 제품을 평가할 수 있는 커뮤니티 등급 시스템community rating system을 만들 수 있다. 이 외에도 읽은 기사, 시청한 동영상, 위시리스트wishlist, 장바구니에 추가해놓은 제품 등 고객의 선호도를 보여주는 행동을 활용할 수 있다. 예를 들어 넷플릭스는 오랜 시간에 걸쳐 사람들이 시청하는 영화들의 선호도를 측정한다.

2. 비슷한 고객과 제품 모으기

평가해놓은 제품과 행동패턴이 유사한 고객들은 동일 집단으로 분류할 수 있다. 다만 이때 그들의 심리적('좋아요'와 '싫어요' 기준) 특성과 행동적(행동 기준) 특성이 같아야 한다. 이 외에도 마케터는 특정 집단의 고객들에게 비슷한 평가를 받은 제품들을 함께 모아놓을 수 있다.

3. 신제품에 대한 고객의 평가 예측

이제 마케터는 고객과 생각이 비슷한 다른 고객들이 한 평가를 기준으로 그 고객이 신제품을 어떻게 평가할지를 예측할 수 있다. 이 예측 점수는 고객이 좋아하고 가장 구매할 확률이 높은 제품을 마케팅하는 데 꼭 필요하다.

복잡한 예측을 위한 신경망

이름이 의미하듯, 신경망neural network은 인간의 뇌 안에서 생물학적 신경망이 작동하는 방식을 본떠서 개략적으로 모델링된다. 기업이 정교한 예측 모델을 구축하는 데 유용한, 가장 인기 있는 기계학습 도구에 속한다. 신경망 모델은 많은 숫자와 다양한 과거 사례를 처리하면서 경험을 통해 학습한다. 오늘날에는 이 모델의 접근성이 상당히 향상됐다. 예를 들어 구글은 신경망을 갖춘 기계학습용 플랫폼인 텐서플로TensorFlow를 누구나 이용할 수 있는 오픈소스 소프트웨어로 만들었다.

단순한 회귀 모델과 달리, 신경망은 그 내부 작동 원리를 일반인들이 해석하기 어려운 경우가 많아 '블랙박스'로 여겨진다. 어떻게 보면 인간이 가끔 당면한 정보를 바탕으로 결정을 내리는 방법을 설명하지 못하는 것과 비슷하다. 그러나 데이터 사이언티스트와 비즈니스팀이 사용할 최적의 알고리즘을 결정할 수 없는 상황에서 비정형 데이터를 가지고 모델을 구축할 때는 신경망이 적합하다.

신경망의 작동 원리를 쉽게 설명해보면 다음과 같다.

1. 입력과 출력 두 데이터 세트를 로딩한다

신경망 모델은 입력층input layer과 출력층output layer, 그리고 그들 사이에 숨겨진 층hidden layer으로 이루어진다. 회귀 모델을 구축하는 방법과 마찬가지로 독립변수는 입력층에, 종속변수는 출력층에 각각 로딩된다. 신경망과 회귀 모델의 차이점은 본질적으로 블랙박스 알고리즘이 담겨 있는 숨겨진 층의 유무에 있다.

2. 신경망이 데이터 사이의 연결 관계를 찾게 한다

신경망은 데이터를 연결하여 함수나 예측 모델을 도출할 수 있다. 신경망의 작동 방식은 인간의 뇌가 평생 학습한 내용을 바탕으로 여러 점dots을 서로 연결하는 방식과 비슷하다. 신경망은 상관성, 연관성, 종속성, 인과성 등 각 데이터 세트 간에 존재하는 온갖 종류의 패턴과 관계를 찾아낸다. 이런 연결 관계 중 일부는 숨겨져 있어서 미리 알 수 없는 경우도 있다.

3. 숨겨진 층에서 나온 모델을 이용해 결과를 예측할 수 있다

예제 데이터example data에서 추출한 함수를 가지고 새로운 특정 입력의 결과를 예측할 수 있다. 그리고 실제 결과가 다시 신경망으로 로딩되면 기계는 그 부정확한 결과를 가지고 학습하면서 시간이 지날수록 숨겨진 층을 다듬는다. 그래서 이를 기계학습이라고 한다. 실제 세계가 복잡하다 보니 그에 대한 통찰력을 드러내 주지는 못해도, 지속적인 기계학습을 통해 구축된 신경망 모델은 아주 정확한 예측을 할 수 있다.

어떤 예측 모델을 선택하면 될지는 당면한 문제에 따라 다르다. 문제가 정형화되어 있어 이해하기가 쉬우면 회귀 모델로도 충분하다. 그러나 문제에 알려지지 않은 요인이나 알고리즘이 포함되어 있다면 신경망과 같은 기계학습 방법이 가장 효과적이다. 마케터는 두 가지 이상의 모델을 사용하여 자신이 보유한 데이터에 가장 적합한 모델을 찾을 수 있다(그림 9.2).

그림 9.2 | 예측 마케팅의 작동 방식

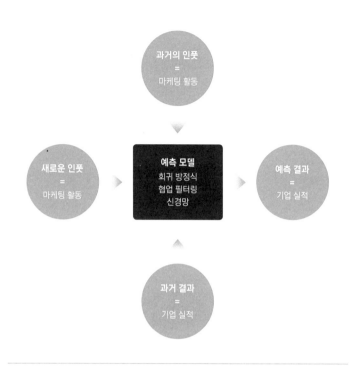

선제적 조치로 시장 수요 예측하기

데이터에 기반해 판단하는 마케터는 모든 마케팅 활동의 결과를 예측함으로써 앞서나갈 수 있다. 고객 관리 차원에서 기업은 예측 분석을 통해 잠재 고객의 가치를 추정함으로써 고객을 유치하고 키우는 데 쓸 투자액을 결정할 수 있다. 제품 관리 차원에서 마케터는 출시 전 시제품의 판매 결과를 예상하여 광범위한 제품군 중 어떤 제품을 상향 판매하고 교차 판매할지를 결정할 수 있다. 마지막으로 예측 모델을 통해 브랜드 매니저는 고객의 감정을 분석하고, 특정 맥락 속에서 브랜드를 구축하는 방법을 결정할 수 있다.

회귀 분석, 협업 필터링, 신경망은 일반적인 예측 마케팅 모델 구축 기법이다. 이때 기계학습이나 AI를 활용할 수도 있다. 그러므로 대부분의 마케터에게는 통계학자와 데이터 사이언티스트들의 기술적 도움이 필요하다.

마케터는 모델의 작동 메커니즘과 함께 모델로부터 통찰력을 얻는 방법을 전략적으로 이해하고 있어야 한다.

✓ 회사가 예측 분석을 활용해 마케팅해왔는가? 예측 마케팅을 새로 응용해볼 방법을 찾아보라.

✓ 예측 마케팅을 어떤 식으로 전개하고, 마케팅 활동에 어떻게 통합하겠는가? 조직 내에서 예측 모델이 어떻게 받아들여지겠는가?

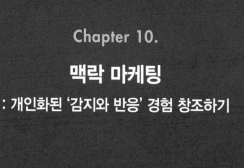

Chapter 10.

맥락 마케팅

: 개인화된 '감지와 반응' 경험 창조하기

"유능한 마케터는 적절한 순간에 적절한 장소에서 적절한 제품을 적절한 고객에게 제공할 수 있다. 고객과 오랫동안 좋은 관계를 구축해온 노련한 영업사원은 고객에 관해 속속들이 알고 각각의 고객을 맞춤형으로 응대한다. 관건은 IoT와 AI의 도움을 받아 이런 맥락 마케팅을 대규모로 펼칠 수 있느냐 하는 것이다."

미국의 식품·잡화 판매 회사인 월그린은 2019년부터 카메라와 센서, 디지털 스크린 도어를 이용해서 내부에 비치된 제품을 보여주는 스마트 냉장고를 활용해 쇼핑객을 대상으로 한 맞춤형 광고를 테스트해왔다. 이 기술은 사생활 보호 문제로 얼굴을 인식하거나 신분을 저장하지는 않지만, 쇼핑객의 나이와 성별을 예측할 수 있게 해준다. 냉장고는 얼굴 감지 기술을 이용해서 문 쪽으로 다가오는 쇼핑객의 인구통계학적 정보와 감정을 추론한다. 또 시선을 추적하고 움직임을 감지하는 센서를 활용해 쇼핑객의 관심 사항을 파악한다.

AI 엔진은 이렇게 해서 얻은 통찰과 날씨나 지역행사 등의 외부 정보를 합쳐서 스크린에 띄울 특정 제품과 판촉 방법을 고를 수 있다. 냉장고는 또 쇼핑객이 어떤 물건을 골랐는지 추적해서 쇼핑객이 냉장고 문을 닫으면 그 물건과 어울리는 다른 제품을 추천해준다. 예상할 수 있듯, 냉장고는 쇼핑객의 행동뿐 아니라 어떤 식의 제품 포장이나 캠페인이 효과가 있는지 등의 데이터를 대량으로 수집한다.

쿨러스크린Cooler Screens이라는 회사에서 납품받은 이 스마트 냉장고 시스템은 월그린에 여러 가지 이점을 선사한다. 냉장고를 설치한 월그린 매장의 방문객 수와 구매 건수가 증가했으며, 배치한 광고를 통해서도 추가로 수익을 냈다. 이 기술로 가격과 판촉 방법을 빠르게 바꿔보는 실험도 해볼 수 있었다. 이를 통해 월그린은 재고 상태를 점검하고, 최신 마케팅 캠페인에 대한 피드백을 받는다.

이런 식으로 광고와 맥락을 반영한 콘텐츠를 바꿔가며 선보이는 모델이 디지털 마케팅 분야에서 새로운 건 아니다. 브랜드들은 고객의 웹브라우징 이력을 바탕으로 맞춤형 광고를 보여주기 위해 예전부터 이 모델을 사용해왔다. 스마트 냉장고를 통해 이 모델이 소매 공간에 등장해서 온라인과 오프라인 세계를 서로 연결해주게 된 것뿐이다. 오늘날 마케터는 이런 차세대 기술의 도움을 받아 맥락 마케팅을 자동으로 수행할 수 있다.

실제로 IoT와 AI 같은 차세대 기술이 장기적으로 추구하는 목표는 인간의 상황 인식 능력을 복제하는 것이다. 유능한 마케터는 적절한 순간에 적절한 장소에서 적절한 제품을 적절한 고객에게 제공할 수 있다. 고객과 오랫동안 좋은 관계를 구축해온 노련한 영업사원은 고객에 관해 속속들이 알고 각각의 고객을 맞춤형으로 응대한다. 관건은 IoT와 AI의 도움을 받아 이런 맥락 마케팅을 대규모로 펼칠 수 있느냐 하는 것이다.

스마트 센싱 인프라 구축

인간은 환경에서 감각 신호를 검색하는 방식으로 상황 인식 능력을 발전시킨다. 표정과 몸짓을 보고 다른 사람의 감정 상태를 구분할 수 있으며, 상대가 짜증을 내는지 아니면 함께 있어 행복한지를 안다. 컴퓨터가 이런 상황 인식 능력을 갖추려면 AI가 처리할 모든 신호를 수집해야 하므로 다양한 센서가 필요하다.

판매 시점에서 맥락별로 대응하기 위한 근접 센서 사용

AI 기반 맥락 마케팅을 하기 위해서는 무엇보다 POS에 센서와 장치들을 연결한 생태계부터 구축해야 한다. POS에 사용되는 가장 인기 있는 센서 중 하나는 주변 기기와 통신하는 저전력 블루투스 트랜스미터인 비콘이다. 모든 오프라인 시설에 여러 개의 비콘을 설치해놓으면 고객의 위치를 정확히 찾아내고 움직임을 파악할 수 있다. 센서들은 또한 서로 연결된 기기에 푸시 알림 같은 방식으로 개인화된 콘텐츠를 전송할 수 있게도 해준다.

기업은 어떤 조건에서 센서가 위치 기반location-based 작업을 수행하게 할 것인지를 결정해야 한다. 최상의 작업 수행 조건은 고객이 있을 때다. 이때 실제로 개인화된 대응을 할 수 있게 고객의 신원이나 프로필을 인식할 수 있어야 한다. 예를 들어 연령과 성별상 공략 대상 고객이 소매점 부근으로 다가온다면 맞춤형 할인 제안을 보낼 좋은 기회가 생기기 때문이다. 날씨 같은 환경 변수도 판촉활동을 유발하는 계기가 될 수 있다. 바깥 날씨가 더울 때는 시원한 음료 판촉활동을 하기에 적기일 것이다(그림 10.1).

그림 10.1 | 맥락 마케팅 메커니즘

센서가 인근 고객을 감지

▼

센서가 고객에 대한 모든 정보를 학습

▼

AI가 고객 신원과 프로필 데이터를 처리

▼

AI가 맞춤형으로 대응

▼

사용자 인터페이스가 대응

판촉활동의 효과를 높이려면 마케터는 고객이 소유하고 있는 기기를 고객의 위치를 파악하는 수단으로 활용해야 한다. 스마트폰이 그 예다. 스마트폰은 고객들이 항상 가까이에 두는 매우 사적인 기기다. 스마트폰은 많은 사람에게 지갑, 열쇠, 카메라의 역할을 한다. 가장 중요한 사실은 이 기기가 센서로 가득하고 블루투스나 모바일 네트워크 등을 통해 항상 연결되어 있다는 점이다. 그런 기술이 담겨 있기에 스마트폰은 다양한 센서와 연결되고 통신할 수 있다.

적절한 모바일 앱이 설치된 스마트폰을 소지한 고객이 근처에 있으면 비콘이나 근접 센서가 고객과 접촉한다. 예를 들어 고객이 소매 업체 앱을 설치한 뒤 개인정보를 사용하여 앱에 로그인했다고 가정해보자. 스마트폰이 가까이 있을 때 비콘이 작동하면서 앱 알림 형태로 고객에게 맞춤형 메시지를 보낼 수 있다.

비콘이 소매점, 테마파크, 쇼핑몰, 호텔, 카지노, 기타 장소의 모든 통로에 설치되어 있다고 상상해보자. 기업은 고객의 스마트폰을 내비게이션 도구로 활용하여 고객이 이 장소들을 관통해서 걸을 때 판촉 정보를 제공할 수 있다. 즉, 고객의 상황에 정확히 들어맞는 맥락 마케팅을 진행할 수 있다. 메이시스, 타깃, CVS를 위시해 주요 소매 업체는 이런 특별한 목적을 위해 비콘 기술을 이용하고 있다.

스마트폰이 하는 역할을 웨어러블 기기가 대체할 수 있는데, 미래에는 인체에 이식 가능한 기기가 대체할지도 모른다. 스마트폰 제조사들은 스마트워치, 초소형 헤드폰, 피트니스밴드 등을 공격적으로 마케팅해왔으며, 이들은 고객에게 지금보다 훨씬 더 사적인 기기가 될 가능성이 있다. 아직 스마트폰만큼 대중적이지는 않지만, 일부 웨어러블 기기는 고객의 미세한 움직임과 건강 정보를 저장할 수 있어 여전히 유망하다. 예를 들어 미네소타주에 있는 사립병원 메이오클리닉Mayo Clinic과 디즈니는 RFIDRadio Frequency Identification(반도체 칩이 내장된 태그, 라벨, 카드 등에 저장된 데이터를 무선 주파수를 이용하여 비접촉으로 읽어내는 인식 시스템 – 옮긴이) 밴드를 이용해서 사람들의 위치와 움직임을 추적하고 분석한다.

생체인식 기술을 활용한 개인화된 행동 유도

맥락 마케팅을 유도하는 또 다른 일반적인 요인은 바로 고객이다. 개인용 기기 없이 고객이 얼굴을 보여주는 것만으로도 위치 기반 작업을 유도할 수 있다. 안면인식 기술은 점점 더 발전하면서 기업이 고객의 인구통계학적 프로필을 추정하는 건 물론이고, 데이터베이스에 기록된 개인을 식별할 수도 있다. 이를 통해 마케터는 적절한 고객을 대상으로 맥락에 맞는 대응을 할 수 있다.

월그린의 스마트 냉장고와 마찬가지로 테스코는 영국 내 주유소에 얼굴 감지 기술을 설치하기 시작했다. 카메라가 운전자의 얼굴을 인식하면, AI 엔진이 나이와 성별을 예측하는 식이다. 운전자는 주유가 끝날 때까지 기다리는 동안 자신의 인구통계학적 프로필에 맞춤화된 표적 광고를 받게 된다.

중국의 스낵류 체인점인 비스토어Bestore는 알리바바의 안면인식 데이터베이스를 활용해서 동의하는 사람의 얼굴을 스캔해 식별해낸다. 이 기술은 알리바바의 데이터를 토대로 손님이 가게에 들어오는 순간, 점원들이 그가 좋아하는 스낵을 알아내게 해준다. 이런 식으로 점원들은 쇼핑객 개개인에게 적절한 제품을 제공할 수 있다. 안면인식 기술은 고객을 식별하는 데에만 유용한 게 아니다. 비스토어는 알리페이의 스마일투페이Smile to Pay 안면인식 결제 시스템으로 계산을 한다.

안면인식 기술은 이제 사람의 감정마저도 감지할 수 있게 됐다. AI 알고리즘은 사진, 녹화된 영상, 라이브 카메라 등에 나온 사람의 표정을 분석해 감정을 추론할 수 있다. 이 기능은 마케터가 직접 관찰하지 않고도 고객이 제품과 캠페인에 어떻게 반응하는지 이해하는 데 유용하다.

감정 감지는 온라인 인터뷰 때, 포커스 그룹 내에서 제품을 구상하거나 광고 테스트를 할 때 사용된다. 웹캠에 동시 접속하는 응답자들이 요청에 따라 사진이나 비디오를 보는 동안 그들의 표정을 분석하는 식이다. 예를 들어 미국 식품 회사인 켈로그Kellogg는 에너지바 크런치 너트 광고를 개발하기 위해 AI 전문 스타트업인 어펙티바Affectiva의 표정 분석 기술을 이용했다. 시청자가 광고를 첫 번째와 두 번째 볼 때 드러내는 즐거움과 관심도를 추적하는 방식이었다.

디즈니는 자사 영화를 상영하는 영화관에 카메라를 설치해서 감정 감지 실험을 했다. 관람객 수백만 명이 상영 중에 짓는 표정을 추적하면서 그들이 매 장면을 얼마나 재미있게 보는지를 알아낼 수 있었다. 이 기술은 미래의 영화 제작 프로젝트를 개선하는 데 유용하다.

실시간 분석이 가능하기 때문에 이 기술을 사람들의 반응에 맞춘 반응형 콘텐츠를 제공하는 데에도 활용할 수 있다. 옥외 광고판에 싣는 역동적인 광고가 이 기술의 확실한 활용 사례다. 옥외 광고 전문 회사인 오션아웃도어Ocean Outdoor는 영국에서 표적 광고를 하기 위해 사람들의 기분, 나이, 성별을 감지하는 카메라들이 달린 광고판을 설치했다.

자동차 운전자를 위한 것도 개발되고 있다. 몇몇 자동차 회사는 운전 경험을 향상시키기 위해 안면인식 기술을 테스트하기 시작했다. 자동차가 운전자의 얼굴을 인식하자마자 자동으로 문을 열고, 시동을 걸고, 심지어 운전자가 좋아하는 음악도 틀어준다. 그뿐 아니라 운전자의 얼굴이 피곤해 보인다는 것을 감지하면 휴식을 취하라고 권고할 수도 있다.

이와 관련된 기술은 시선 추적 센서다. 이 기술을 사용하면 광고나 동영상을 볼 때 눈의 움직임을 통해 그 사람이 어디에 주의를 집중하는지 알아낼 수 있다. 데이터 값을 색깔로 변환해 열 분포 형태로 보여줌으로써 시각적인 분석을 할 수 있게 해주는 것을 히트맵heatmap이라고 하는데, 이를 활용해 마케터는 광고에서 어떤 부분이 더 많은 흥분과 참여를 불러일으키는지 알아낼 수 있다. 팰리스리조트Palace Resorts가 이 시선 추적 기술을 활용해 마케팅 캠페인을 했다. 이 회사는 마이크로 사이트를 제작한 뒤 방문객에게 동영상 퀴즈를 내면서 시선 추적 기능을 갖춘 웹캠을 써도 되는지 동의를 구했다. 사이트에서는 방문객에게 휴가와 관련된 다양한 요소가 조합된 두 가지 영상 중에서 마음에 드는 영상을 고르라고 요청한다. 그리고 영상을 시청하는 방문객의 시선 방향을 바탕으로 그가 보여준 관심에 가장 잘 맞는 회사 리조트 중 하나를 추천해준다.

목소리는 인간을 인식하고 맥락 마케팅을 촉발하는 또 다른 방법이다. AI는 말의 속도, 잠깐의 말 끊김, 음색 등 음성 언어의 여러 가지 특성을 분석하여 내재된 감정을 찾아낼 수 있다. 건강보험 회사 휴마나Humana는 자사 콜센터에서 코기토Cogito의 음성 분석 기술을 이용해 발신자의 감정을 파악하고 콜센터 상담원에게 대화 기법을 추천해준다. 예를 들어 발신자가 짜증이 난 것 같을 때 AI 엔진이 상담원에게 대화 방식을 바꾸라고 알려준다. 발신자와 더 원활한 대화를 할 수 있게 상담원에게 실시간 코칭을 해주는 것이다.

영국의 대형 항공사인 브리티시에어웨이British Airways도 탑승객의 기분을 파악하는 실험을 했다. 이 항공사는 승객의 심리 상태에 따라 색깔이 바뀌는 이른바 '행복 담요'를 선보였다. 이 담요에는 뇌파를 관찰하여 승객이 불안해하는지 이완된 상태인지를 판단해주는 밴드가 달려 있다. 이 실험은 기내 엔터테인먼트를 시청하거나, 식사 서비스를 이용하거나, 잠을 잘 때처럼 고객의 여정 내내 기분 변화를 이해하는 데 도움이 됐다. 가장 중요한 사실은 이 기술을 통해 승무원들이 어떤 승객의 기분이 안 좋은지 신속하게 파악하여 그들이 더 편안함을 느끼도록 해줄 수 있었다는 점이다.

표정, 눈동자 움직임, 음성과 신경 신호를 통한 기분 감지 기술은 마케팅 분야에서 아직 자주 응용되는 주류 기술은 아니다.

그러나 앞으로 맥락 마케팅의 미래를 열어주는 열쇠가 될 것이다. 고객의 기본적인 인구통계학적 프로필 외에도 심리 상태를 이해하는 것이 중요하기 때문이다.

고객 거주지로 직접 연결되는 채널 생성

IoT는 고객 가정으로도 침투한다. 보안 시스템에서부터 홈 엔터테인먼트, 그리고 가전제품에 이르기까지 모든 것이 인터넷으로 연결된다. 스마트홈의 등장으로 마케터는 고객의 거주지로 직접 제품과 서비스를 홍보할 수 있는 통로를 얻게 됐다. 이 기술은 마케팅이 소비 지점에 전례 없이 더 가까이 다가갈 수 있게 도와준다.

한창 성장 중인 가정 내 마케팅 채널 중 하나가 바로 스마트 스피커다. 아마존 에코Amazon Echo, 구글 네스트Google Nest, 애플 홈팟Apple HomePod 등이 있다. 각각 지능형 음성 비서인 알렉사, 구글 어시스턴트, 시리로 구동된다. 이런 스마트 스피커는 기본적으로 음성으로 가동되는 검색엔진 역할을 하므로 고객이 질문하면 정보를 찾아준다. 검색엔진과 마찬가지로, 주인이 던지는 수많은 질문을 통해 주인의 습관과 행동에 대해 더 많이 알게 될수록 지능이 높아질 것이다. 따라서 머지않아 강력한 맥락 마케팅 채널이 될 수 있다.

스마트 스피커 시스템을 통한 마케팅은 아직 초기 단계다. 현재로서는 이 중 어떤 플랫폼에서도 다이렉트 광고를 할 수 없기 때문이다. 하지만 해결 방법은 있다. 예를 들어 기업들은 기술을 통해 알렉사를 발전시킬 수 있다. 생활용품 업체인 P&G나 수프 회사인 캠벨 등의 회사들은 자체적으로 아마존 에코에서 돌아가는 앱을 만들어 발표하고 있다. P&G는 타이드(세제 브랜드) 판매를 위해 알렉사가 세탁에 대한 수백 가지 질문에 답할 수 있는 기술을 개발했다. 또한 캠벨의 기술 개발로 알렉사는 수많은 요리법 질문에 답변할 수도 있다. 고객이 스마트 스피커에 질문을 하고 그에 대한 대답을 들으면 브랜드 인지도와 구매 의사가 모두 올라간다.

스마트 가전제품은 대부분 판촉 용도로 쓸 수 있는 스크린 공간도 제공한다. 터치스크린 디스플레이가 장착된 삼성의 패밀리 허브 냉장고는 쇼핑 목록을 작성하고, 온라인 식료품 배달 회사인 인스타카트Instacart 앱에서 직접 식료품을 주문할 수 있게 해준다. 이 스마트 냉장고는 또 고객이 우버 탑승을 요청하거나 음식 배달 서비스 회사인 그럽허브Grub Hub에서 음식을 주문할 수도 있게 해준다. 마케터는 이 같은 지능형 가전제품 생태계를 통해 고객이 가장 필요로 하는 순간에 즉시 적절한 제품과 서비스를 제공할 수 있다.

가정에서 연결 기기들을 좀더 첨단으로 활용하는 방법은 3D 프린팅이다. 이 기술은 비싸고 복잡하다고 여겨져 아직 걸음마 단계이지만, 기업들은 이 기술을 주류로 활용할 방법을 모색하고 있다. 초콜릿 제조사인 허쉬와 3D 프린팅 솔루션 기업인 3D 시스템즈3D Systems는 2014년에 코코젯Cocojet 3D 프린터를 선보였다. 코코젯 사용자들은 다양한 모양의 초콜릿을 인쇄하고, 초콜릿 바에 원하는 메시지를 넣을 수도 있다. 이런 기술은 생산과 소비 지점 간의 거리를 좁혀준다.

기업과 소비자 간B2C, Business-to-Customer 거래에서 더 인기가 있긴 하지만, 맥락 마케팅은 B2B 환경에서도 매우 적합하다. B2B 업체가 소매점을 갖고 있지 않은 경우 IoT 센서는 고객 거주지 내 자사 제품에 설치된다. 예를 들어 중장비 제조 업체는 성능을 모니터링하기 위해 판매하는 기계에 센서를 설치할 수 있다. 그런 다음 예방적 관리 차원에서 고객 상황에 맞는 데이터를 제공해 궁극적으로 비용을 절감하게 해줄 수 있다.

세 가지 단계로 개인화된 경험 제공

디지털 세계에서의 맞춤화와 개인화는 간단한 일이다. 마케터는 고객의 디지털 정보를 이용하여 프로필에 맞는 역동적 콘텐츠를 제공하기만 하면 된다. 물리적 공간에서 맞춤화와 개인화를 하려면 인간의 손길이 많이 필요한 것과 대조적이다. IoT와 AI 인프라를 구축해놓으면 기업은 인간이 지나치게 개입하지 않고도 물리적 상황에 맞춰 마케팅 활동을 할 수 있도록 디지털 역량을 구현할 수 있다.

맞춤 마케팅은 총 세 단계로 구현할 수 있다. 1단계는 정보 제공 마케팅informative marketing이다. 이 단계에서 마케터는 마케팅 커뮤니케이션 메시지나 제품 선정, 가격 홍보와 관련해 적절한 제안을 제시한다. 2단계는 마케터가 쌍방향 커뮤니케이션 인터페이스 채널을 만들어 고객과 똑똑하게 소통하는 인터랙티브 마케팅interactive marketing이다. 마지막 단계는 마케터가 고객을 감각적으로 체험할 수 있는 경험에 깊숙이 참여시키는 몰입형 마케팅immersive marketing이다.

1단계: 개인화된 정보

좁은 범위에서 응용되는 위치 기반 마케팅은 가장 일반적인 유형의 정보 제공 마케팅이다. 이때는 가장 중요한 메타데이터 metadata(정보를 지적으로 통제하고 구조적으로 접근할 수 있게 하기 위해 정보 유형을 정리한 2차적인 정보 – 옮긴이) 중 하나인 위치 정보를 활용한다. 이때 통상 고객 스마트폰의 GPS를 통해 데이터를 포착한다. 실내 용도로 쓰려면 근접 센서나 비콘을 이용하여 위치 정보를 더욱 강화할 수 있다.

마케터는 위치 정보 솔루션에 바탕을 두고 반경을 설정하는 기술인 지오펜싱geofencing을 이용한 마케팅을 한다. 확보한 데이터를 가지고 예컨대 소매점, 공항, 사무실, 학교 등 특정 관심 지점에 가상의 경계를 설정하여 경계 내에 있는 고객에게 표적 메시지를 보낸다. 페이스북이나 구글 같은 모든 주요 소셜 미디어 광고 플랫폼은 이런 식의 지오펜싱 기능을 제공한다. 이는 특정 영역에 한정해서 마케팅 활동을 할 수 있다는 뜻이다.

기업은 판촉 행사를 할 때 지오펜싱 기술을 써서 인근 지역이나 경쟁업체가 활동하는 지역에서 자사 매장으로 고객 방문을 유도할 수 있다. 세포라, 버거킹, 홀푸드 같은 기업들이 위치 기반 마케팅을 하고 있다. 예를 들어 버거킹은 2019년 와퍼 디투어 캠페인을 벌일 때 미국 내 7,000곳이 넘는 자사 매장뿐만 아니라 1만 4,000곳이 넘는 맥도날드 매장 주변에 지오펜스(실제 지형 위에 구획된 가상의 반경 - 옮긴이)를 만들었다. 그리고 버거킹 모바일 앱 이용자라면 캠페인 기간에 단돈 1센트로 와퍼를 주문할 수 있게 했다. 단, 맥도날드 매장 근처에 있을 때만 그런 주문을 할 수 있게 했다. 주문을 끝낸 사람은 맥도날드 매장에서 근처의 가까운 버거킹 매장으로 가 와퍼를 받게 했다. 이에 대해 많은 소비자는 업계 1위인 맥도날드를 떠올릴 때 자연스럽게 버거킹도 함께 떠올리게 하는 캠페인 전략이라고 생각했다.

2단계: 맞춤형 상호작용

인터랙티브 형식을 취하는 맥락 마케팅은 다층적 성격을 띤다. 위치 기반 마케팅의 대상 고객은 구매 전화를 직접 받지는 않는다. 대신 자신이 받는 위치 기반 메시지에 응답할 기회를 얻는다. 기업은 고객이 보여주는 반응에 따라 또 다른 메시지를 보냄으로써 사실상 고객과 대화하기 시작한다. 기업은 이런 접근 방식을 통해 고객에게 적절한 보상이나 제안을 제공함으로써 인지에서 행동으로 이어지는 고객 여정의 다음 단계로 나아가도록 유도할 수 있다. 이 접근 방식이 주는 이점은 고객이 포괄적인 여정에서 여러 가지 상호작용을 거친 이상 제품을 추가로 구매하지 않고는 배길 수 없게 된다는 점이다.

　기업은 상호작용을 더욱 강화한 맥락 마케팅을 하기 위해서 '게임화의 원리'를 이용할 수 있다. 쇼핑 보상 앱인 숍킥Shopkick은 의류 제조사인 아메리칸이글을 비롯해 많은 소매 업체와 협력하여 쇼핑객들의 구매를 유도하기 위해 보상을 제공한다. 쇼핑객들은 매장에 걸어 들어가거나, 바코드를 스캔하여 판매 상품에 대한 정보를 얻거나, 탈의실에서 옷을 입어볼 때 매번 보상을 받는다.

　세포라의 사례도 생각해보자. 이 회사는 고객에게 위치 기반 제안을 보내 매장 내 상담을 받게 한 뒤 제품을 구매하게 만드는 식으로 맥락 마케팅의 상호작용 역할을 강화했다.

　이 과정은 화장품 시뮬레이터인 세포라 버추얼 아티스트Sephora Virtual Artist를 사용하면서 시작된다. 고객이 스마트폰상에 얼굴을 비추면 얼굴에 립스틱이나 마스카라 등 화장품을 사용했을 때의 이미지를 마치 실제로 화장품을 바른 듯하게 보여주는 증강현실이다. 고객은 온라인에서만이 아니라 오프라인 매장 내 키오스크에서도 이 시뮬레이터를 이용할 수 있다. 세포라는 고객이 매장 가까이에 있을 때 메시지를 보내 매장 방문과 상담 예약을 상기시켜줌으로써 고객의 상품 구매 가능성을 높인다.

3단계: 완전한 몰입감

개인화의 마지막 단계에서 마케터는 센서나 증강현실, 로봇 공학 같은 기술의 도움으로 물리적인 공간에서 완전한 몰입감을 선사할 수 있다. 고객이 오프라인 매장에 있는 동안 끊임없이 디지털 경험을 할 수 있게 해주자는 게 취지다.

예를 들어 교외 대형 할인점은 지오로케이션geolocation 데이터 (유·무선망에 연결된 스마트폰, 컴퓨터 등 기기의 지리적 위치 정보 - 옮긴이)와 증강현실 기술을 이용하여 몰입형 매장 탐색 기능을 제공한다. 로우스의 모바일 앱을 예로 들어보겠다. 쇼핑객은 모바일 앱 안에서 쇼핑 목록을 만들고, 구매하려는 상품을 목록에 추가할 수 있다. 이 작업이 완료되면 증강현실 기능을 활성화할 수 있는데, 그렇게 하면 휴대전화 스크린에는 정면에 있는 길 위에 노란색 표시가 등장한다. 이 표시는 목록에 추가해놓은 상품들을 최단 거리로 안내해준다.

랄프로렌Ralph Lauren 같은 패션 브랜드들은 스마트 탈의실을 통해 고객에게 오프라인 세계에서 몰입감 있는 디지털 경험을 맛보게 해준다. 고객이 마음에 드는 패션 아이템을 탈의실로 가져오면, RFID 기술이 적용된 탈의실 내 스마트 미러smart mirror에 어떤 아이템을 선택했는지가 인식된다. 고객은 스마트 미러를 통해 다양한 사이즈와 색상을 선택해볼 수 있으며, 매장 직원에게 원하는 물건을 탈의실로 갖다 달라고 요청할 수도 있다. 또 직원에게 자신이 선택한 아이템과 어울리는 특별한 스타일을 추천받을 수도 있다.

몰입적 성격을 강화한 맥락 마케팅의 목적은 고객이 옴니채널 경험을 매끄럽게 해볼 수 있도록 오프라인과 온라인 환경 사이의 경계를 모호하게 만드는 것이다. 그럼으로써 디지털 기술이 가진 개인화 능력과 오프라인 매장이 가진 경험적 특성을 결합할 수 있다.

SUMMARY

개인화된 '감지와 대응' 경험 창조하기

IoT와 AI 조합은 오프라인 세계에서 맥락 마케팅 경험을 창조하려는 목표를 달성하는 데 강력한 효과를 발휘할 수 있다. 고객 데이터에 기반한 역동적 마케팅은 디지털 미디어 덕분에 가능하다. 디지털 마케터는 자동화된 방식으로 마케팅 제안을 손쉽게 조정할 수 있다. 과거에는 물리적 공간에서 맥락 마케팅을 하려면 고객의 마음을 읽을 수 있는 일선 직원의 능력이 중요했다. 하지만 IoT와 AI의 도움으로 이제는 그렇지 않게 됐다.

AI 기반 맥락 마케팅을 하려면 무엇보다 POS 또는 고객 거주지 내에서 센서와 기기로 연결된 생태계를 구축해야 한다. 일단 인프라가 구축되면, 마케터는 맥락 마케팅 유발 요인과 대응 조치를 정해놓고 있으면 된다. 적절한 프로필을 가진 적절한 고객이 센서 부근에 있을 때 마케터는 그 고객에 대한 정보를 더 많이 파악해서 적절한 메시지와 함께 적절한 제품을 추천할 수 있다. 마케터는 또 고객과 상호작용하면서 몰입감 있는 고객 경험도 개발할 수 있다(그림 10.2).

그림 10.2 | 맥락 마케팅 유발 요인과 대응 방법

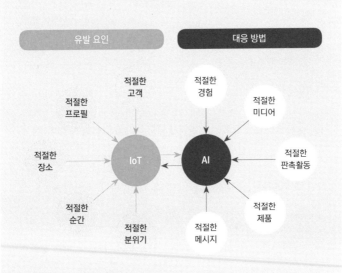

✔ 조직에서 맥락 마케팅 기술을 어떻게 활용할 것인지 검토해보라. 어떻게 하면 IoT와 AI를 조합해 적용할 수 있는가?

✔ 고객에 대한 실시간 이해를 바탕으로 개인화된 마케팅을 할 방법을 알아보라.

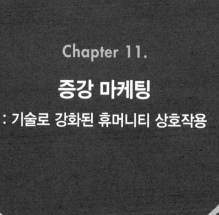

Chapter 11.

증강 마케팅

: 기술로 강화된 휴머니티 상호작용

"마케팅에서는 인간이 여전히 지배적 영향력을 발휘하고 있으며, 컴퓨터가 지원 시스템 역할을 수행할 수 있는 분야에서만 지능 증폭 기술을 적용하는 게 완벽하게 합리적이다. 따라서 증강 마케팅은 판매와 고객서비스처럼 인간과 인간의 접점이 대거 포함되는 마케팅 활동에 초점을 맞춘다. 기술은 인간을 대신하여 부가가치가 낮은 업무를 맡고, 인간이 더 현명한 결정을 내릴 수 있도록 지원함으로써 생산성을 높이는 것이다."

1990년대 후반에 언론의 큰 주목을 받았던 사건 중 하나가 IBM의 슈퍼컴퓨터인 딥 블루Deep Blue와 러시아의 전설적인 체스 챔피언 가리 카스파로프Garry Kasparov가 벌인 체스 대결이었다. 언론에서는 이를 전형적인 인간과 기계의 대결로 대서특필했다. 1997년 딥 블루는 결국 체스 대결에서 세계 챔피언을 이긴 최초의 기계로 등극했다. 1년 전 치러진 1차전에서는 카스파로프가 이겼지만, 1년 만에 뒤바뀐 승패는 체스계뿐만 아니라 전 세계적으로 화제가 됐다.

많은 전문가가 당시 딥 블루의 승리를 기계의 뛰어난 지능을 보여주는 신호로 해석했다. 딥 블루는 당시 어떤 인간이 할 수 있는 수준보다도 빠른 초당 2억 개의 경우의 수를 분석할 수 있었다. 카스파로프 자신도 대국 도중 딥 블루가 발휘할 수 있는 역량에 대해 잘 모르고 있었음을 인정했다. 상대가 인간이었다면 카스파로프는 그의 표정이나 몸짓 언어를 읽음으로써 상대의 수를 더 잘 예측할 수 있었을 것이다.

이후 카스파로프를 비롯한 많은 체스 선수가 컴퓨터를 이용해 경기력을 높일 수 있을지 궁금해했다. 그런 궁금증은 인간 선수들이 모든 수를 결정하기 전에 기계와 상의할 수 있는, 즉 인간과 기계가 팀을 이뤄 경기하는 어드밴스드 체스Advanced Chess 또는 프리 스타일 체스Freestyle Chess 경기의 등장으로 이어졌다. 2005년 그랜드마스터grand master(세계 최고 수준의 체스 선수-옮긴이)와 슈퍼컴퓨터가 참가해 열린 토너먼트 대회에서는 일반 컴퓨터 3대의 도움을 받은 스티븐 크램턴Steven Cramton과 재커리 스티븐Zackary Stephen이라는 두 아마추어 선수가 우승하는 획기적인 사건이 벌어졌다. 이들의 팀명은 팀잭스Team ZackS였다.

결승까지 올라가는 동안, 컴퓨터의 도움을 받은 몇몇 그랜드마스터는 대부분의 슈퍼컴퓨터 경쟁자들을 물리쳤다. 유일한 예외가 팀잭스였는데, 이 팀 역시 몇몇 슈퍼컴퓨터를 물리치고 결승에 올라온 상태였다. 결승전에서 승리한 팀잭스는 어떤 그랜드마스터나 자기학습 컴퓨터보다 자신들의 컴퓨터를 더 잘 가르쳤다.

이 이야기는 인간과 기계의 협력이 인간 전문가나 강력한 성능의 기계보다 항상 더 낫다는 걸 보여주는 증거로 자주 인용된다. 핵심은 둘 사이에 최고의 공생 방안을 찾는 것이다. 오늘날 슈퍼컴퓨터는 미묘한 인간의 지능을 복제할 정도의 수준에는 전혀 도달하지 못했으며, AGI의 꿈이 실현되려면 아직 멀었다(6장 참조). 그러나 컴퓨터는 인간에게 특정한 기능을 넘겨받는 데 탁월한 능력을 보여왔다. 기술자들은 모든 일이 가능한 기계를 만들기보다 기계가 인간을 능가하는 몇몇 제한적인 AI 응용 방안을 개발하는 데 집중한다.

컴퓨터에게 무엇을 어떻게 가르칠지 정확하게 알게 되면, 인간 코치들은 컴퓨터가 가진 잠재력을 최대한 발휘하게 할 수 있을 것이다. 이런 전제는 지능 증폭IA, Intelligence Amplification으로 알려진 기술 개발 운동으로 이어졌다. 인간의 지능을 복제하는 것을 목표로 하는 AI와 달리, IA는 기술로 인간의 지능을 증폭시키려 한다. IA가 강력한 계산 분석의 지원을 받기는 하지만, 결정을 내리는 건 여전히 인간이다.

마케팅에서는 인간이 여전히 지배적 영향력을 발휘하고 있으며, 컴퓨터가 지원 시스템 역할을 수행할 수 있는 분야에서만 IA 기술을 적용하는 게 완벽하게 합리적이다.

따라서 증강 마케팅은 판매와 고객서비스처럼 인간과 인간의 접점이 대거 포함되는 마케팅 활동에 초점을 맞춘다. 이런 인적 자원 집약적인 일에서 기술의 역할은 인간을 대신하여 부가가치가 낮은 업무를 맡고, 인간이 더 현명한 결정을 내릴 수 있도록 지원함으로써 생산성을 높이는 것이다.

등급별 고객 인터페이스 구축

고객이 회사와 커뮤니케이션하는 방식인 고객 인터페이스는 고객 경험에서 큰 부분을 차지한다. 접객, 건강 관리, 전문 서비스, 심지어 하이테크 같은 산업에서 일부 고객 인터페이스는 주로 인간이 주도한다. 안내원, 간호사, 컨설턴트, 주요 고객사 관리자는 각자의 활동 분야에서 중요한 역할을 하며 기계는 적절한 경험을 제공하는 능력 면에서 인간의 상대가 되지 않는다. 하지만 그들이 최상의 능력을 발휘하기 전까지, 그리고 그들을 채용해 역량을 키워주기까지 몇 년의 시간이 걸린다. 사정이 이렇다 보니 기업은 사세 확장에 어려움을 겪게 되고, 근본적으로는 성장에 한계가 생긴다.

증강 마케팅이 이런 문제에 대한 해결책을 제공해준다. 디지털 인터페이스는 고객이 브랜드 또는 기업과 상호작용할 수 있는 새로운 대안을 제시한다. 가트너는 2022년까지 고객 상호작용의 72퍼센트가 AI, 챗봇, 모바일 메시징 등 신생 기술을 통해 이루어질 것으로 추산했다. 디지털 인터페이스가 인간과 인간의 상호작용을 전적으로 대체할 수는 없겠지만, 부족한 인력이 더 빠르고 똑똑하게 일하게 해줄 순 있다.

Y세대와 Z세대의 등장은 이런 증강 마케팅의 필요성을 더욱 부채질할 것이다(2장 참조). 이 두 세대는 인터넷을 살아가는 데 없어서는 안 될 일부로 여기고, 기술을 자신의 확장자로 간주한다. 사실 이들은 물리적 세계와 디지털 세계를 구분하지 못한다. 참고로, 두 세계가 합쳐진 세계를 '피지털phygital' 세계라고 부른다. 이제 속도와 맞춤형 서비스는 디지털 인터페이스가 나아갈 길을 열어줄 것이다.

증강 마케팅은 기술이 어떻게 경영 일선에 부가가치를 창출해줄 수 있는지에 대한 명확한 정의에서 시작된다. 생산성을 향상시키는 한 가지 방법은 등급별 인터페이스 시스템을 만드는 것이다. 피라미드 구조 안에 디지털 인터페이스와 인간 인터페이스를 혼합해놓으면, 기업은 가치 있는 일을 하도록 인력을 배치함으로써 사세를 확장할 수 있다.

등급별 판매 인터페이스

판매 과정에서 가장 일반적인 고객 인터페이스 등급은 판매퍼널sales funnel(고객이 되기 위해 거쳐야 하는 모든 단계 - 옮긴이) 전반에서 나타나는 고객 라이프사이클을 바탕으로 정해진다. B2B 기업은 영업사원들과 함께 적격한 잠재 고객과 영향력이 큰 잠재 고객을 확보하는 데 나서는 한편, 디지털 인터페이스를 통해 초기 잠재 고객을 찾아내 육성할 수 있다. 이런 전략을 활용함으로써 기업은 더 광범위한 영역에서 잠재 고객을 발굴할 수 있고, 영업사원들이 거래를 성사시키는 데 다시 집중하게 할 수 있다. 판매 퍼널의 마지막 단계에서는 대개 강력한 커뮤니케이션과 협상 기술이 필요하기 때문에 이런 식의 준비가 최적의 효과를 낸다.

소매 업체는 또한 옴니채널을 통해 등급별로 구분한 판매 인터페이스를 활용할 수 있다. 디지털 채널은 인지도를 쌓고, 관심을 이끌고, 시험 삼아 써보게 하는 데 이용된다. 고객은 웹사이트나 모바일 앱에서 제품 카탈로그를 뒤져보고 원하는 제품을 선택할 수 있다. 세포라나 이케아 같은 기업들은 AR을 활용해서 잠재 구매자가 제품을 디지털 방식으로 '시험 삼아 써보게' 해준다. 그래야 고객이 오프라인 매장에 왔을 때 더 큰 관심을 나타내기에 매장 점원들이 물건을 팔기가 쉬워진다.

판매 과정에서 인간과 기계의 분업 방식은 퍼널 전반에서 펼쳐지는 전문화된 활동에 따라 정해진다. 이 하이브리드형 모델은 비용이 가장 적게 드는 채널부터 가장 많이 드는 채널에 이르기까지 다양한 판매 채널을 활용한다. 각 채널은 잠재 고객을 퍼널의 상단에서 하단까지 유도하는 데 특정한 역할을 수행한다(그림 11.1).

그림 11.1 | 등급별 판매 인터페이스 내 증강 마케팅 사례

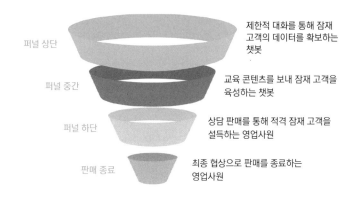

퍼널 상단 — 제한적 대화를 통해 잠재 고객의 데이터를 확보하는 챗봇

퍼널 중간 — 교육 콘텐츠를 보내 잠재 고객을 육성하는 챗봇

퍼널 하단 — 상담 판매를 통해 적격 잠재 고객을 설득하는 영업사원

판매 종료 — 최종 협상으로 판매를 종료하는 영업사원

1. 판매 과정에서 단계를 결정한다

일반적인 판매 과정을 그림으로 그려놓으면 깔때기(퍼널) 모양이 된다. 다시 말해, 영업팀은 다수의 잠재 고객 집단을 단계적으로 소수의 고객 집단으로 전환시킨다. 판매 과정 내 성과는 퍼널 전반에서 나타나는 고객전환율로 표시된다. 퍼널의 상단 과정에서는 인지도 구축, 잠재 고객 생성과 고객의 구매 가능성 예측, 잠재 고객 관련 데이터 포착 등을 하게 된다. 퍼널 중간에서는 대개 잠재 고객을 영향력이 큰 고객으로 만들기 위해 그

들을 키우는 작업을 하게 된다. 마지막으로, 퍼널 하단 과정에서는 잠재 고객을 만나고 설득하고, 협상하고, 판매를 마감하는 일을 한다.

2. 가능한 영업 인터페이스 목록을 작성한다

과거에는 판매 과정에서 인지도를 구축하고 잠재 고객을 창출하기 위해 기업이 상품 전시회나 이메일 마케팅에 많이 의존했다. 잠재 고객을 육성하고 유지할 때도 전화나 직접 판매 방법을 썼다. 하지만 첨단기술 덕분에 이런 방법들을 대체할 수 있는 많은 인터페이스가 등장했다. 디지털 마케팅은 이제 인지도를 높이는 캠페인에 충분히 광범위한 영향을 미치고 있다. 기업은 셀프서비스 웹사이트self-service website(고객이 직접 서비스를 요청하고, 정보를 찾고, 문제를 등록하고 해결할 수 있게 해주는 웹사이트 – 옮긴이), AR이 지원되는 모바일 앱, AI 챗봇, 라이브 채팅 등 비용이 적게 드는 다양한 대체 채널을 통해 잠재 고객을 상대할 수 있다.

3. 퍼널 활동과 최상의 인터페이스 옵션을 일치시킨다

판매 과정에서 어떤 인터페이스가 어떤 역할을 하는지를 결정하는 목적이 항상 비용 절감만을 위한 것은 아니다. 기업은 효율과 효과 사이에서 균형을 잡아야 한다. 마케터는 잠재 고객의 프로필에 따라 전시회 같은 오프라인 채널과 소셜 미디어 같은 디지털 마케팅 채널 중 하나를 고를 수 있다. 이와 유사한 논리가 퍼널의 중간과 하단에도 적용된다. 영업사원은 판매 효과가 가장 좋긴 하지만 가장 비싼 채널이다. 따라서 어느 기업이든 특히 퍼널 하단을 위해 쓰려고 귀중한 시간을 남겨둔다. 퍼널 중간에서는 AI 챗봇이 텔레마케터 역할을 대신 수행할 수 있다.

등급별 고객서비스 인터페이스

고객서비스 과정, 즉 기존 고객을 상대할 때 고객의 등급을 나누는 가장 일반적인 기준은 고객생애가치로 불리는 CLV 또는 고객 충성도다.

앞서 언급했듯이 CLV는 어떤 고객이 고객으로 머무는 동안 기업에 얼마만큼의 이익을 가져다줄 것으로 추측되는지를 나타낸 수치다. CLV나 등급이 낮은 고객은 디지털 인터페이스에만 접근할 수 있으므로 그를 상대할 때 드는 서비스 비용은 낮다. 반면 CLV가 높은 고객은 높은 비용이 드는 인간 보조원과 상호작용할 수 있는 특권을 누린다. 이런 식의 서비스 품질 등급은 고객에게 더 많이 구매하게 하거나 특정 브랜드에 더 높은 충성도를 보여 더 상위 등급을 받고자 하는 동기를 부여한다.

인터넷에서 찾을 수 있는 풍부한 정보는 사람들이 제품이나 서비스와 관련된 문제에 직면했을 때 스스로 해결책을 찾게 해준다. 많은 기업이 고객을 위해 검색 가능한 온라인 자원을 제공함으로써 스스로 해결하는 추세를 촉진한다. 자신이 겪는 문제와 관련해 고객들끼리 서로 물어볼 수 있는 지원 포럼이나 커뮤니티를 개발하는 기업도 많다. 이처럼 소셜 기술을 응용하는 사례 중에는 자원해서 다른 사람들을 도와준 사람은 게임에서 이기면 배지를 타듯 보상을 받게 하는 것도 있다. 기술 회사들이 오랫동안 관행적으로 사용해왔던 이 방법을 현재는 다른 업계의 기업들도 수용하고 있다. 기업은 강력한 지식 기반과 지원 포럼을 토대로 고객이 겪는 문제를 예상할 수 있으며, 고객은 고객서비스팀에 연락해야 하는 번거로움을 피할 수 있다.

온라인 자원과 포럼으로부터 얻은 지식 기반은 기업이 자신들의 기계학습 알고리즘에 입력하는 대규모의 정형화된 데이터가 된다. 그러면 고객은 지원 페이지나 커뮤니티에서 답변을 검색하기보다는 AI에게 해결책을 요청할 수 있다. 자동화된 고객서비스 인터페이스는 챗봇이나 가상 비서일 수 있다. 챗봇 등은 고객이 편리하게 이용할 수 있도록 해줄 뿐만 아니라 원하는 해결책을 즉시 제공해준다. 콜센터와 라이브 채팅 원고, 과거 이용 이력은 매번 AI 엔진으로 전송되어 고객의 궁금증을 수월하게 해소해준다.

인간과 기계 사이에 탄탄한 공생 관계를 유지한 채 등급별 고객 지원 방법을 개발하기 위해 기업은 다음과 같은 몇 가지 단계를 밟아야 한다.

1. 자주 하는 질문FAQ 기반의 지식 구축

기업은 과거 사례를 통해 고객이 대부분 기본적인 문의를 반복적으로 한다는 것을 알고 있다. 고객서비스 담당자에게 이런 질문에 답변하게 하는 것은 비효율적이다. 따라서 이런 질문들을 누구나 쉽게 접근할 수 있는 정보 도서관에 편집해놓는 일부터 해야 한다. 질문이 체계적으로 잘 분류되어 있다면 고객에게 도움이 될 것이다. 기업은 실제 고객 사례, 즉 고객이 직면하는 실제 상황과 시나리오를 활용하는 스토리보드를 이용해야 한다. 아울러 좋은 지식 기반에는 검색 기능이 있어야 한다. 또한 새로운 정보를 가지고 계속해서 내용이 업데이트되어야 한다.

2. 고객 등급 모델 결정

기업은 분석 기술을 이용해 대량의 거래를 개별 고객 기록으로 신속하게 나눠 분석할 수 있다. 기업은 각 고객이 자신에게 주는 가치를 평가하기 위한 일련의 기준만 결정하면 된다. 일반적으로 고객 등급을 정할 때는 재무 자료(수익과 수익성)와 비재무적 자료(지갑 점유율share of wallet, 고객으로 머문 기간, 전략적 중요도)를 모두 고려해야 한다. 여기서 지갑 점유율이란 기존 고객이 경쟁 브랜드를 사지 않고 특정 브랜드를 사느라 정기적으로 지출하는 금액을 말한다.

기업은 각 고객으로부터 최대한 많은 수익을 올리고자 다양한 제품 또는 서비스를 출시해서 기존 고객의 지갑 점유율을 최대한도로 높이기 위해 애쓴다. 어쨌든 이런 자료들을 기준으로 기업은 고객을 등급별로 묶을 수 있다. 등급 결정은 역동적인 성격을 띠기 때문에 고객이 위 또는 아래 등급으로 이동하게 만들 메커니즘이 있어야 한다. 등급이 잘 정의된다면 등급별로 서비스 비용 예산을 쉽게 결정할 수 있다. 이 예산에 따라 각 고객이 접근할 수 있는 고객 지원 옵션이 결정된다.

3. 다중 등급 고객 지원 옵션 설정

기업은 여러 고객서비스 채널에 맞게 지식 기반을 활용할 수 있다. 첫 번째는 웹사이트에 지식 기반을 올려놓아 셀프서비스 옵션을 만드는 것이다. 지식 기반에 풍부한 스토리보드가 마련되어 있다면 챗봇과 알렉사 같은 가상 비서 플랫폼에 쉽게 전달될 수 있다. 고객이 이런 기계 인터페이스를 통해 답을 얻지 못한다면 기업은 인간 대 인간의 인터페이스로 확장할 수 있는 옵션을 제공해야 한다. 포럼과 커뮤니티는 고객에게 그런 확장 권한을 부여하는 좋은 방법이다.

그러나 누구도 이메일, 실시간 채팅, 전화 등으로 답변을 해 줄 수 없을 때는 고객서비스 담당자가 답변해줄 준비가 되어 있어야 한다. 기업이 모든 사람에게 이런 모든 옵션을 제공하려 고 하는 건 금물이다. 하위 등급 고객은 일반적으로 셀프서비스 옵션(온라인 자원과 포럼)을 이용하고, 상위 등급 고객은 선호도에

그림 11.2 | 등급별 고객 지원 인터페이스 내 증강 마케팅 사례

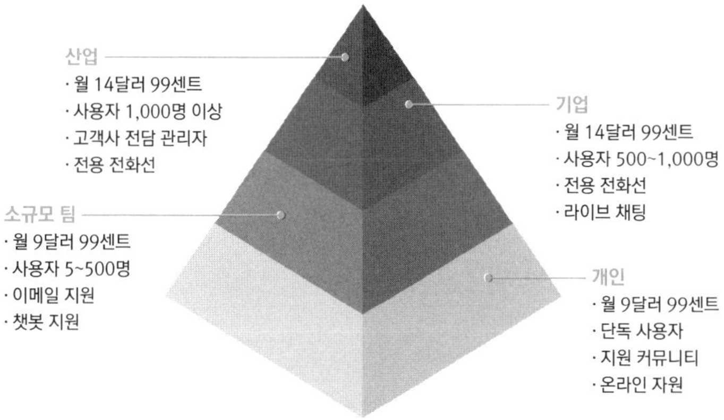

산업
· 월 14달러 99센트
· 사용자 1,000명 이상
· 고객사 전담 관리자
· 전용 전화선

기업
· 월 14달러 99센트
· 사용자 500~1,000명
· 전용 전화선
· 라이브 채팅

소규모 팀
· 월 9달러 99센트
· 사용자 5~500명
· 이메일 지원
· 챗봇 지원

개인
· 월 9달러 99센트
· 단독 사용자
· 지원 커뮤니티
· 온라인 자원

따라 모든 유형의 옵션에 대한 접근 권한을 얻는다(그림 11.2).

일선 직원들을 위한 디지털 도구 제공

분업을 한다고 해서 증강 마케팅이 되는 건 아니다. 디지털 도구를 통해 고객과 직접적인 상호작용을 하는 일선 직원에게 권한을 줘야 한다. 오늘날 전자상거래와 온라인 쇼핑을 둘러싸고 온갖 얘기가 나오고 있지만, 소매 판매는 여전히 대부분 오프라인 매장에서 일어난다. 많은 고객이 온라인에서 검색하고 오프라인에서 쇼핑하는 웹루밍을 하고 있다. 온라인에서 제품을 알아보며 시간을 보낸 박식한 고객은 매장을 방문했을 때 자기만큼 제품에 대한 지식이 풍부한 일선 직원이 자신을 맞아줄 것으로 기대한다.

서비스 산업에서도 비슷한 경향이 보인다. 고객은 후기를 읽은 다음 호텔이나 전문 서비스 회사, 교육 기관을 방문하는 게 일상이 됐다. 이처럼 더 똑똑해진 고객은 기대치가 높아서 일선 직원들이 응대하기가 더욱 까다로울 수밖에 없다.

특히 소매업과 서비스업처럼 고객과 접촉이 많은 업종에서는 일선 직원이 더할 나위 없이 중요하다. 심지어 접촉이 적은 업종에서도 서비스 회복 측면에서 일선 직원이 마지막 방어선 역할을 하게 되는 경우가 많다. 그들은 종종 차별화를 주도하기도 하고 브랜드의 얼굴이 되기도 한다. 따라서 기업은 고객에 대한 적절한 지식과 함께 직원들에게 권한을 주는 게 중요하다. 고객을 상대하는 직원은 다른 방법을 통해 전달하기 어려운 사항을 고객에게 교육하는 가장 중요한 통로이다.

풍부한 통찰력을 가진 일선 직원은 생산성이 높다. 그들은 고객에 대해 나름의 추측을 하기보다는 판매 전환, 교차 판매, 상향 판매에 초점을 맞춘다. 거래 내역과 AI로 생성한 제품 추천 정보는 직원이 고객에게 추천할 물건이 뭔지를 이해하는 데 도움이 되는 정보 중 하나다. 일선 직원에게는 고객의 니즈를 예측하는 능력이 꼭 필요하다. 마찬가지로 중요한 것은 개인화된 상호작용을 제공하고, 오랫동안 알고 지내왔던 것처럼 고객과 관계를 맺는 능력이다.

디지털 도구는 오프라인 매장에서 옴니채널 경험을 제공하고자 하는 기업이 겪는 마찰도 줄여준다. 세포라의 디지털 화장 가이드를 참조하라. 고객은 메이크업 아티스트와의 약속을 예약할 수 있고, 매장을 방문해서는 온라인 카탈로그를 살피며 아이디어를 얻을 수 있다. 메이크업 아티스트는 고객에게 완벽하게 맞는 색조를 찾아내기 위해 컬러IQ Color IQ라는 작은 스캐너를 이용해서 피부톤을 정확하게 진단한다. 화장이 끝나면 고객에게 화장 순서와 사용한 제품 목록을 이메일로 보내준다. 고객의 재구매를 유도하는 데 유용한 방법이다.

기업은 고객을 위한 디지털 인터페이스뿐만 아니라 그것과 어울리는 직원용 인터페이스를 구축해놓아야 한다. 고객 정보는 모바일 또는 웨어러블 기기를 통해 전달해줄 수 있다. 예를 들어 호텔은 고객이 객실에 비치된 태블릿이나 자신의 스마트폰을 통해 요청할 수 있게 해주는데 그런 요청은 시설관리팀, 주방, 안내원에게 직접 또는 연결된 챗봇을 통해 전달된다. 이런 시스템은 더 빠른 대응을 가능케 해 더 나은 고객 경험을 만든다.

기업이 일선 직원을 지원하는 데 적합한 디지털 도구를 제공하기 위해서는 다음과 같이 몇 단계를 거쳐야 한다.

1. 직원의 불만사항을 이해한다

기업이 경영 일선에서 디지털 도구를 도입할 때 저지르는 가장 큰 실수는 기술을 도입하는 목적이 아니라 기술 자체에 매몰되는 것이다. 고객 경험을 이해하는 것만큼이나 직원 경험 employee experience을 이해하는 것이 중요하다. 따라서 가장 먼저

해야 할 일은 직원 경험 경로를 고객 경험 지도에 대한 보완 정보로 매핑하는 것이다. 일선 업무는 어렵기도 하고 스트레스도 크다. 반면, 많은 통찰력을 선사하기도 한다. 기업은 고객을 상대하는 직원의 목소리에 귀를 기울이고, 그들의 불만사항을 정확히 파악해야 한다. 고객과 마찬가지로 직원은 대개 시간 소모적인 활동 같은 비효율적인 일과 고객이 원하는 것을 제공하지 못하는 것 때문에 좌절감을 느끼다가 결국 불만이 쌓이게 된다.

2. 기술이 해결책이 될 수 있는지 파악한다

불만사항이 파악되면 기업은 효과적인 기술 솔루션을 찾아내야 한다. 기업은 대체로 전체 정보기술 시스템에 통합될 수 있는 솔루션에 집중한다. 이때 적절한 선택을 하기 위해서는 직원들을 이 과정에 참여시키는 게 무엇보다 중요하다. 기술 솔루션에 대한 테스트도 직원들의 지원을 받으며 실시해야 한다. 이런 조치는 기업이 솔루션 실행 초기에 잠재적인 문제들을 예상하고 개입 강도를 높일 수 있게 해줄 것이다.

일선 직원이 기술을 어떻게 사용하는지를 이해하는 것도 중요하다. 기업은 적절한 하드웨어를 골라야 한다. 스마트폰과 태블릿이 일반적으로 쓰이는 디지털 도구다. 하지만 핸즈프리 기능이 필요한 작업을 해야 할 때는 웨어러블 기기가 더 적합할 수도 있다.

3. 변화 관리에 집중한다

마켓 5.0의 다른 요소들과 달리, 증강 마케팅에서는 일선 직원과 기술자들 간에 긴밀한 협업이 필요하다. 이때 특히 일선 직원 수가 많은 기업이 해결해야 할 가장 큰 과제는 변화에 대한 거부감이다. 모든 고객이 최신 기술에 능통한 건 아니며, 마찬가지로 모든 직원이 디지털 기기 사용에 능통한 것도 아니다. 기술의 도움을 받아서 하는 증강 마케팅에 거부감을 느낄 수도 있다. 따라서 디지털 기술 이용 수준을 높이기 위한 교육을 실시해야 한다. 기술 학습은 기술을 익히는 문제뿐만 아니라 디지털 사고방식을 갖는 문제와도 관련된다. 실행을 가로막는 장애물을 주시하고, 이를 극복하는 것도 기업이 비즈니스를 영위하는 데 꼭 필요한 일이다.

기술로 강화된 휴머니티 상호작용

인간과 기계의 공생 관계가 최상의 결과를 낳는 곳 중 하나가 고객 인터페이스다. 기본적이고 간단한 문의라면 디지털 인터페이스로도 충분히 응할 수 있다. 그러나 상담이 더 요구되는 상호작용의 경우 컴퓨터는 아직 인간과 인간 간 인터페이스보다 더 나은 성능을 발휘하지 못한다. 그러므로 고객 등급에 따라 인간과 컴퓨터에 업무를 나눠서 맡겨야 한다.

판매 과정에서는 퍼널 상단과 중간의 일은 기계에 위임하고, 하단의 일은 영업사원이 수행하게 할 수 있다. 고객서비스 부문에서는 다수의 고객을 상대할 때는 디지털과 셀프서비스 인터페이스를 이용하되, VIP 고객은 고객 지원 담당자가 맡게 한다. 기업은 특정 문제만을 해결할 수 있는 특화형 AI를 활용해 디지털 상호작용의 품질을 보장해야 한다.

증강 마케팅은 일선 직원들의 디지털 기술 활용 능력을 강화해주는 문제와도 연결된다. 인터넷에 상시 접속하고 있는 고객은 박식한 직원이 상대하게 해야 한다. 상호작용을 할 때 데이터에 기반한 통찰력을 활용할 수 있게 해주면 직원은 모든 고객에게 맞춤형 서비스를 제공할 수 있게 된다. 고객과 직원 간의 양방향 인터페이스도 마찰을 줄이고 궁극적으로 고객 경험의 개선에 도움을 준다.

✓ 판매와 고객서비스 직원의 생산성을 향상시킬 수 있는 영역을 찾아보라. 컴퓨터 시스템에 맡기면 되는 작업으로는 어떤 것들이 있는가?

✓ 어떻게 하면 일선 직원에게 더 나은 결정을 할 권한을 부여할 수 있을까? 예를 들어 영업사원은 타깃 고객 데이터를 가지고 어떻게 영업 전환율을 개선할 수 있을까?

Chapter 12.

애자일 마케팅

: 대규모 마케팅의 신속한 실행

"기업은 고객의 이동 속도를 맞추는 동시에 경쟁우위를 확보해야 한다. '민첩함'이 새로운 게임의 이름이 됐다. 애자일 마케팅은 기업이 마켓 5.0을 구현하는 데 필요한 마지막 퍼즐 조각이다. 이 원칙은 기업들이 직면한, 빠르게 변하면서 예측 불가능한 비즈니스 환경에 들어맞는다."

자라Zara는 지난 10년 동안 가장 성공한 패스트패션fast fashion 브랜드 중 하나다. 패스트패션이란 최신 트렌드를 즉각 반영하여 빠르게 제작하고 유통시키는 의류를 말한다. 장기간의 계절적 트렌드에 의존하는 전통적 의류 업체와 달리 자라 브랜드의 모회사인 인디텍스Inditex는 연간 1만 개 이상의 다양한 디자인 제품을 출시하는 식으로 제품 교체 주기를 빠르게 앞당기는 전략을 쓰고 있다. 인디텍스는 불과 2주면 패션쇼 무대에서 매장 앞까지 최신 트렌드를 끌어다 놓을 수 있다. 이렇게 놀라운 속도를 낼 수 있는 건 민첩하고 유연한 디자인과 공급망 덕분이다.

자라는 전 세계 유명인들의 의류와 패션쇼 동향을 예의 주시한다. 실시간으로 수요가 많은 품목을 파악하기 위해 RFID 추적 기술을 이용해 매장 차원에서 재고관리코드SKU, Stock Keeping Unit상의 매출을 분석한다. 시장에서 얻은 이런 통찰은 분산되어 일하는 디자인팀들에게 어떤 제품을 만들면 될지를 알려준다. 대개는 디자인 과정과 동시에 원단을 구하기 때문에 제작 속도가 훨씬 더 단축된다. 자라 제품은 소규모 단위로 제작된다. 이렇게 하면 생산량을 본격적으로 늘리기 전에 시장 반응을 테스트해볼 수 있고, 재고 회전율도 확실히 올릴 수 있다.

자라의 이런 시장 진입GTM, Go-To-Market 전략은 애자일 마케팅의 한 사례다. 실시간 분석, 분산된 신속 대응팀, 유연한 제품 플랫폼, 동시 프로세스, 신속한 테스트는 모두 애자일 조직의 특징이다. 자라는 이런 조직 모델을 통해 사람들이 옷과 액세서리를 구매하는 방식에 변화를 일으켰다.

그러나 패스트패션 소매업은 극과 극의 반응을 얻는 사업이다. 강력한 지지층을 확보해놓고 있음에도 소매상들은 엄청난 낭비와 불공정한 노동 관행으로 비난을 받는다. 애자일 조직은 시장 분위기를 신속하게 감지하고 대응해야 한다. 이에 자라는 재사용과 재활용을 통해 쓰레기를 줄이고 자원 효율성을 높이는 걸 목표로 하는 순환경제에 대해 지지 성명을 발표했다. 자라는 이어 2025년까지 모든 의류 제품을 지속가능한 소재로 만들겠다고 약속했다.

민첩성과 관련하여 자라의 가장 중요한 시험은 포스트 코로나 시대의 경영방식일 것이다. 자라는 일반적으로 자사 매장들을 전자상거래 물류대행 센터로 활용한다. 봉쇄 기간에 매장들이 일시적으로 영업을 중단한 가운데 전 세계적으로 1,200개의 매장이 폐업한 상황에서 자라는 경영 계획을 재조정할 필요가 있다. 자라로서는 앞으로 10년 동안 온라인과 오프라인 사업의 통합이 매우 중요해질 것이다.

애자일 마케팅이 필요한 이유

제품 수명이 짧다는 것은 하이테크 산업의 주요한 특징이다. 하이테크 산업 종사자들은 기술이 쓸모없게 되기 전에 미리 시장에 진출해서 최대한의 가치를 뽑아내기 위해 경쟁한다. 기업은 새로운 트렌드와 변화하는 고객 행동을 모니터링하고 이에 대응해야 한다. 제품의 수익 창출 기회가 제한적이기 때문에 신제품의 반복적 개발iteration(사용자 요구의 일부나 제품의 일부를 반복적으로 개발하여 최종적으로 완성해나가는 것 – 옮긴이) 속도가 빠르다. 하이테크 기업이 가장 먼저 애자일 마케팅을 수용하는 이유가 바로 여기에 있다.

빠른 속도로 움직이는 디지털 세계에서는 의류, 소비재, 가전제품, 자동차와 같은 많은 산업이 각자 정도는 다르더라도 제품수명주기가 단축되는 현상을 경험하고 있다. 이런 산업들에서는 새롭게 대거 등장하는 제품들로 인해 고객의 제품 선호도가 빠르게 바뀌고 있다. 고객 경험에서도 유효 기간이 있는 것이다. 한때 강렬했던 경험이라도 다른 모두가 쫓아와 대체하는 순간 구식 경험이 될 수 있다.

상시 인터넷 접속 상태인 디지털 환경은 이처럼 선호도를 빠르게 변화시킨다. 사적인 성격이 강했던 고객 경험은 소셜 미디어를 통해 다른 모두에게 알려지면서 기업이 그 경험의 복제를 시도할 때마다 그 안에 담긴 놀라웠던 점들이 줄어들 수 있다. 인터넷에 상시 접속 상태인 고객은 언제나 자신의 니즈를 충족시켜줄 인터넷에 상시 접속 상태인 브랜드를 원한다. 바라는 모든 것이 원하는 순간 이루어져야 한다. 이에 대해 웹 교육자인 탐 마치Tom March는 "우리가 원하는 것은 무엇이나whatever, 우리가 그것을 원할 때 언제든whenever, 어디서나wherever 주는 새로운 'WWW' 세상이 열렸다"라고 말했다. 결과적으로 기업은 현재 돌아가는 추세와 오가는 대화를 더 자주, 지속적으로 모니터링하고 대응해야 한다.

사전에 계획하는 시장 진입 전략은 이제 더는 효과적이지 않다. 변동성, 불확실성, 복잡성, 모호성으로 가득 찬 시대에 기업은 계속해서 바뀌지 않고서는 장기적인 계획을 세울 수 없다. 그런데 사실상 대부분의 장기 계획은 중요 단계에 도달했을 때 이미 시대에 뒤떨어진 계획으로 변한다.

기업은 고객의 이동 속도를 맞추는 동시에 경쟁우위를 확보해야 한다. '민첩함'이 게임의 새로운 이름이 됐다. 과거 안정적 경영은 기업이 사세를 확장하고 성장하는 데 유일하게 중요한 성공 요인이었다. 이것이 여전히 중요하긴 하나, 새로운 성장

엔진의 촉매제 역할을 하는 애자일 팀들로 보완해야 한다. 애자일 마케팅은 기업이 마켓 5.0을 구현하는 데 필요한 마지막 퍼즐 조각이다. 이 원칙은 기업들이 직면한, 빠르게 변하면서 예측 불가능한 비즈니스 환경에 잘 들어맞는다.

애자일 마케팅 준비

애자일 마케팅을 하려면 전통적 기업에는 부족한 특정한 유형의 사고방식이 필요하다. 스타트업은 부족한 자원 때문에 알아서 민첩하게 사고하고 행동한다. 많지 않은 예산이 고갈되기 전에 빨리 뭔가를 이뤄야 하기 때문이다. 그러나 대기업은 스타트업과 다른 방식으로 애자일 마케팅을 수행해야 한다. 대기업 본연의 복잡한 구조와 관료주의는 애자일 마케팅을 가로막는 가장 강력한 적이다. 기업은 안정적이고 수익성 있는 경영방식을 유지하는 동시에 '다음번 큰 기회'를 놓치지 않도록 별도의 팀을 꾸려야 한다. 그래서 애자일 프로세스는 보통 새로운 성장 동력에 초점을 맞춘 혁신 프로젝트용으로 남겨진다.

애자일 마케팅을 추구하는 조직은 몇 가지 중요한 준비가 필요하다(그림 12.1). 첫째, 실시간 분석 준비를 해놓아야 한다. 둘째, 분석을 통해 얻은 통찰력을 활용하는 분산된 애자일 팀들을 구성해놓아야 한다. 셋째, 팀들은 유연한 플랫폼을 기반으로 여러 가지 제품이나 캠페인을 구성해놓아야 한다. 이 팀들은 구상부터 시제품 개발까지의 과정을 거치는 동시에 신속한 테스트를 하게 된다. 실제 시장 수용도 분석을 통해 각 제품과 캠페인을 테스트한 뒤 무엇이 가장 긍정적인 결과를 가져올지 판

그림 12.1 | 애자일 마케팅 개발

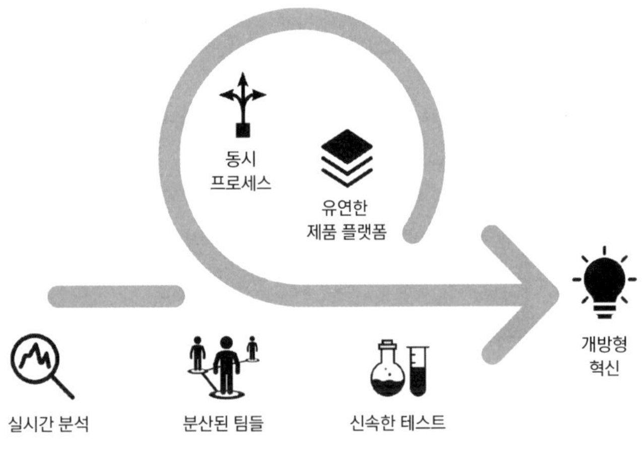

동시
프로세스

유연한
제품 플랫폼

실시간 분석

분산된 팀들

신속한 테스트

개방형
혁신

단한다. 전체 애자일 프로세스를 수행할 때 기업에는 내·외부 자원을 모두 활용하는 개방적이고 혁신적인 사고가 필요하다.

첫째: 실시간 분석 능력 구축

애자일 마케팅의 특징은 신속한 대응 메커니즘이다. 따라서 분석 능력부터 갖춰놓아야 한다. 성장을 위한 해결책이나 기회가 필요한 문제를 파악하기 위해서다. 이 목적을 이루기 위해 기업은 실시간으로 변화를 모니터링하는 고객 데이터 포착 능력을 갖추고 있어야 한다.

소셜 미디어 모니터링이라고도 알려진 소셜 리스닝social listening(특정 주제에 대해 소셜 미디어 사이트에서 정보를 수집하는 행위 – 옮긴이) 도구는 소셜 미디어와 온라인 커뮤니티에서 브랜드나 제품에 대한 의견을 추적하는 데 특히 유용하다. 이 도구는 비정형 소셜 대화를 걸러내 키워드, 신생 트렌드, 양극화된 의견, 브랜드에 대한 감정, 캠페인의 가시성, 제품의 수용성, 경쟁사의 대응 등과 관련된 유용한 고객 정보로 바꿔놓는다. 또 기업이 지역과 위치별로 정보를 추적할 수 있는 지오태깅을 활용해 데이터가 더 풍부해진다.

기업은 또한 트래픽과 거래로 드러나는 고객 행동의 변화를 추적해야 한다. 기업은 자사 웹사이트상에서의 고객 여정을 따라 실시간으로 전자상거래 구매 실태를 분석할 수 있다. 물적 자산을 보유한 기업의 경우, 특정 제품의 SKU(재고관리코드)가 시장에서 주목받는지를 평가할 때 POS 데이터를 가장 일반적으로 사용한다. 기업은 제품에 RFID 태그를 붙여서 사전 구매하는 고객 여정을 더 잘 그려볼 수 있다. 예를 들어 소매 업체는 고객이 제품을 구매하기 전에 결정하는 데 걸리는 시간과 제품을 들고 계산대에 도착하기 전까지의 여정을 파악할 수 있다.

허가를 받으면 RFID 태그는 고객의 움직임을 추적하고, 고객 경험을 개선하는 웨어러블 기기 역할도 할 수 있다. 디즈니는 테마파크에서 방문객들의 움직임을 추적하기 위해 매직밴드에 RFID를 내장했다. 메이오클리닉은 같은 목적으로 환자의 손목 밴드와 직원 배지에 RFID를 넣어 쓰고 있다. B2B 기업들은 물류를 관리하고 공급망을 최적화하기 위해 RFID 추적 기술을 활용한다.

이런 트래픽과 거래 데이터는 캠페인의 결과나 제품 출시와 판매 사이의 인과관계를 신속하게 분석하는 데 유용하다. 다른 분야에서는 제품과 시장 간 최적의 궁합을 알아내는 게 목표다. 성공을 측정하는 분석 지표는 기업이 캠페인이나 제품에서 개선할 점을 정확하게 알 수 있도록 의미 있고 실행 가능해야 한다. 실시간 분석을 통해 기업은 빠르게 학습하고 가치 있는 결과를 얻음으로써 더 강력해질 수 있다.

둘째: 분산된 팀 만들기

애자일 마케팅을 하려면 서로 다른 작업을 수행하는 여러 소규모 팀이 필요하다. 이 팀들은 각각 실시간 분석을 통해 얻은 통찰력을 활용할 것이다. 애자일 마케팅에서 각 팀은 완료 시간이 정해진 특정 작업을 맡게 되며, 따라서 책임감이 커진다. 이 모델은 소프트웨어 개발에 가장 일반적으로 사용되는 애자일한 방법론인 스크럼scrum(작은 목표를 설정하고 짧은 주기로 점진적이면서 경험적으로 제품을 지속적으로 개발하는 관리 기법 – 옮긴이)에서 영감을 얻었다. 마케팅 공간에서 애자일 방법론의 적용 대상은 새로운 고객 경험 디자인, 제품 혁신, 마케팅 과정 개선, 창의적인 마케팅 캠페인, 새로운 비즈니스 개발 등 다양하다.

애자일 마케팅을 방해하는 주요 걸림돌 중 하나는 조직 부서들이 다른 부서와 담을 쌓고 자기 부서의 이익만을 추구하는 사일로 효과silos effect다. 많은 대기업이 핵심성과지표KPI가 충돌하는 여러 기능을 조율하기 위해 애쓴다. 따라서 각각의 애자일 팀은 제품 개발, 마케팅, 기술 등의 분야에서 다양한 전문지식을 갖춘 사람들로 이루어진 교차 기능cross-functional 팀이 돼야 한다. 이렇게 구성된 애자일 팀은 규모가 작고, 동일한 목표를 세우고 작업하므로 사일로 효과에서 벗어날 수 있다. 동시에 직원들은 참여도가 올라가고 자신이 의미 있는 일을 하고 있다고 느낀다.

교차 기능 팀은 마찰을 줄이는 것 외에 모든 혁신 프로젝트에서 필수적인, 미정의 해결책을 모색하는 확산적 사고에 적합하다. 아이디어를 실현하는 데에도 교차 기능 팀이 필수다. 예를 들어 마케터는 통찰을 해석하는 역할을 하고, 엔지니어는 작업 프로토타입 개발을 돕는다. 팀마다 목표를 독립적으로 완수하는 데 필요한 모든 자원을 보유하고 있어야 한다.

여러 겹의 승인 과정을 거쳐야 하는 기존의 의사결정 모델은 애자일 마케팅의 걸림돌이다. 의사결정이 신속하게 이뤄져야 하므로 지연은 결과에 상당한 영향을 미칠 것이다. 따라서 팀은 자율적으로 움직이고, 맡은 임무와 관련해 분산적인 의사결정 권한을 가지고 있어야 한다. 유연한 모델을 유지하기 위해서는 최고 경영진이 이런 권한의 부여를 확실히 약속해줘야 한다.

애자일 마케팅에서 고위 경영진은 팀이 자유롭게 일하게 해주면서 진행 상황을 모니터링하고 전략적 차원에서 피드백을 제공하고 팀을 코칭하는 역할을 맡는다. 그러나 무엇보다 모든 애자일 프로젝트를 통합하여 그들을 회사의 총체적 목표에 맞춰 조율하는 게 중요하다.

셋째: 유연한 제품 플랫폼 개발

애자일 팀의 작업 완료 속도가 빠른 까닭은 그들이 새로운 프로젝트를 처음부터 추진하지는 않기 때문이다. 대신 모든 새로운 반복적 개발은 '플랫폼'이라고 불리는 동일한 기반에서 시작된다. 예를 들어 고객이 특정 제품을 평가할 때 그것을 완전히 좋아하거나 싫어하지는 않는다. 고객이 어떤 요소들은 마음에 안 들어 하지만 다른 요소들은 원할 수도 있다. 따라서 제품 기능, 소프트웨어 구성 요소, 고객 경험 접점, 크리에이티브 디자인 등 모든 것을 모듈화·계층화되도록 설계할 필요가 있다. 그러면 플랫폼이 핵심 제품 역할을 하면서 그 위에 다른 모듈들을 다양하게 조립해 올려서 제품을 보강할 수 있다.

소프트웨어 기업뿐 아니라 대부분 디지털 기업은 본래 더 유연하고 민첩하게 제품을 개발한다. 물적 자산이 없다면, 그들처럼 시장의 변동성과 불확실성에 더 잘 적응할 수 있다. 이런 관행은 디지털 제품에 뿌리를 두고 있으나 하드웨어 회사에서도 흔하게 목격된다. 예를 들어 자동차 업계에서는 몇 가지 플랫폼만을 기반으로 제품을 개발하는 게 일반적이다. 외관이 다른 차종, 심지어 다른 자동차 브랜드도 같은 플랫폼을 사용할 수 있다. 이런 관행을 도입한 이유는 비용을 절감하고 제조 공정을 전 세계적으로 표준화하기 위해서다. 자동차 회사들은 이를 통해 차량 가격을 낮게 유지하면서도 다양한 시장 선호도에 맞춰 바꾸는 맞춤형 디자인을 할 수 있다.

때에 따라 기업은 민첩성을 높이기 위해 비즈니스 모델을 하드웨어를 소유하는 것에서 디지털 서비스로 전환하기도 한다. 하드웨어와 소프트웨어 제품은 개선이 중요하지 않을 경우 고객이 자주 업그레이드하지 않기 때문에 제품수명주기가 더 길다. 따라서 이때는 애자일 마케팅이 유용하지 않을 수 있다. 기업용 하드웨어와 소프트웨어를 판매하던 기술 기업들이 이제 구독형 판매에 나선 것도 이 때문이다. 그들은 이런 새로운 수익 모델을 통해 쉽게 통합이 가능하고, 지속적으로 업그레이드되는 제품을 판매할 수 있다.

애자일 팀은 유연한 제품 플랫폼 덕에 시장에서 가장 긍정적인 피드백을 받을 때까지 다양한 구성을 신속하게 테스트해볼 수 있다. 그러나 가장 중요한 것은 제품 플랫폼과 모듈식 구성 요소를 통해 기업이 대량 맞춤화를 수행할 수 있다는 점이다. 고객은 냉동 요구르트, 신발, 노트북과 같은 온갖 종류의 제품에서 자신이 원하는 구성을 선택할 수 있다.

넷째: 동시 프로세스 개발

지금까지 대부분의 혁신 프로젝트는 구상에서 제품 출시에 이르는 모든 단계가 순차적으로 이루어지는 폭포수 모델waterfall model 또는 스테이지게이트 모델stagegate model을 따랐다. 이 모델에 따르면 각 스테이지, 즉 각 단계의 끝에는 점검 사항이 있어서 이전 단계가 끝나기 전까지는 다음 단계로 넘어갈 수 없다. 중간중간 여러 차례 점검해야 하므로 이 방식은 시간이 오래 걸린다.

애자일 마케팅에서 폭포수 모델은 여러 단계가 동시에 추진되는 '동시적 방법'으로 대체된다. 이런 동시 프로세스에는 확실히 빠른 속도 외에도 또 다른 중요한 이점이 있다. 폭포수 모델은 프로세스 후반에 실수가 발견됐을 때 처음부터 다시 시작해야 하므로 대규모 및 장기 프로젝트에는 적합하지 않다. 게다가 이 정형화된 모델은 매우 경직적 성격을 띠기 때문에 일단 프로젝트가 시작되고 나면 큰 변화를 용납하지 않는다.

그러나 동시 프로세스는 이런 문제들을 해결해준다. 순차적이지 않기 때문에 프로세스 초기에 설계, 생산, 비즈니스 사례 등 혁신의 모든 구성 요소가 검토된다. 작업도 추진 일정이 짧은 소규모 작업들로 나뉜다. 그러므로 혁신이 이미 너무 깊숙이 진행되기 전에 잠재적 문제를 찾아내서 해결할 수 있다.

하지만 동시 프로세스 역시 극복해야 할 몇 가지 과제를 안고 있다. 가장 큰 위험은 업무흐름workstream 간의 통합 도중에 생긴다. 업무흐름이 확실히 정렬되고 호환되게 만들려면 팀들 사이의 부단한 조화가 매우 중요하다. 한 업무흐름 내에서 점진적으로 진행되는 모든 과정과 변화는 다른 업무흐름들에서 조정될 수 있도록 전달되어야 한다. 애자일 팀은 이런 조정을 위해서 매일 짧은 회의를 소집한다. 회의가 짧게 끝나므로 결정을 빨리 내려야 한다. 다만 애자일이라는 개념이 낯선 사람들은 그렇게 빨리 결정을 내리기 힘들다고 생각할 수도 있다.

애자일 마케팅에서는 개발 단계가 테스트와 동시에 수행된다. 개발 팀들은 최근 끝난 반복적 개발의 시장 테스트를 기다리지 않고 다음의 반복적 개발로 계속해서 나아간다. 따라서 후속 개발에 영향을 주려면 반복적 개발 사이의 시장 테스트를 신속하게 수행해야 한다.

다섯째: 신속한 테스트 시행

신속한 테스트는 애자일 마케팅의 가장 중요한 요소 중 하나다. 전통적으로 콘셉트 테스트는 출시 전 시장조사에 의존한다. 출시 전 연구는 신제품 개발이나 캠페인 구상의 기반이 되는 고객에 대한 통찰력에 초점을 맞춘다. 그런 다음 콘셉트 테스트에 참가한 응답자들에게 구상안을 제시한다. 콘셉트가 여전히 가정 수준이고, 대개는 작동하는 프로토타입도 없기 때문에 응답자들은 완제품을 상상하는 데 어려움을 겪는다. 따라서 콘셉트 테스트가 편향적으로 진행될 수 있다. 게다가 대개 결과가 나오기 전에 지연되는 일이 자주 일어나서 수정할 시기를 아예 놓치기도 한다.

그러나 애자일 마케팅에서는 실제 제품이 소규모로 일괄 생산되어 린 스타트업 교본에 따라 실제 고객에게 판매된다. 완제품 출시 전에 고객들의 반응을 살펴보기 위해 출시가 가능할 정도만큼의 최소 기능만 갖추고 출시하는 제품을 최소기능제품MVP, Minimum Viable Product이라고 한다. 단, 여기서 '제품'을 실제 제품이나 새로운 UI 또는 UX, 캠페인 아이디어 등 광범위하게 정의할 수 있다는 점에 유의해야 한다. 기업이 향후 제품의 기능과 성능을 보강하고 확대하는 데 필요한 1차 학습을 위해서는 최대한 빠르게 MVP를 출시하는 것이 필수적이다.

신속한 테스트는 기업이 통제된 환경에서 학습을 할 수 있게 해준다. 다만, 테스트는 기업이 안전하게 실패를 통제하고 위험을 관리할 수 있도록 특정한 지리적 위치에서 제한적으로 실시돼야 한다. 계속해서 제품을 개선하기 위한 테스트를 여러 번 반복할 수 있기 때문이다. 아울러 기업은 실시간 분석을 통해 다음 버전을 출시하거나 대대적 출시를 시작하기 전에 즉시 시장의 수용도를 측정할 수 있다.

테스트를 할 때는 원래 구상을 고집하면서 자잘한 개선만을 하는 게 능사가 아니다. 몇 차례 반복해서 개발했음에도 시장 수용도가 너무 낮다면, 프로젝트 과정을 근본적으로 수정해야 한다. 분석을 통해 얻은 새로운 통찰로 프로젝트의 방향을 바꿀 수도 있다. 애자일 방법론에서 이처럼 시장 변화에 맞게 비즈니스 모델을 전환하는 걸 피보팅pivoting이라고 한다. 팀이 처음부터 다시 시작해야 하고, 문제나 기회를 재고해야 하므로 결코 녹록한 일은 아니다. 일이 뜻대로 풀리지 않을 때 신속하게 피보팅하는 능력을 갖추고 있느냐 아니냐가 전통적 조직과 애자일 조직 간의 가장 큰 차이점으로 여겨진다.

여섯째: 개방형 혁신의 수용

팀들 중심으로 이뤄지긴 하지만, 애자일 방식을 따른다고 해서 기업이 모든 것을 자체적으로 해결할 필요는 없다. 출시 시간을 단축하려면 내·외부 자원을 모두 활용해야 한다. 미국 버클리대학교의 헨리 체스브로Henry Chesbrough 교수가 처음 소개한 개방형 혁신open innovation이라는 개념이 애자일 마케팅과 맥을 같이한다. 기업은 개방형 혁신을 통해 아이디어, 솔루션, 전문 인재들로 이루어진 전 세계적 풀pool에 접근할 수 있다. 이런 모델 덕에 기업은 비용이 더 많이 드는 혁신 연구소나 연구·개발

센터를 구축할 필요가 없다.

오늘날 기업은 보유 자산과 역량으로 매출과 시장점유율을 극대화하려는 인사이드아웃inside-out 전략과 기업이 하는 모든 일을 고객의 눈으로 바라보는 아웃사이드인outside-in 전략을 모두 활용하여 혁신 과정을 개방한다. 주요 기업들은 은밀히 만든 기술을 외부 세계에 공개한다. 그래야 전 세계 개발자 커뮤니티가 그것을 기반으로 기술을 추가해서 원천 기술을 더 발전시켜 되돌려줄 수 있기 때문이다. 예를 들어 구글은 자사의 첨단 AI 엔진인 텐서플로를 개방했다.

기업도 외부 네트워크로부터 아이디어를 받아들였다. 고객과의 공동 창조와 제3자와의 협업은 혁신을 가속화하고, 혁신 수준을 높여주었다. 기업은 여러 가지 방법으로 외부 아이디어를 받아들일 수 있다. 가장 일반적인 방법은 개방형 혁신 과제를 쓰는 것이다. 기업은 당면한 과제를 공개적으로 게시하고 해결책, 즉 솔루션을 요청할 수 있다. 싱가포르항공Singapore Airlines 은 앱챌린지AppChallenge 대회를 개최해 고객 경험을 재정의하는 디지털 솔루션을 찾는다. 스위스 최대 도시인 취리히는 취리히 혁신 챔피언십 대회를 열어 AI와 NLP 애플리케이션을 포함해 보험 분야에 필요한 기술 아이디어를 찾는다.

외부 솔루션을 모으는 또 다른 방법은 개방형 혁신 시장을 활용하는 것이다. 이런 플랫폼 중 하나가 미국 기업 이노센티브 InnoCentive로, 혁신 추구자와 현금 보상을 받으려는 해결사들 사이의 다리 역할을 한다. 기업은 외부 혁신 파트너들로 이루어진 자체 네트워크를 구축할 수도 있다. 기업이 혁신가와 특허권자 간 파트너십을 관리할 수 있도록 지원하는 플랫폼인 P&G의 '연결+개발Connect+Develop'이 대표적인 사례다.

개방형 혁신 모델을 사용할 때 직면하는 가장 큰 과제는 애자일 팀과 혁신 파트너들 사이의 조율이다. 애자일 팀들은 일반적으로 제한된 시간 안에 긴밀한 협업을 위해 같은 장소에 배치된다. 개방형 혁신을 위해서 애자일 팀들이 외부 업체와 협업해야 하므로 혁신은 널리 분포되는 애자일 모델이 된다.

애자일 마케팅 프로젝트 관리

마케팅 프로젝트를 관리할 때 애자일 원칙을 적용하려면 빠르고 간결한 문서 작성이 필요하다. 한 페이지짜리 작업 계획표는 애자일 팀들이 특정 마케팅 프로젝트에 대한 생각을 정리할 수 있게 해준다(그림 12.2).

애자일 시스템에서는 조율이 중요하므로, 문서는 모든 개발 주기에서 이루어지는 점진적인 진전 상황을 전달하는 커뮤니케이션 도구이기도 하다.

작업 계획표에는 몇 가지 필수 요소가 들어가 있어야 한다. 우선 실시간 데이터를 기반으로 해결해야 할 문제와 개선 기회를 제시해주는 시장의 요구 사항 부분이다. 그리고 제안된 솔루션과 반복적 개발, 특히 관련된 MVP도 문서로 잘 정리해놓아야 한다. 또 작업 계획표에는 추진 일정 및 담당자와 함께 필수 작업도 들어가 있어야 한다. 마지막으로, 다음 반복적 개발에 유용한 시장 시험 결과도 문서로 정리해놓아야 한다.

작업 계획표는 모든 주기 또는 반복적 개발을 할 때마다 작성되어 모든 관계자에게 배포되어야 한다. 그렇다고 해서 문서 작성 과정이 팀에게 부담스러운 작업이 되어서는 안 된다. 모든 마케팅 프로젝트에서 행동과 결과를 목표에 맞춰 정렬하는 것이기 때문이다.

그림 12.2 | 애자일 마케팅 작업 계획표 사례

애자일 마케팅 작업 계획표

마케팅 프로젝트	판매 접점에서 고객 경험 개선
업무흐름	잠재 고객 창출용 챗봇 개발

주기	1회	추진 일정	7월 1~4주

팀
빌(영업 부서)
리아(고객서비스 부서)
존(마케팅 부서)
아리아나(텔레마케팅 부서)
테일러(IT 부서)

시장의 요구사항

고객이 겪는 문제
· 웹사이트에 올린 질문에 대한 평균 응답 시간: 48시간

내부 문제
· 회사 내 월간 문의 건수: 5,000건
· 관리 직원: 2명
· 월간 관심 표명 잠재 고객: 500명
· 문의 유형: 제품 관련(58%), 데모 요청(11%)

해결과 개선

MVP(최소기능제품)
· 기존 챗봇 구축 플랫폼으로 제작
· 즉각 대답하는 기능을 갖춘 대화형 챗봇 설치
· 제품 관련 문의 절반에 대해 답변 가능

핵심 목표와 지표
· 첫 달 챗봇 이용자: 1,000명
· 첫 달 관심 표명 잠재 고객: 200명

과제	시기	담당자
· 플랫폼 비교 및 선택	1주 차	테일러
· FAQ 대답 준비	1~2주 차	빌
· 대화 흐름 설계	2~3주 차	리아
· 스토리보드 마련	2~3주 차	존
· 베타 버전 구축	3~4주 차	테일러
· 베타 버전 출시	4주차	테일러

시장 테스트 결과

핵심 목표와 지표
· 첫 달 챗봇 이용자: 500명
· 첫 달 관심 표명 잠재 고객: 50명

피드백
· 웹사이트 내 챗봇의 위치가 눈에 띄지 않음: 방문객이 챗봇이 있는지 모름
· 사용자 1인당 평균 상호작용 건수: 2.3회 / 핵심 목표와 지표에 반영
· 다음 우선순위로 데모 일정을 자동화하여 사용 사례 확대 필요

대규모 마케팅의 신속한 실행

업계를 막론하고 고객 기대치의 지속적인 변화와 신제품의 확산으로 제품 수명이 단축되고 있다. 이런 현상이 고객 경험에서도 나타나고 있어 고객 경험이 단기간에 쓸모없게 되어버릴 수 있다.

전통적인 마케팅 계획과 프로젝트 관리 모델은 이런 새로운 환경에 적합하지 않다. 이제는 장기적인 마케팅 전략이 부적절해졌다. 폭포수 모델은 혁신을 이루기에 너무 굼뜨다고 간주된다. 항상 인터넷에 접속해 있는 고객은 기업에 조직적 유연성을 발휘하라고 요구하는데, 그러려면 애자일 마케팅 전략이 필요하다. 경영의 안정성은 성장의 촉매제 역할을 하는 애자일 마케팅으로 보완돼야 한다.

애자일 마케팅을 실행하려면 몇 가지 요소가 필요하다. 첫째가 실시간 분석이다. 기업은 실시간 분석을 통해 시장에 대한 통찰력을 빠르게 확보할 수 있다. 이어 마케팅 프로젝트는 새롭게 발굴된 아이디어를 바탕으로 분산된 애자일 팀이 소규모 단위와 점진적인 방식으로 설계하고 개발해야 한다. 이때 팀들은 유연한 플랫폼과 동시 프로세스를 활용하여 MVP를 마련한다. 그런 다음 신속한 테스트를 통해 반복 개발된 제품을 테스트한다. 기업은 프로세스 속도를 더 높이기 위해 개방형 혁신을 수용하고, 내·외부 자원을 모두 활용할 수 있다.

✓ 조직의 민첩성을 평가해보라. 조직 내에서 애자일 마케팅의 시행을 가로막는 장애물은 무엇인가?

✓ 조직 내에서 애자일 마케팅을 통해 설계하고 개발할 수 있는 마케팅 프로젝트는 무엇인가? 애자일 마케팅의 모든 구성 요소를 적용해보고, 작업 계획표를 작성해보라.